교육방법 및 교육공학

권성연 김혜정 노혜란 박선희 박양주
서희전 양유정 오상철 오정숙 윤 현
이동엽 정효정 최미나

교육과학사

본 교재의 시작은 수년간 교육공학을 연구하고 가르치는 일을 해온 교육공학자들이 모여 예비교사를 꿈꾸는 학생들이 교육공학을 보다 잘 이해하고, 활용함으로써 미래 사회가 요구하는 좋은 교사가 될 수 있기를 바라는 마음에서 비롯되었다.

최근 4차 산업혁명이라는 화두는 사회의 모든 영역에서 급격한 기술 변화에 대한 수용과 적응을 요구한다. 연결, 지능화, 융합으로 복잡하게 얽힌 첨단 테크놀로지의 시대에서 교육은 기술에 종속되지 않고 고유의 인간성을 가진 인재를 키워내야 하는 사명을 가진다. 또한 교육을 통해 공감, 소통, 협력에 능하고, 창의적이고 비판적인 사고를 할 수 있는 사람을 키워낼 것을 요구받고 있다.

이미 시중에 수많은 교육공학 관련 서적이 나와 있지만 본 교재는 특별히 교직 수강생을 위한 '교육방법 및 교육공학'에 초점을 맞추고 있다. 교육공학이 교육 현장과 괴리되지 않고, 변화하는 시대에 걸맞는 인재를 키워내는 데 도움이 되는 학문이어야 한다는 것을 강조한다. 그리고 집필자들은 모두 이러한 생각을 공유하면서 교재의 내용과 형식을 구성하였다.

1963년 교육공학에 대한 최초의 정의가 발표된 이래, 교육공학에 대한 개념과 강조점은 조금씩 변화되어왔지만 교육공학이 최고의 교육성과를 창출하기 위한 이론과 실천, 전략을 포함하는 학문분야라는 사실에는 변함이 없다. 즉, 교육공학의 다양한 이론적 기반은 궁극적으로 학생의 학습을 촉진하는 실천으로 이어져야 하고 실천을 이행해야 하는 책임은 상당 부분 학교현장의 교사에게 맡겨져 있다. 따라서 집필자들은 본 교재를 통해 장차 교사가 될 학생들이 학교 현장에서 학생을 가르치고, 배움을 이끄는 데 실질적으로 필요한 교육공학 지식을 제시하는 데 주력하였다.

또한 급속한 변화의 시대에서 새로운 세대를 가르치는 일은 그 어떤 분야보다 미래를 내다보는 통찰력과 미래지향적인 계획과 준비가 필요하다. 따라서 예비교사들은 현재의 교육에 대한 이해는 물론, 미래 사회의 변화 모습, 이러한 사회가 요구하는 인재의 모습, 이에 따른 교육변화의 변화에 능동적으로 대응할 수 있어야 한다. 이에 본 교재에서는 전통적인 교육공학의 영역 외에도 미래 세대를 교육하는 데 요구되는 교육공학 지식을 담고자 하였다.

본 교재는 총 4부로 구성되었다. 1부에서는 교육공학의 개념에 대한 이해를 통해 교육공학이 역사와 주요 영역, 그리고 교육공학이 교육 분야에 어떻게 적용되고 기여할 수 있는지를 다루었다. 2부는 교육공학의 출발점이라고 할 수 있는 교수매체에 대한 것으로 전통적인 교수매체의 개념과 유형, 효과는 물론, e-러닝으로 대변되는 온라인 매체의 활용 유형과 사례, 그리고 4차 산업혁명의 도래로 지능화되고 있는 최신 테크놀로지의 발달과 변화가 교육에 적용되는 모습을 담았다. 3부는 교수학습방법으로 교육효과를 높이기 위해 실제 교실에서 활용할 수 있는 다양한 방법들을 포함하였으며, 특히 교사 중심이 아닌, 학습자 중심의 교육을 실현할 수 있는 교육방법에 중점을 두었다. 4부는 교수설계이론에 대한 것으로 수업 설계에 기반이 되는 학습이론과 객관주의와 구성주의 각각의 교수설계이론을 다룸으로써 예비교사들이 수업을 어떻게 준비, 계획하고 학습환경을 제공할 것인가를 안내하였다. 5부는 교수설계모형으로 교수설계를 위한 단계와 절차를 제시하여 분석, 설계, 개발, 실행, 평가의 전 과정이 구체적으로 어떻게 진행되는지를 제시하고 있다.

본 교재가 당초 집필자들의 바람대로 예비교사들이 미래 사회에 걸맞는 좋은 교사가 되고, 그들이 효과적이고 혁신적인 교육을 실천하는 데 밑거름이 되기를 기대한다.

2018년 8월

저자 일동

Ⅰ. 교육공학의 기초

Ⅱ. 교수매체

Ⅲ. 교수학습방법

Ⅳ. 교수설계이론

V. 교수설계 모형 및 적용

I

교육공학의 기초

제1장

교육공학의 개념 및 영역

학|습|목|표

1. 교육공학의 학문적 역사에 대해 설명할 수 있다.
2. 교육공학의 최신 정의에 따른 학문적 개념에 대해 설명할 수 있다.
3. 교육공학의 연구 영역에 대해 설명할 수 있다.
4. 교육공학의 실제 수업 적용을 설명할 수 있다.

주|요|용|어

- 교육공학
- 설계(Design)
- 개발(Development)
- 활용(Utilization)
- 관리(Management)
- 평가(Evaluation)

교육공학의 개념은 해당 학문 분야를 구성하는 영역이 진화하고 발전함에 따라 지속적으로 변화되어 왔다. 특히 정보통신기술의 발달과 밀접한 관련이 있는 교육공학의 학문적 정체성으로 인해 향후에도 그 개념은 발전적 방향으로 지속적 변화가 예상된다. 본 장에서는 교육공학의 역사와 현 시점에서 통용되고 있는 교육공학의 개념, 그리고 교육공학의 연구 영역을 살펴보고자 한다. 다음으로 교육공학에 대한 이해를 도모하고자 교육공학이 수업에 어떻게 적용될 수 있는지 실례를 들어 살펴보고자 한다.

1. 교육공학의 역사

교육공학은 과학기술의 발달에 따라 만들어진 교육용 도구에서 비롯되었다. 교수매체가 학교 학습에서 활용되기 시작한 것은 20세기 초반부터인데, 사진이나 박물관 전시물 같은 시각 자료가 교육에 활용되기 시작한 것이며, 이러한 시각매체의 활용은 기술 발달과 밀접히 관련되어 있다(Reiser & Dempsey, 2011).

본격적으로 시각 교육이 강조되기 시작한 것은 1920년대 무렵이며, 1932년에 시각 교육을 위한 시각교수국(Department of Visual Instruction)이 미국에서 창설되었다. 이 무렵 음향 녹음, 축음기, 무성영화 등 시청각 매체의 교육적 활용을 바탕으로 시각 교육에 대한 관심은 시청각 교육으로 확장되었다. 특히 라디오는 교육적 활용 가능성에서 높은 관심을 끌기도 했다.

이와 더불어 20세기 중엽에는 교수 기계(teaching machine), 프로그램 교수(programmed instruction), 언어 실습실(language laboratory), 컴퓨터 보조 학습(computer assisted instruction, CAI) 등이 발전하였다. 이러한 것은 과학기술을 교육에 접목하거나 교수·학습 전 과정을 과학적으로 체계화하기 위한 시도로 볼 수 있다. 이러한 흐름 가운데 교육공학(Educational Technology)이라는 용어가 알려지기 시작하였다.

1970년대 이전까지 교육공학의 주된 관심 분야가 매체의 활용에 있었다면, 1970년대에 접어들며 교육공학은 매체 중심의 이론에서 벗어나 보다 포괄적인 개념을 형성하게 되는데, 이에 영향을 미친 것이 바로 체제이론이다. 체제이론은 교육공학을 하나의 과학적 학문으로 정착시키고 발전시키는 데 큰 공헌을 하였다.

교육공학의 분류 방법은 학자에 따라 다양하지만 위에서 살펴본 역사적 배경을 바탕으로 교수매체 활용, 교수학습 이론, 그리고 교수설계의 세 가지 영역으로 구분해 볼 수 있다.

먼저 교수매체는 가장 먼저 등장한 개념으로 수업을 위해 활용하는 시청각 장비 등을 의미하며, 시대의 변화와 과학기술의 발전에 따라 매체의 기능 및 역할도 변화되는데, 이를 교육에 활용할 수 있는 방법을 연구하는 것이 교육공학의 주된 영역이었다.

다음으로 교수학습 이론은 교수와 학습과 관련된 다양한 이론이 해당되며, 이러한 이론은 다른 학문 분야에서 교육공학에 영향을 미쳤고, 교육공학을 통하여 또다시 다른 학문으로 전파되기도 하였다.

마지막으로 교수설계는 수업을 준비하고 진행하기 위한 이론적인 토대를 의미한다. 체제적 교수설계라는 용어는 교육공학의 학문적 정체성을 형성하는 데 큰 영향을 미쳤으며, 교수설계의 변천 과정을 이해함으로써 오늘날 학교 수업에서 사용되는 수업 모형의 변화 과정을 알 수 있다.

이상에서 살펴본 바와 같이 교육공학은 역사적 흐름에 따라 학문으로서의 정체성을 형성하였으며, 각 시기별 정체성이 결국 오늘날 교육공학의 주된 학문 영역으로 자리매김하였음을 알 수 있다.

2. 교육공학의 개념

교육공학의 개념은 교육공학 학문 분야가 발전함에 따라 지속적으로 변화하고 있다. 미국교육공학회(Association for Educational Communication and Technology, AECT)에서 1994년에 발표한 교육공학의 정의는 "학습을 위한 과정과 자원의 설계, 개발, 활용, 관리, 평가에 관한 이론과 실제"이다. 뒤이어 2008년에 교육공학에 대한 새로운 개념 정립이 이루어졌는데, 이는 일시적일 수 있으며 오늘날의 특징을 가장 잘 반영하여 학문의 정의를 내리는 것으로 이해할 수 있다. 2008년에 발표된 교육공학의 정의는 다음과 같다.

> "The study and ethical practice of facilitating learning and improving performance by creating, using, and managing appropriate technological processes and resources." - AECT, Definition and Terminology Committee(2008)
> 교육공학이란 적절한 기술적 과정과 자원을 창조, 활용, 관리함으로써 학습을 촉진하고 수행을 향상시키는 연구와 윤리적 실천이다. - 미국교육공학회

본 절에서는 2008년에 발표된 교육공학의 정의를 바탕으로, 이를 구성하고 있는 각각의 용어를 상세히 살펴봄으로써 교육공학의 개념에 대해 이해하고자 한다 (Januszewski & Molenda, 2013).

1) 연구

연구(study)란 정보를 모으고 분석하는 것을 의미하는데, 교육공학의 정의에 있어 연구의 개념은 기존의 전통적인 연구에 대한 개념을 보다 확장한다. 양적, 질적 연구를 포함하며 이론화 및 철학적 분석, 그리고 역사적 조사와 프로젝트 개발, 나아가 문제점에 대한 분석 및 체제 분석·평가 등을 포함한다. 즉, 교육공학에서의 연구는 교수학습과정에 매체나 기술이 효과적인 도구임을 증명하기 위한 조사에서부터 학습을 개선하기 위한 과정과 기술의 적절한 적용을 실험하는 것까지 포함하는 것으로 볼 수 있다.

2) 윤리적 행위

교육공학은 윤리적 행위(ethical practice)에 대해 오랜 기간에 걸쳐 고민을 해왔다.

미국교육공학회에서는 교육공학 학문 분야에서 윤리적 기준과 사례에 대한 개념 정의를 위해 그간 많은 노력을 기울여 왔다. 사실 최근에 매체 활용 및 지적 재산에 대한 윤리적 활용은 지속적으로 강조되고 있는 사항이다.

교육공학 학문 내에서의 윤리적 문제에 대한 관심과 염려는 지속적으로 증가되어 왔는데, 이러한 윤리성은 단순히 규준과 기대의 차원에서 나아가 행위에 있어서 기본적인 사항에 해당된다. 최근에는 이러한 윤리성이 학문적 성취에 있어 필수사항이며 반드시 고려해야 하는 요소로 자리 잡았다.

3) 촉진

최근의 학습이론 패러다임에서는 지식의 수용자에서 지식의 구성자로서의 학습자의 역할 변화에 많은 관심을 갖고 있다. 이러한 학습자의 역할과 책임에 대한 재인식을 바탕으로 공학적 요소를 활용하여 학습을 촉진(facilitating)하는 것을 요구하며, 이를 통하여 학습이 더욱 쉽게 일어날 수 있는 학습 환경 구축이 가능하다. 촉진은 환경에 대한 설계와 자원의 조직, 그리고 도구의 제공도 포함하며, 면대면 수업 환경이나 가상세계 및 원격 교육 환경에서도 일어난다.

4) 학습

학습(learning)이라는 용어는 미국교육공학회에서 40여 년 전에 처음으로 정의했을 때와 다른 의미를 갖고 있다. 교육공학에서의 가장 중요한 요소는 달성해야 하는 학습 내용이며, 나아가 학생들의 학업 성취를 평가하기 위한 방법의 선택이다. 가장 간단한 학습은 정보의 습득이며, 이러한 습득과 더불어 이해가 수반되어야 하는데, 이러한 학습에서의 목표는 실질적인 활용을 위한 지식과 기술을 포함할 때 더욱 의미를 갖는다(Perkins, 1992). 오늘날 교육 담당자들은 학습과 관련하여 생산적이고 실질적인 활용을 강조하며 기존의 방법과는 다른 교육 방법과 평가 방법을 포함한다.

5) 증진

교육공학에서 수행을 증진(improving)시키는 것은 효율성 요구를 수반한다. 효과성은 종종 효율성을 함축하는데, 가장 적은 시간과 노력, 그리고 비용으로 결과가 달성될 때 가장 효율적이다. 그러나 이러한 효율성은 학습 목표에 따라 달라질 수 있는데, 가령 설계자들이 서로 다른 학습목표를 갖고 있다면 그 방법에 대해서도 다른 의견을 갖고 있을 것이다. 교육공학에서의 체제적 교수 개발은 대부분 이러한 효율성의 측면에서 시작되었으며, 이는 학습자들로 하여금 미리 결정되어 있는 목표에 도달하는 것을 도와주는 것으로 정의될 수 있다.

6) 수행

수행(performance)은 무엇인가를 사용하고 새롭게 획득한 능력을 적용하는 학습자의 능력을 의미한다. 수행을 증진한다는 것은 학습의 새로운 의미를 강조하는데, 이는 무기력한 지식이 아니라 실제로 활용 가능한 능력을 의미한다. 교육공학에서의 이론과 실제를 바탕으로 개별 학습자와 교사, 설계자가 더 나은 수행을 할 수 있으며, 그들이 속한 기관 또한 목표에 보다 효과적으로 도달할 수 있다. 일터에서 수행을 증진하기 위한 많은 종류의 조정들, 예를 들어 수업과 도구, 인센티브, 조직 변화, 인지적 지원, 그리고 업무 재설계 등도 이러한 수행 증진에 포함될 수 있다.

7) 창조

창조(creating)는 도구 및 자료, 학습 환경, 그리고 다양한 환경에서의 형식적, 비형식적인 교수학습 체제 등을 만들어내기 위한 연구, 이론, 그리고 실제 교육을 의미한다.

창조는 설계 과정에 따라 다양한 활동을 포함한다. 이러한 설계과정은 효과적인 학습을 위해 필요한 자료나 상태를 만들어내는 것으로, 개발자의 심미적, 과학적, 기술적, 심리적, 절차적 혹은 체계적인 생각에 따라 진화한다. 이러한 창조의 대상은 교수 자료나 학습 환경뿐만 아니라 지식 관리를 위한 데이터베이스, 문제 탐구를 위한 온라인 데이터베이스, 자동화된 도움 체계, 그리고 학습을 평가하기 위한 포트폴리오 등과 같은 학습 지원 도구도 해당된다.

8) 활용

활용(using)은 학습자가 학습 환경과 자원을 사용하기 위한 이론과 실제에 관한 것으로 문제 상황에서 활동 중심으로 이루어지는 해결 방안이다. 활용은 적절한 자원과 절차와 같은 방법 및 자료를 학습자나 교수자가 선택하는 것으로 시작하는데, 자료에 대한 평가를 기반으로 현재 자원들이 학습자나 학습 목표에 적절한지 고려함으로써 보다 바람직하게 선택할 수 있다. 만약 익숙하지 않은 매체나 방법이 자원에 포함되었을 경우 해당 자원에 대한 활용성을 미리 검증한 후 사용해야 한다.

9) 관리

초기에 교육공학 전문가들의 책임 영역 중 하나는 관리(managing)였는데, 이러한 관리는 오디오비주얼 센터 운영에 대한 감독의 형태로 나타났다. 미디어 제작과 산업개발 과정이 점점 더 복잡하고 규모가 커짐에 따라 전문가들은 프로젝트 관리 기술이 필요해졌으며, 정보통신기술에 기반을 둔 원격 교육 프로그램이 발달함에 따라 교육공학자들은 원격교육 전달 체제에 대한 관리의 필요성도 느끼게 되었다. 이러한 관리 기술에는 인사 관리 및 정보 관리 기능이 있는데, 이는 회사 사람들의 업무를 조직하고 프로젝트와 조직을 관리하는 가운데 정보 처리 및 저장을 조절하고 이에 대한 계획을 세우는 것을 의미한다.

10) 적절한

적절하다는 용어는 과정과 자원에 적용되는데, 의도하는 목적에 잘 들어맞고 또

적합함을 의미한다. 적절한(appropriate) 기술이라는 용어는 커뮤니티 개발에서 널리 사용되는데, 문제 해결을 위한 가장 단순하면서도 보편적인 도구와 행위를 의미한다. 즉, 적절한 기술이란 다양한 지역의 사용자와 각 지역별 문화, 그리고 경제 환경 내에서 적절하게 사용될 수 있음을 의미한다. 이러한 점은 특히 개발도상국에서 중요한데 해당 솔루션이 자원을 적절히 사용하고 환경에 대한 피해를 최소화하며 미래 세대에서도 사용 가능해야 하기 때문이다.

11) 기술적인

사전적 의미의 기술적(technological)이라는 용어를 교육공학에서 직접 사용하는 것은 바람직하지 않다. 교육공학의 정의에서 사용되는 기술은 인간 행위의 접근을 묘사한 것으로 '실제적인 업무를 위한 과학적이고 조직화된 지식의 체제적인 적용(Galbraith, 1967)'을 의미한다.

이 개념은 과정과 자원의 의미를 변경하는데, 무엇보다 교수학습 과정에 대한 계획과 실행에서 사용되는 흔히 기술적이지 않은 과정－예를 들어 교사가 매일 수행하는 의사결정 과정들－에서 연구나 반성적 개발을 통한 가치 있는 결과를 이끌어 내는 것을 지지한다. 또한 기술은 자원의 의미에 대해서도 수정을 필요로 하는데, 사진자료나 비디오, 오디오 테이프, 컴퓨터 프로그램, DVD 플레이어 등의 수업을 위한 하드웨어와 소프트웨어를 기술의 개념에서 배제하는 것은 간혹 전문가와 비전문가 사이에 커다란 의사소통 문제를 만들기도 한다.

12) 과정

과정(processes)은 정해진 결과를 향한 활동의 연합으로 볼 수 있다. 교육공학자들은 종종 설계, 개발, 그리고 학습 자원의 개발과 같은 보다 큰 교수 개발 과정에 과정을 포함시킨다. 1960년대부터 1990년대까지 교육공학 분야에서의 가장 큰 관심은 교수 개발에 체제적 접근을 접목하는 것이었다. 이러한 체제적 접근은 교육공학 학문 분야의 가장 중심이 되는 정체성이었으며 이는 최근까지도 이어지고 있다. 개념적 측면에서 봤을 때 과정은 자원을 사용하고 이를 활용하는 것을 포함하며 그러한 것을 창조하는 것까지 아우른다.

13) 자원

학습을 위한 많은 자원(resources)들은 교육공학 학문 분야의 정체성에 있어 매우 중요하다. 이러한 자원은 과학기술의 혁신과 더불어 공학적 도구가 어떻게 학습자를 도울 수 있는지에 대한 이해가 넓어짐에 따라 그 폭을 확장해 왔다. 학습자를 돕기 위한 사람, 도구, 기술, 그리고 자료가 자원에 해당되는데, 이는 최첨단 ICT 시스템을 포함하며, 도서관, 동물원, 박물관, 그리고 특별한 지식이나 전문성을 가진 사람들과 같은 지역기반 자원, 그리고 CD-ROM이나 웹사이트, 웹퀘스트, 전자작업지원시스템 등과 같은 디지털 미디어도 포함한다. 물론 책이나 인쇄자료, 비디오 테이프와 같은 전통적인 매체 자료 등의 아날로그 자료 또한 포함한다.

지금까지 미국교육공학회에서 가장 최근에 제안한 교육공학의 개념에 대해 살펴보았다. 이 개념 또한 일시적인 것이며 시간이 지남에 따라 다시 변경될 것이다. 교육공학(educational technology)은 교육이 교수보다 일반적인 개념인 관계로 교수공학(instructional technology)보다 상위의 개념으로 볼 수 있으며, 훈련과 같은 의미를 통하여 일터에서의 수행을 개선하기 위한 총체적 접근인 수행공학은 교육공학과 별개의 개념으로 볼 수 있다.

교육공학의 개념에 대해 결론적으로 정리해 보면 다음과 같다.

첫째, 교육공학의 개념에서 사용된 연구(study)라는 용어는 단순히 연구(research)보다 반성적 행위를 포함한 보다 넓은 관점을 내포하고 있다. 둘째, 윤리적 행위에 대한 분명한 실행을 강조한다. 셋째, 교육공학의 목적은 학습을 촉진하는 것이며 학습을 통제하거나 단순히 유발하는 것에 비해 더욱 보편적인 의미를 갖고 있다. 넷째, 개념에 학습(learning)을 포함한 것은 의도적인 것으로 이는 교육공학에서 학습의 중요성을 강조하기 위함이다. 다섯째, 수행을 증진하는 것은 질적 기준을 의미하는 것으로, 교육공학적이 아닌 접근으로 이루어졌을 때보다 학습 향상에 도움을 줄 수 있어야 함을 강조한다. 즉, 학습자에게 단순한 비활성적인 지식보다는 살아있는 지식과 기술 그리고 태도 등을 사용할 수 있도록 하는 것을 목표로 한다. 여섯째, 창조, 활용, 그리고 관리 등의 개념을 확장하였는데, 이는 이전 교육공학의 정의와 비교했을 때 기술적 측면이 축소된 것으로 설계 과정에서 보다 다방면적인 관점을 반영하기 위한 것이다. 일곱째, 도구와 방법의 적절함은 그것을 사용하고 적용하는 사람과 조건에 적합해야 함을 의미한다. 또한 기술적이라는 의미를 분명히 드러내는데, 도구와 방법이 기술적이지 않을 경우 교육공학 학문 분야에서 벗어날 수 있음을 나타낸다.

3. 교육공학의 연구 영역

교육공학에 체제이론이 도입되면서 교수행위를 일회성이 아닌 여러 요소가 서로 긴밀히 연결되어 상호 간에 체계적으로 영향을 주고받는 보다 거시적인 시각으로 바라보게 되었다. 교육공학의 연구 영역은 설계, 개발, 활용, 관리 그리고 평가의 다섯 가지로 구분해 볼 수 있다(Richey & Seels, 1994). 각 영역은 상호 보완적이며 서로 영향을 주고받지만 반드시 연속적인 관계로 볼 수는 없다. 해당 영역에 대해 살펴보면 다음과 같다.

1) 설계

설계(design)는 교수체제 설계, 메시지 설계, 교수 전략, 그리고 학습자 특성 등으로 구성된다. 교수체제 설계에서는 수업의 분석, 설계, 개발, 실행, 평가의 조직적 절차를 고려하며, 메시지 디자인에서는 지적, 정의적, 신체적 행동에 영향을 주는 신호와 기호에 대해 탐구한다. 또한 교수 전략에서는 수업에서 일어나는 사태와 활동을 선택하고 구체적으로 계열화하며, 학습자 특성에서는 학습자의 경험적 배경을 분석한다. 즉, 설계는 효과적인 학습을 달성하기 위한 처방적 활동을 준비하는 영역으로 볼 수 있다.

2) 개발

개발(development)은 인쇄 공학, 시청각 공학, 컴퓨터 기반 공학, 그리고 기술의 통합 등으로 구성된다. 개발은 설계 영역에서 구체적으로 만들어진 내용을 물리적으로 완성하는 영역으로 볼 수 있으며, 매체 제작 분야에서 발전되어 인쇄물에서 컴퓨터에 이르기까지 다양한 테크놀로지 개발을 포함한다.

3) 활용

활용(utilization)은 매체 활용, 혁신의 확산, 실행과 제도화, 그리고 정책과 규제로 구성된다. 활용은 설계, 개발된 교수·학습 자료나 매체를 학습자의 학습과정에 직접적으로 연결시키는 영역으로 볼 수 있으며, 교수·학습의 효과를 증진시키기 위하여 교수매체를 선정하고 활용하는 방법 등을 포함한다.

4) 관리

관리(management)는 프로젝트 관리, 자원 관리, 전달 체계 관리, 정보 관리로 구성된다. 관리는 설계, 개발, 활용의 각 과정 및 교육공학의 산출물을 감독하고 학습을 위한 자원의 적절한 배분이 이루어지도록 하는 영역으로 볼 수 있다. 미디어센터에서의 서비스 운영에서 시작하였으며 다양한 관리 분야를 포함한다.

5) 평가

평가(evaluation)는 문제 분석, 준거지향 검사, 형성 평가, 총괄 평가로 구성된다.

평가 영역에서는 교수와 학습의 적절성을 평가하며, 평가 활동은 교육공학의 설계가 학습자의 요구나 교수환경을 충분히 고려하여 개발된 것인지, 학습목표의 달성이 용이하도록 개발된 것인지 등을 포함한다.

4. 교육공학의 적용

본 절에서는 앞서 다뤘던 교육공학의 개념 및 연구 영역을 바탕으로 교육공학의 학문적 성격을 보다 쉽게 이해하기 위해 학생 능동형 수업을 수행함에 있어 교육공학이 어떻게 적용될 수 있는지 살펴보고자 한다.

교육공학의 수업 적용에 대해 살펴보기에 앞서 먼저 학생 능동형 수업에 대해 간략히 살펴보고자 한다. 최근 학생 능동형 수업에 대한 관심이 높아지고 있는데, 이러한 관심은 무엇보다도 교수·학습 패러다임의 변화에 따른 자연스러운 현상으로 볼 수 있다. 최근의 교수·학습 패러다임을 살펴보면 학생이 교사에게 직접 배우지 않아도 언제든지 원하는 지식을 학습할 수 있게 되었으며, 교수·학습 과정은 교사와 학생들 간의 상호작용 속에서 이루어지게 되었다. 이러한 교수·학습 패러다임의 변화와 더불어 역량 중심 교육이 강조되고 있는데, 고도의 디지털화와 세계화 시대에 성공하기 위한 학생들의 미래 핵심역량으로 비판적 사고력, 의사소통 능력, 협업 능력, 창의력(4Cs - Critical thinking, Communication, Collaboration, Creativity)이 중요시되고 있다(Trilling & Fadel, 2009; Mishra & Kereluik, 2011). 우리나라에서도 2015 개정 교육과정에서 핵심역량을 갖춘 창의융합형 인재 양성을 강조하고 있는바, 이러한 교육목표를 달성하기 위해 초·중·고 학교 현장에서 학생 능동형 수업을 위한 교수·학습 방법을 연구하고 이를 수행하기 위해 노력하고 있다.

학생 능동형 수업에서는 학습자의 능동적인 학습경험을 중시하는 구성주의 교수 학습 철학이 중심이 되며, 교사의 역할은 직접적인 지식의 전달자에서 학생들의 지식 구성을 도와주는 조력자의 형태로 변화한다. 또한 학생 능동형 수업이 원활히 수행되기 위해서는 교사를 통한 단편적인 지식 습득보다 학생 스스로 지식을 탐구하고 창의적인 아이디어를 생성하며 이를 통하여 본인의 학습에 동기부여가 일어날 수 있는 학생들의 자기 주도적 학습이 중요하다. 즉, 변화하는 교수・학습 패러다임에 맞춰 학생이 중심이 되어 수업을 진행하고, 나아가 미래사회 학생이 갖춰야 할 역량을 개발하는 데 효율적으로 대응하기 위한 교수・학습 방법이 학생 능동형 수업임을 알 수 있다.

이상 살펴본 학생 능동형 수업의 정의 및 특징, 수행 방안 등에서 교육공학의 학문적 세부 영역을 살펴볼 수 있다. 학생 능동형 수업을 수행하기 위해 교육공학이 어떻게 적용될 수 있는지 살펴보면 다음과 같다.

1) 교수학습 이론의 적용

학생 능동형 수업에 있어 교육공학의 세부 학문 분야 중 하나인 교수・학습 이론의 적용을 살펴보면 다음과 같다. 기존에 활용되고 있는 교수・학습 방법 중 조직 구성원이 팀을 구성하여 동료와 촉진자의 도움을 받아 실제 업무의 문제를 해결함으로써 학습을 수행하는 액션러닝(Marquardt et al., 2009)이나 학습자 중심의 학습 및 문제 해결을 중시하는 문제중심학습(Hung, Jonassen & Liu, 2008)을 학생 능동형 수업을 수행하기 위한 교수・학습 방법으로 볼 수 있을 것이다. 또한 앞서 살펴본 바와 같이 학생 능동형 수업에서는 구성주의적 교수・학습 방법이 중요한데, 학생들이 스스로 지식을 구성해나가는 방식으로 진행되는 자기 주도적 학습, 그리고 이러한 학생들의 학습을 촉진하기 위한 교사의 역할로서 모델링이나 코칭, 선행 조직자 활용, 비계설정 등도 교수・학습 방법으로서 의미를 가질 수 있다.

즉, 수업 시간에 학생들을 가르치기 위한 교수 방법이나 학생들의 학습 방법에 대해 고민하고, 특정 상황에 따라 교수・학습 방법이나 교사의 역할이 어떻게 바뀌어야 할지에 대한 이론적 배경을 제공하는 것이 바로 교육공학의 교수학습 이론이 실제 수업에 적용된 것으로 볼 수 있을 것이다.

2) 매체 활용의 적용

매체 활용의 학생 능동형 수업에 적용할 수 있는 대표적인 형태 중 하나로 최근 유행하고 있는 플립러닝(Flipped learning), 즉 거꾸로 수업을 살펴보는 것이 효과적이다. 플립러닝이란 학습자가 온라인을 통해 학습할 내용에 대해 사전학습을 수행하고, 실제 수업 시간은 학습자의 활동을 중심으로 수업이 진행되는 수업 방법이다. 플립러닝은 과목 및 환경에 따라 다양하게 진행할 수 있지만 일반적으로 수업 전 학생 사전학습과 수업 중 토론·협력 학습으로 구성된다. 수업 전 사전학습 단계에서는 학생들이 교사가 사전에 제공한 동영상 자료 및 콘텐츠 등을 활용하여 개별적으로 수업 내용에 대해 학습하는데, 이를 위하여 활용하는 컴퓨터, 스마트 기기 등이 교육공학에서의 매체 활용 측면으로 볼 수 있다. 또한 수업 전에 학생들 간에 자료 공유를 위하여 기존에 제작된 웹 사이트를 활용할 수 있고, 해당 사이트의 학습관리 시스템을 활용하여 의견을 교환할 수 있는데 이러한 것들 역시 교육공학의 매체적 측면이 반영된 것으로 볼 수 있다. 향후 활용될 것으로 전망되는 디지털 교과서 또한 앞서 언급한 다양한 매체들이 통합되어 제공되는 형태로 볼 수 있을 것이다.

나아가 최근 들어 플립러닝에서의 사전학습을 위해서 혹은 학생들 스스로 학습을 하는 과정에 MOOC 사이트를 활용하는 경우가 많은데, 이러한 사이트를 제작하고 이를 통하여 학습하는 방법에 대해 연구하는 것 또한 교육공학의 매체 활용 관련 이론이 실제 수업에 적용된 것으로 볼 수 있을 것이다.

3) 교수 설계의 적용

앞서 언급한 플립러닝은 일반적으로 사전학습 단계, 수업 단계, 그리고 수업 후 단계로 구분하여 설계하는데, 특히 사전학습 단계가 중요하며 사전학습의 성공적인 수행이 수업의 전반적인 질을 좌우할 수 있다. 따라서 사전학습에서 어떠한 부분을 고려하고 강조할 것인지에 대해서, 그리고 이를 통하여 달성해야 할 목표에 대해서도 미리 계획을 세워야 한다.

이처럼 수업을 단계별로 구분하고 특정 단계를 성공적으로 수행하기 위해 해당 단계에서 반드시 수행되어야 할 요소나 활동 등에 대해 연구하는 것이 교육공학의 교수설계 이론이 수업에 적용된 것으로 볼 수 있다. 예를 들어, 학생 능동형 수업에서 능동의 의미에 가장 잘 부합하는 것이 바로 수업 중 학생 중심 활동인데, 해당 수업의 목표를 달성하기 위해 각 교과의 특성 및 내용, 학습 목표에 따라 실험이나 탐구활동 등 기존에 알려진 다양한 학생 활동을 수행할 수 있도록 수업을 설계하는 것이 바로 교수설계 요소이다. 또한 학생 능동형 수업은 학생이 수업의 주체가 되어 능동적 활동을 수행하는 방식으로 진행됨에 따라, 기존의 강의식 수업에서 사용하였던 일제식 평가 방식을 그대로 적용할 경우 학생들의 학업 성취도를 제대로 파악하기 어렵다. 따라서 학생 능동형 수업에서는 사전학습 수행 여부에 대한 평가, 수업 중 수시 평가, 그리고 수업 후 총괄평가 등 과정평가의 개념을 적용하여 수업 과정에서 수시로 평가가 이루어져야 하는데 이러한 것을 체계적으로 고려하여 수업을 설계하는 것 또한 교수설계 요소로 볼 수 있을 것이다.

즉, 학생 능동형 수업을 수행하기 위하여 수업의 절차를 바꾸고 또 각 수업 단계별로 강조해야 하는 점에 대해서 연구하는 것이 바로 교육공학의 교수설계 관련 이론이 실제 수업에 적용된 것으로 볼 수 있을 것이다.

이상 학생 능동형 수업을 바탕으로 교육공학의 학문적 세부 영역이 어떻게 적용될 수 있는지 살펴보았다. 요컨대 특정 방식의 수업을 수행함에 있어 수업을 어떤 식으로 구성할지에 대해 고민하는 것이 교수설계이고, 이를 통하여 구성된 각 단계별로 교사와 학생의 적절한 역할 및 관계를 정립하는 것이 교수학습 이론이며, 전반적인 수업에서 어떠한 매체 및 도구를 활용할지와 실제 활용방안을 고민하는 것이 매체 활용이다. 이처럼 교육공학은 실제 우리가 수업을 수행하는 과정 중에 자연스럽게 녹아들어 해당 수업의 효율성과 효과성을 극대화하기 위한 이론과 실제에 대해 연구하는 학문임을 알 수 있다.

연습 및 탐구문제

1. 본 장에서 배운 교육공학의 학문적 정의를 바탕으로 평소 본인이 학교생활을 통하여 경험한 교육공학과 관련된 요소에 대해 설명하고, 그러한 것이 본인의 학업에 어떠한 영향을 미쳤는지 토론해 보자.

2. 교육공학의 2008년 정의에서 다루고 있는 요소인 연구(Study), 윤리적 행위(Ethical practice), 촉진(Facilitating), 학습(Learning), 증진(Improving), 수행(Performance), 창조(Creating), 활용(Using), 관리(Managing), 적절한(Appropriate), 기술적인(Technological), 과정(Process), 자원(Resource)의 실제 예시에는 어떠한 것이 있을지 생각해 보고, 이를 바탕으로 본인이 생각하는 교육공학의 학문적 정의를 한 문장으로 말하고 이를 동료와 토론해 보자.

3. 교육공학의 다섯 가지 영역인 설계(Design), 개발(Development), 활용(Utilization), 관리(Management), 평가(Evaluation)에서 다루는 내용에 대해 생각해 보고 교수 · 학습 과정에 어떻게 적용해 볼 수 있을지에 대해 동료와 토론해 보자.

참고문헌

Galbraith, J. K. (1967). *The new industrial state.* Boston: Houghton Mifflin.

Hung, W., Jonassen, D. H., & Liu, R. (2008). Problem-based learning. *Handbook of research on educational communications and technology, 3*, 485-506.

Januszewski, A., & Molenda, M. (Eds.). (2013). *Educational technology: A definition with commentary*. Routledge.

Marquardt, M. J., Leonard, H. S., Freedman, A. M., & Hill, C. C. (2009). *Action learning for developing leaders and organizations: Principles, strategies, and cases*. American Psychological Association.

Mishra, P., & Kereluik, K. (2011, March). *What 21st century learning? A review and a synthesis.* In Proceedings of Society for Information Technology & Teacher Education International Conference (pp. 3301-3312).

Perkins, D. N. (1992). Technology meets constructivism: Do they make a marriage? In T. M. Duffy, & D. H. Jonassen (Eds.), *Constructivism and the technology of education: A conversation*. Hillsdale, NJ: Lawrence Erlbaum Associates.

Reiser, R. A., & Dempsey, J. V. (Eds.). (2012). *Trends and issues in instructional design and technology*. Boston, MA: Pearson.

Richey, R. C., & Seels, B. (1994). Defining a Field: A Case Study of the Development of the 1994 Definition of Instructional Technology. *Educational media and technology yearbook, 20*, 2-17.

Trilling, B., & Fadel, C. (2009). *21st century skills: Learning for life in our times.* San Francisco, CA: Jossey-Bass.

II

교수매체

제2장

최신 테크놀로지의 동향과 교육적 활용

학|습|목|표

1. 최신 테크놀로지의 종류와 교육적 활용 가능성을 설명할 수 있다.
2. 수업과 학습 지원을 위한 테크놀로지 활용 유형과 방향을 설명할 수 있다.
3. 테크놀로지의 교육적 활용에 있어서 교사의 역할과 자세를 설명할 수 있다.

주|요|용|어

- 개인단말기활용(BYOD: Bring Your Own Device)
- 메이커스페이스(maker space)
- 3D 프린팅
- 인공지능
- 디지털 배지
- 착용형 테크놀로지
- 가상현실
- 학습분석 테크놀로지
- 적응적 학습 테크놀로지
- 온라인학습
- 로보틱스
- 사물인터넷

사람들은 학교 교육의 낙후성을 지적하며, "19세기 교실에서, 20세기 교사들이, 21세기 학생들을 가르치고 있다."라고 냉소적으로 말한다. 교실, 교탁, 책상 등을 포함한 물리적 시설이 가장 낙후되어 있고, 학생들을 가르쳐야 할 인적 자원, 즉 교사들이 그 다음으로 낙후되어 있다는 의미다. 하지만 최근 기술 발전과 보급의 속도가 급격히 빨라지면서, 이런 순서는 역전되고 있는 느낌이다. 우리나라의 경우, 초고속 인터넷망은 이미 대부분의 학교에 구축되어 있고, 각 학교들은 전자 교탁 등을 포함한 각종 스마트 기기를 상당 부분 보유하고 있다. 이처럼 이미 다양한 종류의 테크놀로지가 학교에 보급되어 왔으며, 학교의 시설이 낙후되어 있다고 말하기는 조금 어려운 상황이다. 문제는 이미 구축되어 있는 시설과 장비들이 효과적으로 활용되고 있지 못하다는 데에 있으며, 빠른 속도의 기술발전은 문제를 더욱 심각하게 만들고 있다.

이에 본 장에서는 최신 테크놀로지의 종류와 그 교육적 활용 동향을 소개하고, 학생들의 학습 지원을 위한 활용 방향, 테크놀로지 활용 수업에서 교사의 역할 등에 대해서 설명하고자 한다. 이를 통해 예비교사들이 훗날 자신의 수업에서 활용하게 될 시설과 장비에 대해서 생각해 보게 하고, 자신의 수업에서 어떻게 활용할 것인지 전략을 고안해 보도록 하며, 마지막으로 이 과정에서 교사에게 새롭게 요구되는 역할과 자세를 이해하도록 하는 것이 목적이다.

1. 최신 교육테크놀로지의 동향

1) 최신기술동향 개요

New Media Consortium은 매년 최신 테크놀로지의 기술적, 경제적 동향을 분석하고, 이들이 기술이 교육 현장에 도입될 가능성과 시기를 예측하여 Horizon Report라는 제목으로 보고한다. 아래 표는 최근 3년간 보고서에 담긴 기술 도입 전망을 요약한 것이다.

〈표 2-1〉 교육 현장에의 최신 테크놀로지 도입 전망

	2015 보고서	2016 보고서	2017 보고서
1년 이내	개인단말기활용(BYOD)	메이커스페이스	메이커스페이스
	메이커스페이스	온라인학습	로보틱스
2~3년 내	3D프린팅	로보틱스	학습분석테크놀로지
	적응적 학습 테크놀로지	가상현실	가상현실
4~5년 내	디지털 배지	인공지능	인공지능
	착용형 테크놀로지	착용형 테크놀로지	사물인터넷

출처: New Media Consortium(2015, 2016, 2017)

세 보고서에 따르면 메이커스페이스는 세 보고서 모두 1년 이내에 보급과 활용이 확대될 것이라고 예측하고 있다. 학습 분석과 인공지능, 그리고 이들이 결합된 적응적 학습 테크놀로지가 수년 내에 도입될 것으로 예상되고, 착용형 테크놀로지와 사물인터넷 등이 중장기적으로 도입될 것이라는 전망을 해 볼 수 있다. 아래에서는 위 전망에서 언급하고 있는 각 테크놀로지의 의미와 교육적 기능을 간략히 설명한다.

(1) 개인단말기활용(BYOD)

BYOD(Bring Your Own Device)는 일반 비즈니스 영역에서 생겨난 일종의 정책적 관행으로(Ballagas, Rohs, Sheridan, & Borchers, 2004). 이는 기관이나 사업장의 업무를 각 개인 소유의 단말기를 이용하여 수행한다는 개념이다. 초창기에는 회사 전화 대신 개인의 휴대 전화를 사용하는 수준의 정책이었지만, 점차 무선통신망과 휴대용 단말기가 고도화되면서, 그 활용 범위와 내용은 급격히 혁신적으로 확장되고, 복잡해지기 시작하였다. 회사 입장에서는 엄청난 비용 절감 효과를 거둘 수 있고, 사용자 입장에서도 커다란 편의를 제공받는 등 긍정적인 반향을 불러일으켰지만, 보안 관련 이슈 등 여전히 해결되어야 할 과제를 안고 있는 실정이다. 교육의 영역에서 BYOD 정책은 매우 민감한 문제로 여전히 많은 학교나 교사들은 수업 중 휴대폰 사용을 금지하고 있으며, 학교에서는 제한된 단말기만을 사용하도록 하고 있다. 하지만 테크놀로지는 학교와 개인의 일상 속에 깊이 들어가 있으며, 개인

의 일상적 생활과 각종 단말기는 분리하기 어려운 지경에 이르고 있다. '개인 휴대 단말기를 학교 수업에서 어떻게 활용해야 하는가?', '관련된 정책적 이슈는 무엇인가?', '기술적으로 해결되어야 할 점은 무엇인가?' 등의 문제에 대해서 진지하게 고민하고, 시급히 대책을 마련해야 한다(Afreen, 2014).

(2) 메이커스페이스

메이커스페이스(makerspace)는 지역사회나 교육 기관에 위치한 일종의 공동 작업 공간이다. 많은 경우 최신의 고급·고가의 장비들을 보유하고 있기도 하지만, 교육목적을 고려할 때, 장비들의 보유 여부가 필수는 아니다. 오히려 실제적 작업을 통한 문제해결 과정의 경험, 창의적·비판적 사고의 함양, 인내와 회복력의 훈련 등이 더 핵심적 요소라고 할 수 있다(Halverson & Sheridan, 2014). 초기에는 주로 메이커스페이스가 열정적인 테크놀로지 사용자들이 정기적으로 모여 프로그래밍 기법, 전자 장비, 공작 도구 등과 관련된 최신의 정보와 경험, 지식을 공유하는 비공식적 온라인 커뮤니티를 지칭하였으며, 해커스페이스, 해커랩 등으로 불리기도 하였다. 기술의 발전으로 각종 장비들의 보급형 브랜드가 등장하고, 가격도 저렴해지면서, 학교 등 비영리 기관에서 다양하게 활용되고 있다. 이에 따라 일반 사용자의 접근이 훨씬 용이해졌고, 일선 학교에서도 교육용 목적을 위한 각종 메이커스페이스의 구축과 활용 추세가 급격히 증가하고 있다.

[그림 2-1] 메이커스페이스의 한 사례

출처: https://multcolib.org/library-location/rockwood-makerspace

(3) 3D 프린팅

1990년대 초반 미국 텍사스 주립대에서 개발한 레이저 접합 기기가 3D 프린터의 최초 모형이라고 알려져 있다. 3D라는 이름이 붙여진 것은 이로부터 10년쯤 후, 미국 매사추세츠공대 대학원 학생들이 잉크젯 프린터에 신소재 물질을 사용하는 실험 도중 붙여졌다고 한다. 이 분야는 급속한 발전을 이루며, 최근에는 소형의 저가형 모델들이 보급되고 있는 추세이다. 3D 프린터는 앞서 소개한 메이커스페이스 운동과 함께, 이를 더욱 고양시키는 촉매재의 역할을 하면서 확산되어 왔다. 3D 프린터를 활용하면 저렴한 가격으로 비행기 부품을 생산할 수 있고, 건축가들은 건물의 모형을 만들어 볼 수 있으며, 의사들은 신체 이식용 장기를 만들 수도 있다. 이런 가능성들은 현재 3D 프린팅 시장을 급속하게 확장시키고 있는 상황이다. 아울러 그 교육적 활용 가능성 역시 크게 주목받고 있다(Canessa, Fonda, & Zennaro, 2013).

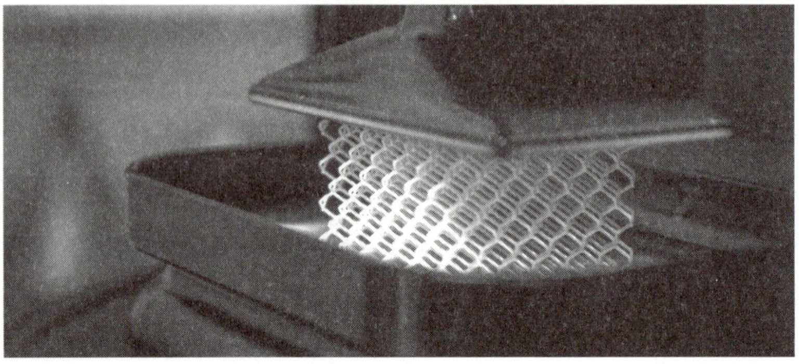

[그림 2-2] 3D 프린팅 예시

출처: https://youtu.be/O2thSsQrZUM

(4) 학습분석 테크놀로지

최근의 테크놀로지의 발달에 따라, 인터넷상에서 수행되는 대부분의 활동들은 세밀하게 기록 및 저장되며, 다양한 방식으로 분석되어 활용된다. 이러한 현상은 소위 빅데이터라는 이름으로 지칭된다. 데이터 저장 및 처리 능력이 비약적으로 발전하면서 이전까지는 다루지 못했던 수많은 패턴들이 분석되고 포착될 수 있게 되었으며, 나아가 미래의 현상에 대한 예측도 가능해지기 시작하였다. Amazon이나 Netflix 등 이 분야의 선구적 기업의 사례들과 유사한 방식으로 학생들의 학습 패턴을 분석하고 예측하는 데에 사용되기 시작하였다. 새롭게 부각되기 시작한 학습분석테크놀로지는 이미 구조화되어 있거나 혹은 구조화되지 못한 채 분산되어 있는 각종 데이터베이스, 기업 연구소의 시장 분석 보고 기법, 데이터 시각화 도구, 모델링 및 예측 시스템, 텍스트 분석 도구 등을 모두 포괄한다(Ferguson, 2012). 다시 말해서, 학습관리시스템, 각종 사물인터넷, 공식·비공식적 기록 등을 통하여 집적된 수많은 종류의 대용량 데이터들이 자동 분석 시스템에 의하여 처리되어 학습과 관련된 다양한 진단과 예측, 처방을 내놓는 것을 일컬어 학습분석 테크놀로지라고 한다.

(5) 인공지능

한 시장 분석 기관은 세계적으로 인공지능 관련 예산이 2016년 약 80조 원에서 2020년 약 470조 원 규모로 증가할 것으로 예측하였는데, 이는 인공지능 기술이 인류에 엄청난 변화를 가져올 것으로 기대하기 때문이다. 예를 들어, 인공지능 시스템을 활용한 자율주행차량은 자동차 사고로 인한 인명 사고를 극적으로 줄일 것이며, 궁극적으로 직장과 거주 지역의 분포에도 영향을 미칠 것이다.

인공지능 체제는 기계 학습 알고리즘과 대량의 데이터에 기반하여 과업을 수행하고 의사결정을 내린다. 이는 앞서 소개한 학습분석테크놀로지의 한 영역으로, 비구조화된 데이터군에서 스스로 일정한 패턴을 발견해내고 관련된 의사결정을 내릴 수 있는 시스템을 의미한다. 이때, 인공지능은 학습의 알고리즘을 스스로 구축한다는 것이다. 최신의 인공지능 기술은 사전에 프로그램된 방식대로만 데이터를 분석하는 것이 아니라, 데이터를 의미 있게 분석하고 현실적 의사결정을 내릴 수 있는 논리체계를 스스로 학습하며 구축해 나갈 수 있는 기제를 포함하고 있다는 것이다(Lane, Yacef, Mostow, & Pavlik, 2013). 만일 이러한 인공지능 기술이 학습분야에 완벽히 적용된다면, 개별 학습자들의 학습 요구와 패턴을 감지하고 각각에 적합한 해법을 제안해냄으로써 개별적 완전학습의 이상을 실현해 줄 수 있을 것으로 기대된다.

(6) 적응적 학습 테크놀로지

적응적(adaptive) 학습 테크놀로지는 각 학습자들에게 최적의 맞춤형 학습 경험을 제공하고자 하는 운동의 결과로 등장하였다. 하나의 단일한 방식으로 모든 학생들에게 교육 내용을 전달하고자 했던 전통적 방법은 특정 내용을 손쉽고 빠르게 학습하는 이들뿐만 아니라 동일 내용의 학습에 어려움을 겪는 학생들 모두에게 비효율적이라는 비판이 끊임없이 제기되어 왔다. 하지만 개별 교사들이 특정 학습자들을 위한 다양한 교육과정과 수업 방법을 개발하고 시행하는 것은 현실적으로 매우 어려운 상황이다. 적응적 학습 테크놀로지는 온라인과 면대면 학습 상황을 병행하면서, 개별 학습자들의 수준과 적성을 고려한 개별화 수업을 실현시킬 수 있는 기법을 의미한다(Mettler, Massey, & Kellman, 2011). 가장 기본적인 수준에서, "만일 ~하다면, ~하라"의 논리적 구문에 입각하여, 학습자의 수행에 따라 적절한 교육적 처치를 제공하는 방식을 의미한다. 대량의 데이터를 처리하고 판단하는 인공지능 시스템과 학습 활동을 기록하는 데이터가 결합하여, 개별 학습자의 학습 수준과 패턴에 따라 적절한 다음 활동 및 내용을 제시하는 기술을 일컫는다.

(7) 디지털 배지

디지털 배지는 온라인상에서 수행되는 다양한 방식의 공식/비공식적 학습 활동을 기록하고, 추적하고, 인정하는 체제 중 하나다(Gibson, Ostashewski, Flintoff, Grant, & Knight, 2015). 성인을 포함한 모든 연령대의 학습자들은 다양한 방식으로 학습 활동을 수행하고, 교육적 경험을 향유하고 있다. 학습 경험은 매우 단기적이고 즉흥적인 수준의 것에서부터, 장기적이고 고도로 구조화된 형태의 것일 수도 있다. 교육 관련 게임을 몇 차례 수행한 것일 수도 있고, 특정 분야의 강좌를 체계적으로 수강한 것일 수도 있다. 어떤 식으로든 이들은 자신의 학습을 진행하고 있으며 만일 이들이 축적되고 공식화될 수 있다면 학교 안과 밖에서의 교육적 경험은 비약적으로 풍부해질 것이다. 하지만 현재의 교육 시스템은 학교 등 공식적 교육기관에서 제공하는 성적, 수료, 졸업장 등에 의존하고 있다. 디지털 배지 운동은 이러한 현실 교육 체제의 제한점을 해소해 줄 수 있는 하나의 대안으로 꼽히고 있다.

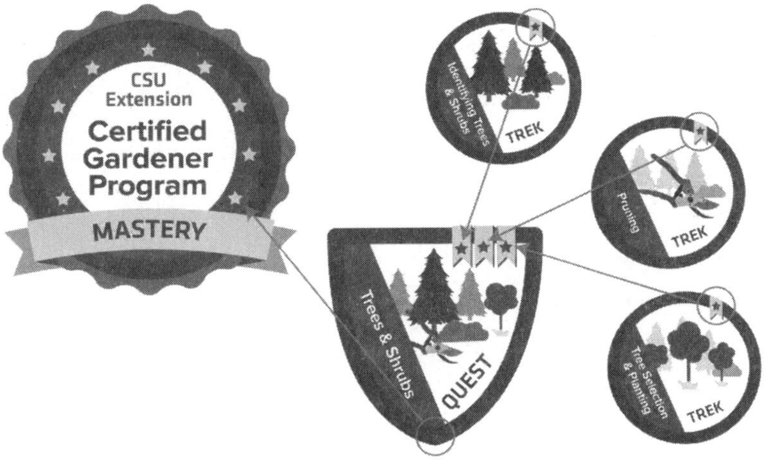

[그림 2-3] 디지털 배지 예시

출처: https://www.online.colostate.edu/badges/certified-gardener/

(8) 온라인학습

스마트 단말기의 보급, BYOD 정책, 적응적 학습 테크놀로지의 발달 등은 온라인학습에 대한 새로운 관심을 불러일으키고 있다. 이미 대부분의 교실과 교사들은 온라인 정보에 접근하고, 디지털 자료들을 개발·실행하기 위한 장비와 네트워크를 구축하고 있다. 이에 더하여 모든 학생들이 학교 수업 현장에서 온라인과 디지털 자료에 접근하고 가공할 수 있는 환경이 된다면, 순수한 의미에서의 오프라인 활동이란 존재하지 않게 될 것이다. 달리 말하면, 수업 중에도 학교 밖 공간과 소통하게 되고, 방과 후에도 온라인을 통한 학습이 일상적이게 될 것이다. 많은 학교와 교육기관들에서는 이미 온라인용 수업을 개발하여 제공하고 있으며, 이들 강의나 활동과 수업 내 학습 활동의 연계를 꾀하고 있다. 특정한 필요와 대상만을 위한 온라인 학습활동이 이제는 모든 학생들과 사용자들을 대상으로 한 적응적 형태로 진화하고 있다.

(9) 착용형 테크놀로지

착용형(wearable) 테크놀로지는 시계, 안경 등과 같이 사용자가 착용할 수 있는 스마트 기기를 일컫는다. 스마트 직물의 테크놀로지를 활용하면, 셔츠나 재킷, 신발 등과 같은 형태로 착용하면서 다른 기기와 통신하며, 다양한 데이터를 수집·분석하고, 각종 기능들을 수행할 수 있다. 이들 착용형 테크놀로지가 보급되면, 사용자의 일상생활 속에 깊숙이 테크놀로지의 기능들이 작용하게 되고, 인식하지 못하는 중에도 사용자의 신체 기능, 소셜미디어의 활용, 위치정보 등에 따른 다양한 생활·활동 패턴이 분석되고 최적의 서비스가 제공될 수 있다. 동시에 다양한 가상현실 기기를 통하여 더욱 역동적이고 풍부한 가상의 실제가 현실과 융합되어 제공될 수도 있다(Knight, Gajendragadkar, & Bokhari, 2015).

[그림 2-4] 착용형 테크놀로지 예시

출처: https://creators.vice.com/en_us/topic/make-it-wearable

(10) 로보틱스

로보틱스(robotics)는 일정한 활동을 수행할 수 있는 자동화된 기계, 즉 로봇을 설계하고 적용하는 영역을 말한다. 현재 로봇은 군사 부문이나 산업 영역 등에서 위험하거나 반복적인 작업, 혹은 인간의 힘으로 수행하기 어려운 작업을 대체하는 용도로 활용되고 있으며, 그 영역과 점유 비율은 점점 더 확대되어 나갈 것으로 예측

된다. 학교 교육에서는 논리적 사고와 프로그래밍 능력을 고양시키고, 수학/과학 개념의 실제적 적용 능력을 향상시킬 목적으로 로봇의 작동과 제어를 활용하기도 한다(Curto & Moreno, 2016). 각종 로봇 경진대회에 참여하는 학생들의 열정과 고도화된 전문성을 살펴보면, 로보틱스가 교육에 일반화되어 적용되었을 때 가져올 변화의 일면을 엿볼 수 있을 것이다.

(11) 가상현실

가상현실(virtual reality)은 사람이나 사물과 관련된 실제적 경험을 테크놀로지를 활용하여 가상으로 재현해낸 것을 의미한다. 기본적으로는 컴퓨터를 통하여 삼차원 이미지를 구성하고 이와 상호작용할 수 있도록 하는 기술을 말한다. 전통적으로는 고가의 장비들로 인하여 일반인의 활용이 제한적이었지만, 근래에 저가의 보급형 장비들이 출시되면서 점점 더 보급 속도가 가속화될 것으로 예측된다. 최근의 동향은 제스처 기반이나 촉각 기반 입력장치들이 활용되면서 삼차원 이미지에 더해 가상 현실의 실제감을 더욱 높이고 있다. 예를 들어, 고대인의 삶을 재현해낸 3차원 가상 현실 학습 자료는 인쇄물에 제시된 유물 사진 한 장보다 훨씬 더 풍부한 학습 경험을 제공할 수 있을 것이다(Greenwald, et al., 2017).

[그림 2-5] 가상현실을 체험 중인 학생들

출처: https://medium.com/synapse/adopting-virtual-reality-for-education-401e7456c7a5

(12) 사물인터넷

사물인터넷(Internet of Things)은 데이터 수집 혹은 처리 기능을 내장하고, 이들 정보를 송수신할 수 있는 사물들 간 네트워크를 의미한다. 이를 통해 사용자는 각 기기를 원격 제어할 수 있고, 상태를 점검·추적하며, 적절한 경우 경보를 보낼 수도 있다. 소방당국은 곳곳에 설치된 화재 감시 시스템을 통하여 위험 신호를 감지할 수 있으며, 시청은 시민들의 대중교통 이용 패턴을 파악하여 대중교통 시스템을 정비할 수도 있다. 학교도 자동 감지시스템을 이용하여 전기 사용량을 줄일 수도 있고, 안전을 확보할 수도 있다. 학습자들의 행동 패턴을 감지하고, 어떤 교육적 처치가 이에 적합한 결과를 내놓을지 분석함으로써 사물인터넷을 교육적으로 활용하는 것도 가능할 것이다(Hwang, Kim, & Im, 2017).

[그림 2-6] 사물인터넷 개념도

출처: http://www.dawnbit.com/wp-content/uploads/2017/07/Internet-of-Things.png

2) 최신 테크놀로지 발달의 동향에 따른 교육적 시사점

위에서 언급한 테크놀로지나 관련 정책, 관행 등은 아직 생소하고, 개인의 일상생활이나 학교와 교실의 실제에 있어서 여전히 충분히 보급되어 활용되지 못한 상황이다. 하지만 기술의 발달과 그에 따른 교육 및 사회의 변화 속도에 비추어 생각해 볼 때, 이들 시설, 장비, 정책 등이 현실에 안착되고 보편화되는 데에는 그리 많은 시간이 소요되지는 않을 것으로 예상된다. 이에 따라 교육에서의 테크놀로지 활용과 관련된 논의들 역시 급속도로 변화되고 있는 추세이다.

- 더 이상 최신의 테크놀로지를 학교와 수업에서 활용할 것인가 말 것인가의 문제는 논의의 대상이 되지 않는다. 이제는 어떻게 하면 모든 학생들이 이들 테크놀로지에 장벽 없이, 전면적으로 접근하고 노출되도록 함으로써 개별 학습자들의 학습을 고양시킬 것인가에 논의의 초점이 맞추어진다.
- 테크놀로지의 활용은 점점 더 개별화되고 있다. 다수를 대상으로 하는 강의의 효율을 높이기 위한 테크놀로지 활용은 광범위한 활용 전략 중 하나로 인식된다. 테크놀로지는 개별 학습자들로 하여금 자신의 삶을 위하여 무엇을, 어떻게, 어떤 속도로 학습할 것인가에 더 많은 선택권을 부여하게 되었다. 최근의 기술 발달은 개별 학습자들의 능력과 요구에 적합한 평가와 수업을 파악하여 거의 실시간으로 이를 제공할 수 있는 기능을 구현할 수 있다.
- 학습과 관련된 이론은 많은 발전을 이루어 인간 학습에 대한 이해를 더욱 깊게 하였으며, 개인적, 혹은 사회적 요소들 중 어떤 것들이 학습에 더욱 핵심적 영향을 미치는지 드러내고 있다. 이에 기반하여 복잡한 물리적, 사회적 환경들도 개인의 학업 성취 증진에 기여하는 방식으로 최적의 조합으로 구조화될 수 있게 되었다.
- 테크놀로지의 발달은 교육 환경의 변화 이전에 개인 삶의 모든 영역에 걸쳐 영향을 미친다. 따라서 최신 테크놀로지를 활용한 교육은 지식 전달의 효과성과 효율성을 높이는 데에 기여할 뿐만 아니라, 더 근본적으로 새롭게 펼쳐지는 삶과 직업적 영역 안에서의 기본 역량을 증진시키는 데에 의미를 지닌다. 이처럼 최근의 많은 연구와 논의들은 21세기의 직업과 삶을 성공적으로 영위하기 위해서 어떤 지식과 역량이 필요한지 다양한 연구가 진행되고 있다.
- 우리나라는 다양한 최신 테크놀로지 활용의 기반이 되는 초고속 인터넷망을 거의 모든 학교에 구축하고 있다. 또한 각종 디지털 기기의 성능은 획기적으로 높

아지고, 이를 쉽게 활용하게 하는 인터페이스와 각종 기능들은 놀랍게 개선되고 있는 반면에, 이들 기기의 공급 가격은 놀라운 속도로 내려가고 있다. 그리고 테크놀로지의 발달은 새롭게 구축되고 확장되는 학습자, 교사, 동료, 멘토 등과의 관계를 수용할 수 있는 물리적 공간의 구조를 다시 생각하도록 독려하고 있다.

2. 수업 및 학습에서의 활용

테크놀로지의 발달은 새로운 활용 가능성을 열어놓게 되었고, 수업과 학습의 장면을 전통적 사고에서는 상상하기 어려운 방식으로 변화시킬 것이다. 이제까지 개별 학습자들의 학습 기회와 가용한 학습 자료는 학교라는 물리적 공간 안으로 제한되어 있었다. 하지만 테크놀로지를 활용한 학습 환경에서 학습자들은 자신이 속한 학교 및 지역 공동체에서 출발하여 전 세계 곳곳에 산재해 있는 인적/물적 자원을 활용할 수 있게 되었다.

- 예를 들어, 초고속 인터넷 접근이 제공되기만 한다면 컴퓨터프로그래밍 관련교육 시설과 전문 교사가 미비한 학교에 소속된 학생이라고 하더라도 학생이 온라인상에서 제공되는 각종 강좌를 수강함으로써 전문 프로그래머 관련 진로를 준비할 수 있다.
- 대학 진학을 앞두고 전공 선택을 위해 고민하는 학생의 경우, 비록 지리적 여건이 허락하지 않는다고 하더라도, 각 대학에서 온라인으로 제공하는 멘토링, 면담, 오리엔테이션 프로그램 등을 통하여 보다 심화된 정보와 안내를 얻을 수 있다.
- 지역적으로 떨어져 있는 원거리 학생들 간에도, 모바일 데이터 수집/전송 기능을 활용하여 역동적인 협력학습 활동을 진행할 수 있다.
- 인터넷망이 구축되어 있으나, 개별 학교에는 적절한 실험 도구들이 구비되어 있지 않은 경우, 화학, 물리학, 생물학, 천문학, 지구과학 등 다양한 분야의 원격 실험실을 활용할 수도 있으며, 다양한 도구와 자료를 공유할 수 있다.

- 문학 작품, 음악, 미디어 콘텐츠 등을 제작하는 학생들의 경우 자신의 창작품을 온라인상에 게시하여 일반에 공유함으로써 전문가를 포함한 다양한 독자들로부터의 의견과 피드백을 얻을 수 있으며, 명성을 얻게 될 수도 있다.
- 발전된 테크놀로지가 활용되는 환경에서 비록 덜 숙련된 학습자들이라 하더라도, 각종 전문적 실천 공동체에 참여할 기회를 얻을 수 있으며, 이를 통해 점차 더 높은 전문성을 획득해 나갈 수 있다(Lave, & Wenger, 1991).

1) 개별화된 학습과 경험의 제공

최신 테크놀로지의 수업 활용은 교육적 상상력이 미치는 범위만큼이나 다양한 사례들을 생각해 볼 수 있을 것이다. 이하에서는 대략 몇 가지 방향성을 제시하는 것으로 이를 대신하고자 한다.

먼저, 테크놀로지를 활용함으로써 개별 학습자에게 더욱 의미 있고, 적합한 학습 경험을 제공할 수 있다. 예를 들어, 학습자들이 특정 수업 목표와 관련해서 일련의 활동 목록 중 하나를 선택하여 수행하도록 설계할 수 있다. 같은 수업을 수강하는 학습자라도 에세이 작성, 웹사이트 개발, 외부 전문가와 면담 조사를 수행할 수 있으며, 평가는 각 활동에 적합한 루브릭을 활용할 수 있다. 학습자들은 각자의 선호나 성향에 따라 상이한 학습 경험을 선택하고 주도해 나갈 수 있으며, 결과적으로 각자에게 더 의미 있고, 적합한 방식으로 수업 목표를 달성할 수 있다. 예를 들어, 미국 매사추세츠주에서는 2010년 법령을 제정하여 주에 속한 26개 교육구 중 56개 혁신 학교 및 교육 프로그램을 인증하여 운영하고 있다(Chester, 2014). 각 교육구에 속한 학생들은 이들 학교나 프로그램 중 자신의 관심과 적성에 맞는 교육 프로그램을 선택하여 다양한 진로와 학업 프로그램을 진행할 수 있도록 하고 있다.

2) 실제적 학습기회 제공

다양한 디지털 학습 기기 및 자료들을 활용함으로써 학습자들에게 실제적인

(authentic) 문제를 중심으로 프로젝트를 조직하고 운영해 나가도록 할 수 있다. 소규모 연구 보고서를 교사에게 제출하는 대신에 소셜 미디어나 웹사이트에 게시하도록 한다면, 학생들은 실제의 연구자나 지역사회의 실천 공동체로부터 실제적인 의견을 들을 수 있을 것이다. 설득력 있는 논설문 작성의 과정을 학습하는 수업에서는, 학습자로 하여금 실제의 공공 서비스 관련 제안 동영상을 제작하여 SNS 등에 공유하고, 독자들로부터 건설적인 피드백을 얻도록 할 수도 있다. 이를 통해 학습자는 주장의 초안 작성, 수정, 공유의 과정을 경험할 수 있을 것이다.

3) 학교 밖 공동체와의 역동적 협력

테크놀로지는 학습자들로 하여금 교실의 시・공간을 넘어서도록 할 것이며, 이를 통해 학습자들은 학교 밖의 가용한 학습자원들, 예를 들어 박물관, 도서관, 타 지역의 학급 등을 적극 활용할 수 있게 된다. 예를 들어 Global Read Aloud[1] 행사에서는 하나의 문학 텍스트를 전 세계의 학급 학생들이 같은 기간 동안 읽는다. 참여 학급의 교사와 학생들은 6주 동안 함께 해당 작품을 소리 내어 읽으며, 소감문을 공유한다. 비록 읽어내는 작품은 동일하지만, 해석과 생각, 적용은 각기 다르다. 학습자들은 작품에 대한 다각적 시선을 배울 수 있을 뿐만 아니라 전 세계로 확장된 학습 공동체 일원으로서의 경험을 가지게 된다.

4) 학습자 개인의 학습 욕구와 진로 지원

테크놀로지는 학습자가 스스로의 열정을 발현하고, 개인적 흥미를 추구할 수 있도록 돕는다. 가족 여행을 준비하며 특정 국가나 도시의 역사와 문화를 공부하려 한다거나, 컴퓨터 게임을 사랑하여 기초적 프로그래밍 언어를 배우고자 하는 학생은 일반적 교육과정에 비추어 독특하고 개별적인 사례에 해당한다. 공식적 교육과정과 수업 활동에서 이러한 개별적 요구를 모두 해결하기에는 한계가 있다. 테크놀로지

1) https://theglobalreadaloud.com/

의 활용은 이러한 개별적 열정과 관심을 해결하는 데에 도움이 될 수 있다. 이를 통해 학습자들은 자기주도적 평생학습자로서의 기본 소양을 갖추어 나가게 된다.

5) 모든 이들을 위한 교육의 실현

모든 학습자들의 테크놀로지에 대한 접근이 평등해질 때, 정보격차의 문제는 해소될 것이며, 학습을 통한 성찰과 성숙의 기회가 모든 이들에게 공평하게 주어질 것이다. 직업이나 다른 이유들로 학교 출석이 어려운 성인들의 경우에도, 다양한 온라인 학위 과정이나 교육 자료들을 통하여 자신의 교육적 필요를 충족시킬 수 있을 것이다.

3. 테크놀로지의 활용과 교사

테크놀로지의 활용은 기존의 수업 형태에 새로운 테크놀로지가 단순 추가되는 식으로 교육의 실제에 작용하지 않는다. 오히려 근본적 구조의 변화를 유발하게 되는데, 교사의 위상과 역할 역시 크게 변화될 것이다. 최신 테크놀로지의 활용을 다루고 있는 본 장에서는 기본적 활용 전략의 방향에 더하여 교사 역할의 근본적 변화에 대해서 논의해 보고자 한다.

1) 확장된 교육 연구 및 실천 공동체의 일원

테크놀로지가 충분히 활용되는 교육 환경에서, 교사들은 단위 학교의 울타리를 넘어 지역사회 및 전 세계 교육 공동체에 책임 있는 일원으로 참여하게 된다(서경혜, 2008). 테크놀로지의 발달은 교사들로 하여금 같은 직장 동료들과의 협력 관계에만 머물게 하지 않는다. 이들은 지역, 혹은 더 나아가 전 세계의 교사들과 교류하며 자신의 교육·교과에 대한 안목을 넓히고, 수업에 대한 노하우를 공유할 수 있게 된다. 지역 기관과 협력하여 학생들이 실제적 경험을 통해 교과의 지식을 학습할 수 있는 활동을 기획할 수도 있다.

2) 매력적 수업의 설계와 개발

교사들은 테크놀로지를 활용함으로써 이전보다 훨씬 매력적이고 적절한 학습 경험을 설계할 수 있다. 학습자들의 관심과 수업의 목표를 연결시킬 수 있는 방법과 전략은 몇 개의 것으로 국한되지 않고, 무한히 열려 있다고 할 수 있다. 교사는 기존의 매체를 새롭게 활용할 수도 있으며, 새로운 테크놀로지를 시험적으로 적용해 볼 수도 있다. 최신의 테크놀로지가 제공하는 다양한 기능과 가능성을 활용함으로써 교사들은 기존의 매체와 방법이 구현하기 힘들었던 매력적이고 역동적인 활동을 설계하고 제공할 수 있게 되었다(이민경, 2014).

3) 최신 테크놀로지의 도입과 확산

교사는 새로운 테크놀로지를 학습의 관점에서 시행해 보고 평가하며, 확산시키는 역할을 수행한다. 시장에는 동일한 목적을 위한 다양한 솔루션이 존재하며, 학교와 교육청의 제한된 예산은 이들을 사전에 실행해 보고 평가해 볼 것을 요구한다. 이러한 평가는 기술적 측면에만 국한되지 않고, 학생들의 사생활 침해나 윤리적 문제 등에 대한 점검도 포함한다. 선도적 혁신가로서의 교사는 이처럼 현재의 테크놀로지 관련 정책이 올바른 접근을 취하고 있는지, 의도한 성과를 내놓고 있는지 점검하고 선도해 나가는 역할을 한다(조소영, 조규락, 2012).

4) 학습 촉진자, 동기부여자로서의 역할

네트워크의 속도와 범위가 고도화되고, 교육 현장에서의 BYOD 정책이 실현되어 나가면서, 교사는 더 이상 모든 관련 주제에 정통한 전문가일 필요가 줄어들게 되었다. 학생들은 수업 중 관련 내용을 검색할 수 있고, 세계적 석학의 설명을 참고할 수 있으며, 교사 역시 이들 자료를 참조하여 수업을 진행할 수 있기 때문이다. 오히려 어떻게 하면 학생들로 하여금 적절한 정보 자원을 검색하고, 정보의 신뢰성을 판단하며, 테크놀로지를 활용해 본인의 생각을 표현할 수 있도록 할 것인가를 잘 이해하는 것이 중요한 역량으로 대두한다(서미연, 김현진, 2017). 이를 통해 교사는 학습자들이 주도적으로 문제를 해결해 나가고, 자신의 학습에 대해 깊이 성찰해 보도록 도울 수 있을 것이다.

5) 공동학습자로서의 교사

교사는 자신의 학생 및 동료들과 함께 공부하는 공동학습자가 될 수 있다. 물론 새로운 교실에서 교사는 모든 지식에 능통한 현자가 될 필요는 없다. 하지만 교과 영역에서 교사는 지식의 가치를 먼저 체험한 선배이며, 다양한 시행착오를 거치며 현재에 이른 고참자이다. 학습자들에게 교과의 세계를 펼쳐 줄 길과 도구를 안내해 줄 수 있어야 하며, 호기심과 열정을 지니고 함께 지식을 구성해 나갈 모범이 되어야 한다. 다시 말해서, 교사는 자신의 학생들에게 바라는 바로 그 학습자가 되어야 한다(장인옥, 2013).

6) 소외된 학생들과 함께하는 교사

테크놀로지의 활용은 교사로 하여금 소외 학생들의 학습 촉매제가 되도록 할 수 있다. 네트워크의 연결성과 접근성이 제한적이었던 시절, 계층 간, 국가 간 소득 격차에 따른 정보 격차는 심화되고, 사람들은 테크놀로지의 교육적 활용에 대하여 근본적 회의를 지니곤 하였다. 테크놀로지의 발달은 인터넷의 발달을 함께 가져왔고, 보다 많은 사람들이 더욱 편리하게 네트워크에 접근하고 활용할 수 있는 기반이 마련되었다. 인터넷, 양질의 콘텐츠와 기기들에의 접근이 평등하게 된다면, 테크놀로지 활용에 능숙한 교사는 전통적으로 소외된 집단의 학생들에게 양질의 수업을 제공할 수 있을 것이다.

연습 및 탐구문제

1. 본문에서는 최신 교육테크놀로지 12가지를 설명하였다. 가장 가까운 미래에 도입/활용될 것으로 예상되는 세 가지를 선택하고, 선택한 이유와 교육적 활용 방안에 대해 설명하시오.

2. 가장 관심이 가는 테크놀로지 한 가지를 선택하고, 자신의 수업에서 이들을 어떻게 활용할 것인지 서술하고, 자신이 작성한 활용 전략이 어떤 근거로 학생들의 학습 효과를 높일 수 있을 것인지 설명하시오.

3. 최신 테크놀로지를 활용한 수업에서 교사의 역할/활동에 대해서 논의하시오.

4. 최신 테크놀로지를 수업에서 활용하고자 할 때, 교사와 학생들이 유의해야 할 사항은 무엇일지 조별로 토의하시오.

참고문헌

서경혜 (2008). 학교 밖 교사학습공동체에 대한 사례연구. **한국교원교육연구, 25**(2), 53-80.

서미연, 김현진 (2017). 중등교사의 테크놀로지 활용 학습자 중심 수업을 위한 교수설계 활동체제의 변화. **교육공학연구, 33**(3), 681-708.

이민경 (2014). 새로운 교실 만들기의 가능성. **교육비평, 33**, 201-212.

장인옥 (2013). 테크놀로지를 활용한 영재 교수-학습에서 '공동학습자'로서의 교사 역할. **영재와 영재교육, 12**, 117-134.

조소영, 조규락 (2012). Rogers의 혁신의 확산이론에 기반한 초등학교 교사의 e-러닝 확산과 채택. **교육공학연구, 28**(2), 409-438.

Afreen, R. (2014). Bring your own device (BYOD) in higher education: opportunities and challenges. *International Journal of Emerging Trends & Technology in Computer Science, 3*(1), 233-236.

Ballagas, R., Rohs, M., Sheridan, J. G., & Borchers, J. (2004, September). Byod: Bring your own device. In Proceedings of the Workshop on Ubiquitous Display Environments, Ubicomp (Vol. 2004).

Canessa, E., Fonda, C., & Zennaro, M. (2013). Low-cost 3D printing: for science, education & sustainable development. ICTP—The Abdus Salam International Centre for Theoretical Physics.

Chester, M. D. (2014). Building on 20 Years of Massachusetts Education Reform. Retrieved on Dec. 28, 2017, From http://www.doe.mass.edu/commissioner/BuildingOnReform.pdf

Curto, B., & Moreno, V. (2016). Robotics in Education. *Journal of Intelligent & Robotic Systems, 81*(1), 3-4.

Ferguson, R. (2012). Learning analytics: drivers, developments and challenges. *International Journal of Technology Enhanced Learning, 4*(5-6), 304-317.

Gibson, D., Ostashewski, N., Flintoff, K., Grant, S., & Knight, E. (2015). Digital badges in education. *Education and Information Technologies, 20*(2), 403-410.

Greenwald, S., Kulik, A., Kunert, A., Beck, S., Frohlich, B., Cobb, S., ... & Snyder, A. (2017). Technology and applications for collaborative learning in virtual reality. Retrieved on Dec. 28, 2017, From https://repository.isls.org/handle/1/210

Halverson, E. R., & Sheridan, K. (2014). The maker movement in education. *Harvard Educational Review, 84*(4), 495-504.

Hwang, Y. M., Kim, K. S., & Im, T. (2017). Film scenes in interdisciplinary education: teaching the Internet of Things. *Educational Media International, 54*(2), 83-98.

Knight, H. M., Gajendragadkar, P. R., & Bokhari, A. (2015). Wearable technology: using Google Glass as a teaching tool. BMJ case reports, 2015, bcr2014208768.

Lane, H. C., Yacef, K., Mostow, J., & Pavlik, P. (2013). Artificial Intelligence in Education. In International Conference, AIED.

Lave, J., & Wenger, E. (1991). *Situated learning: Legitimate peripheral participation.* Cambridge university press.

Mettler, E., Massey, C., & Kellman, P. (2011, January). Improving adaptive learning technology through the use of response times. In Proceedings of the Cognitive Science Society (Vol. 33, No. 33).

New Media Consortium. (2015). Horizon Report: 2015 K-12 Edition. Retrieved on Dec. 28, 2017. From http://cdn.nmc.org/media/2015-nmc-horizon-report-k12-EN.pdf

New Media Consortium. (2016). Horizon Report: 2016 K-12 Edition. Retrieved on Dec. 28, 2017. From http://cdn.nmc.org/media/2016-nmc-horizon-report-k12-EN.pdf

New Media Consortium. (2017). Horizon Report: 2017 K-12 Edition. Retrieved on Dec. 28, 2017. From http://cdn.nmc.org/media/2017-nmc-horizon-report-k12-EN.pdf

제3장

e-러닝

학|습|목|표

1. e-러닝의 의미와 특징, 활용 현황에 대하여 설명할 수 있다.
2. 향후 e-러닝의 발전 및 변화의 방향에 대하여 설명할 수 있다.
3. 학습자 중심 교육의 맥락에서 e-러닝을 설계할 수 있다.
4. e-러닝과 스마트러닝의 차이를 비교할 수 있다.

주|요|용|어

- e-러닝
- 사이버학습
- 스마트러닝
- 모바일러닝
- 가상훈련

1. e-러닝의 등장 배경과 개념

e-러닝은 Electronic Learning의 약자로 '전자적 수단, 정보통신 및 전파・방송기술을 활용하여 이루어지는 학습'을 말한다(한국U러닝연합회, 2015). 1990년대 중반 급격한 사회 환경의 변화, 정보통신기술의 발전 그리고 교육 패러다임의 변화에 따라 등장하였으며, 기업교육 영역에서 활발하게 도입되었다가 다양한 교육 분야로 확대 적용되고 있다. 구체적인 e-러닝 등장 배경에 대하여 살펴보면 다음과 같다.

- **사회 환경의 변화**

지식과 정보가 사회의 핵심자원인 지식기반사회로 접어들면서, 사회 전반에 걸쳐 폭발적으로 증가하는 정보를 처리하고 수집・활용할 수 있는 전문 역량이 요구되게 되었다. 이와 더불어 지속적인 성장이 강조되면서 계속교육에 대한 필요성도 증대됨에 따라 상시학습을 지원할 수 있는 e-러닝이 각광받게 되었다.

- **정보통신기술의 발전**

정보통신기술의 급속한 발달에 힘입어 컴퓨터 및 네트워크의 사용이 보편화되었다. 시간과 공간 활용이 자유로운 인터넷 활용이 교육 환경의 변화를 가져왔으며, 어린아이들도 학교에서 컴퓨터를 활용하는 데 익숙해지면서 교육에서 컴퓨터와 인터넷의 활용이 필수적인 요소가 되었다.

- **교육 패러다임의 변화**

사회적으로 창의적 인재, 능동적인 지식 생산자가 요구됨에 따라, 문제 해결력, 분석력, 종합적 사고력 등 고차적 사고능력을 함양한 인재 육성을 교육의 목표로 삼게 되었다. 대량의 정보 제공, 멀티미디어와 양방향 커뮤니케이션 지원이 가능한 e-러닝이 이러한 고차적 사고능력 향상에 기여할 수 있을 것으로 예측되어 적극 교육 현장에 도입되기에 이르렀다.

e-러닝과 함께 활용되고 있는 몇 가지 용어가 있는데, 고등교육・평생교육 분야

에서는 주로 e-러닝이라는 용어가, 초·중등교육 영역에서는 ICT 활용교육이라는 용어가 보편적으로 활용되는 편이다. 이와 관련하여 유사한 혹은 연관된 개념을 동시에 살펴볼 필요가 있다.

〈표 3-1〉 e-러닝과 유사 개념과의 차이

개념	정의
ICT 활용 교육	정보통신기술을 학습 및 일상생활 속 문제 해결에 적극적으로 활용할 수 있도록 지원하는 교육
온라인 교육	오프라인에서 이루어지는 교육과 대비되는 개념으로서의 교육
사이버교육 (가상교육)	현실공간과 대비되는 개념으로 사이버공간에서 이루어지는 교육
웹기반교육	웹의 특성과 웹이 제공하는 자료들을 활용하여 전개하는 하이퍼미디어 기반의 교육
원격교육	교수자와 학습자가 물리적·시간적으로 분리된 상태로 이루어지는 교육

이상에서 나타난 용어들은 맥락에 따라 적절하게 활용되고 있지만, 점차 e-러닝으로 통합되는 추세이며, e-러닝이 어떠한 방향으로 도입·적용되어야 한다는 관점에 따라 새롭게 정의될 수 있다.

e-러닝에 대한 기대 효과는 접근의 용이성, 학습내용의 최신성, 학습내용의 신뢰성, 개별학습의 지원, 상호작용적 학습의 지원이라는 다섯 가지 측면을 정의할 수 있다. 각각에 대하여 정리해보면 다음과 같다(한국교육학술정보원, 2015).

• 접근의 용이성

e-러닝은 학습시간과 공간의 제약 없이 학습 콘텐츠에 접근할 수 있도록 지원하여, 언제(anytime), 어디서나(anywhere), 누구나(anyone) 학습이 가능하도록 지원할 수 있다.

• 학습내용의 최신성

e-러닝은 다양한 유형의 학습 콘텐츠(문자, 그림, 사운드, 비디오 등)를 광범위하게 제공할 수 있으며, 상시로 업데이트가 가능하기 때문에 최신의 학습내용을 지원할 수 있다.

• 학습내용의 신뢰성

하나의 e-러닝 콘텐츠를 개발하기 위해서 내용 전문가와 설계·개발 전문가가 협력하기 때문에, 양질의 교육 콘텐츠를 제공할 수 있다.

• 개별학습 지원

학습자 주도의 개별적, 자율적 학습이 가능하다는 점이다. e-러닝을 통하여 개별 학습자의 능력 수준을 판단하여 학습자에게 알맞은 제시방식, 학습 내용 등을 제공할 수 있다. 또한 학습자가 다양한 학습 콘텐츠를 탐색적·자율적으로 학습해나갈 수 있도록 지원하기 때문에, 자기주도적 학습이 가능하다.

• 상호작용적 학습 지원

학습자들은 e-러닝을 통하여 다양한 학습 콘텐츠와의 상호작용이 가능하며, 네트워크를 기반으로 다양한 주체(교수자, 동료 학습자, 외부 전문가 등)와 소통하며 학습해나갈 수 있기 때문에, 상호작용적·확장적 학습이 이루어질 수 있다.

반면, 몇 가지 측면에서 근본적인 한계를 가지고 있다는 주장도 있다. 먼저 면대면으로 교수자와 학습자가 만나 교육이 이루어지지 않는다는 점에서 **면밀한 피드백과 전인교육을 기대하기 어렵다**는 점이다. 또한 평가 과정에서 발생할 수 있는 **부정행위**를 엄격하게 통제하기 어렵기 때문에 **공정성**을 확보하기 어려우며, **학력측정과 인정이 어렵다**는 점 등이 있다. 그러나 최근 비디오 컨퍼런싱이나 SNS 등을 활용한 피드백 지원, 평가 과정에서 공인 인증서나 지문 인식 등의 기술적 지원을 시도함으로써 이를 보완하고 있으며, e-러닝을 기반으로 취득한 자격·학력에 대한 인식도 점차 개선되고 있는 상황이다.

도입 초기 e-러닝[1)]은 **비용 효과성**의 측면에서 관심을 모았으나, 오늘날에는 지속적인 역량 강화가 요구되는 직장인들에게 **상시학습, 적시학습**이 가능하도록 지원하며, 학습자들의 개인차를 파악하고 완전학습이 가능하도록 개별화·맞춤형 학습을 지원할 수 있다는 점에서 강조되고 있다.

2. e-러닝의 구성요소

e-러닝이 학습자들에게 제공되기까지는 콘텐츠, 전달체제, 경영 및 행정·운영체계라는 세 가지 요소를 필요로 한다. e-러닝이 제공되는 규모나 형태에 따라 부분적으로 달라질 수는 있지만, 기본적으로 갖추어야 할 요소가 무엇인지 알아둘 필요가 있다.

1) 콘텐츠

각종 유·무선 정보통신기술을 통하여 제공되는 일련의 디지털 정보자원을 통칭하며, 교수·학습활동을 목적으로 한 각종 학습내용 및 학습내용 관련 자원을 말한다.

2) 전달 체제

e-러닝 콘텐츠를 학습자에게 전달하기 위하여 갖추어야 할 물리적 체제 및 각종 학습지원 시스템을 말한다. 세부적으로는 시스템 인프라와 솔루션(학습지원시스템-플랫폼, 저작도구 포함) 등을 포함한다.

• **시스템 인프라**

e-러닝 콘텐츠를 전달하기 위하여 갖추어야 할 물리적 인프라를 지칭하며, 하드

1) 하나의 콘텐츠를 만들어 다수의 학습자들에게 제공할 수 있다는 점, 한번 개발된 콘텐츠는 재사용이 가능하고, 편집이 가능하여 대규모 교육 지원에서 유리하다는 관점

웨어, 소프트웨어, 네트워크 인프라로 구성된다.

• **솔루션**

e-러닝 콘텐츠를 효과적으로 전달하고 유의미한 학습경험을 지원하기 위하여 필요한 인프라를 지칭하며, 플랫폼 역할을 하는 학습지원시스템, 다양한 멀티미디어 형태의 학습내용 및 학습자원을 저작하기 위한 저작도구 및 학습지원 도구, 기타 인프라로 구성된다.

3) 인적 체제

e-러닝 콘텐츠를 학습자에게 전달하고 다양한 교수-학습 활동이 정상적으로 이루어지기 위해서는 각 구성요소와 관련된 인적 자원 구성체제가 갖추어져야 한다. 각 구성요소와 관련된 인적 자원과 역할에 대하여 살펴보면 다음과 같다(교육공학용어사전 편찬위원회, 2005).

〈표 3-2〉 e-러닝 관련 인적 자원

	인적 자원	역할
설계 및 개발	프로젝트 매니저[2]	e-러닝 콘텐츠 설계 및 개발을 총괄하는 기획 및 관리 업무를 수행하는 프로젝트 총괄자이고, 설계·개발 과정이 원활히 이루어지도록 촉진하는 역할 수행
	내용 전문가[3]	학습내용에 대한 전문성을 보유한 인적 자원을 지칭하며, 설계하고자 하는 학습내용과 각종 학습자원을 제공하는 역할 수행
	교수 설계자[4]	교육과정을 기획하고, 학습내용 및 학습자원 등을 교수설계 원리에 기초하여 최적의 교수학습전략과 방법을 설계하는 역할 수행

2) 경우에 따라 프로젝트 매니저가 교수설계자 또는 멀티미디어 개발자의 역할을 병행함
3) SME(Subject Matter Expert)
4) ID(Instructional Designer)

	인적 자원	역할
설계 및 개발	멀티미디어 개발자	교수설계자가 설계한 각종 교수·학습전략과 방법을 학습자가 전달받을 수 있는 각종 멀티미디어 콘텐츠로 구현하는 역할 수행
운영	운영자[5]	교수자 및 학습자의 효과적인 교수·학습활동을 지원하기 위해 최적의 학습환경을 창출하는 인적 자원
시스템 구축 및 운영	시스템 설계·구축자	각 조직 및 기관의 e-러닝 규모와 정책에 따라 하드웨어 인프라, 소프트웨어 인프라, 네트워크 인프라를 설계하여 구축하거나 컨설팅하는 역할
	시스템 관리·운영자	e-러닝 운영 시 학습자가 원활한 학습을 할 수 있도록 각종 시스템을 관리·유지하는 역할

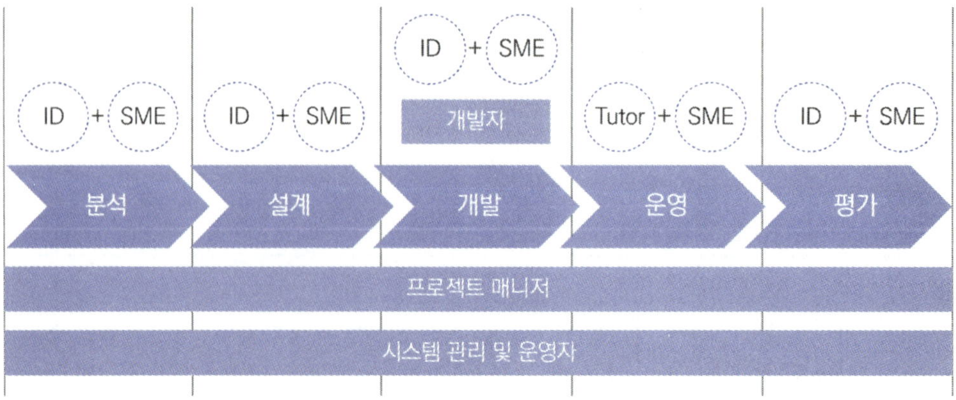

[그림 3-1] e-러닝 과정 개발 및 운영 단계별 참여 주체

이렇듯 e-러닝이 학습자에게 전달되기까지는 매우 다양한 주체와 구성요소가 유기적으로 연계된다. 그 결과 e-러닝은 다양한 산업을 발전시켜왔으며, 다양한 교육공학 전문가들이 해당 산업영역으로 진출하고 있다. 대표적인 산업 영역을 꼽자면 다음과 같다.

5) 퍼실리테이터(Facilitator) 혹은 튜터(Tutor)

• **e-러닝 콘텐츠 산업**

각종 정보통신기술을 활용하여 이루어지는 교수-학습활동을 목적으로 한 각종 학습내용 및 학습내용 관련 학습자원을 설계·개발하는 산업

• **e-러닝 솔루션 산업**

e-러닝 솔루션 산업은 광의적으로는 e-러닝 관련 시스템 인프라(하드웨어·소프트웨어·네트워크 인프라 등)까지도 포함하는 산업군을 말하며, 협의적으로는 학습지원시스템(플랫폼·LMS·LCMS)과 저작도구 관련 제품 등 교수·학습지원 도구를 개발하는 산업

• **e-러닝 운영 서비스 산업**

e-러닝 솔루션을 기반으로 개발된 콘텐츠를 최종 수혜자인 학습자에게 효과적·효율적으로 전달하여 학습자의 만족 및 학습효과를 이끌어내는 총체적 운영 서비스를 제공하는 산업

• **e-러닝 컨설팅 산업**

e-러닝의 도입을 위한 조직적 진단에서부터 설계·개발·운영·평가 등에 이르기까지, 콘텐츠산업·솔루션산업·운영서비스산업 등을 포괄하여 e-러닝에 관한 조언을 제공하는 산업

주로 e-러닝 도입을 고려하는 상황은 언제일까?

- 제한된 시간 동안 다양한 지역에 분산된 많은 사람을 교육해야 하는 경우
- 면대면 교육에 참여하기 어려울 정도로 매우 바쁜 학습자들을 교육에 참여시키고자 하는 경우
- 안전상의 문제 등으로 면대면 교육을 실시하기 어려운 경우
- 일회성 교육으로는 교육 효과를 기대하기 어려운 경우(예: 외국어 교육)

3. e-러닝 유형

e-러닝은 학습 목표와 주된 학습 내용, 의도하는 학습 경험이 무엇인가에 따라 다르게 설계되어야 한다. 그 결과 e-러닝 콘텐츠는 매우 다양한 유형으로 개발되고 있다. 유형 구분에 대해서는 학자들마다 다양한 견해를 나타나고 있으나, 현장에서 적극적으로 활용되고 있는 유형을 살펴보면 다음과 같이 구분해볼 수 있다(김희배, 박인우, 임병노, 2005; 최미나, 노혜란, 2009).

〈표 3-3〉 대표적인 e-러닝 유형

관점	유형	내용
객관 주의적	개인교수형 (튜토리얼형)	교수자가 학습자를 개인 교수하듯 컴퓨터와 상호작용을 하면서 학습자의 반응을 판단하고 그에 적합한 피드백과 교정학습을 제공하는 형태
	반복연습형	학습자들이 주어진 과제를 반복적으로 연습함으로써 정해진 수준의 성취도를 달성하도록 설계된 형태
구성 주의적	자원기반 학습형	광범위한 자원을 효과적으로 활용하여 학습활동에 적극적으로 참여할 수 있도록 구조화된 유형
	시뮬레이션형	어떤 상황의 실제와 유사한 모형적 상황을 학습자들에게 적응하도록 설계한 시뮬레이션을 기반으로 학습이 이루어지는 유형
	게임형	게임을 기반으로 학습자의 능동적인 참여를 통해 정해진 학습이 이루어지는 유형
	목표기반 시나리오형	시나리오 형태로 구조화된 목표를 제시하여 의도한 지식과 기능을 달성할 수 있도록 구조화된 유형
	탐구학습형	어떤 문제에 대해 가설 형성, 데이터 수집, 가설검증, 결론 내리기 등의 순서로 문제를 해결해 나갈 수 있도록 구조화된 유형
	사례기반 학습형	과거의 사례를 이용하여 특정 이치나 논리에 따라 생각하며 결론을 추론하도록 구성된 형태
	문제해결형	교수자가 제시한 문제를 학습자들이 단독 또는 팀으로 해결해 나갈 수 있도록 구조화된 유형
	토론학습형	사이버공간에서 공동의 과제를 해결하거나 특정 주제에 대해 실시간 및 비실시간으로 상호 의사를 교환하여 상호작용 활동을 하는 유형

• **개인교수형**

가장 일반적인 e-러닝 콘텐츠 유형으로, 학습자가 안내에 따라 스스로 학습을 진행한 후, 학습 내용을 충분히 이해했는지 간단한 질문 · 퀴즈를 통해 확인하고 피드백을 제공받는 형태로 이루어진다. 질문 · 퀴즈는 일방향적으로 학습내용을 전달하는 것에 머무를 수 있는 개인교수형 콘텐츠에 상호작용성을 높이는 요소로 작용하며, 학습자의 주의 · 집중을 유도하고 학습을 촉진할 수 있도록 설계되어야 한다.

• **반복연습형**

반복연습형은 대개 개인교수형 콘텐츠와 연계되며, 학습을 진행한 후 연습의 기회를 제공하는 경우 적용된다. 다중선택형, 문장완성형, 단답형 질문 등으로 구성되며, 입력 혹은 선택 활동을 유도할 수 있다. 입력장치의 고도화로 향후 더욱 다양한 형태의 연습활동이 지원될 것으로 예상할 수 있다.

[그림 3-2] 개인교수형 사례

(출처: 서울사이버대학교
디지털 카메라와 비디오 영상 제작)

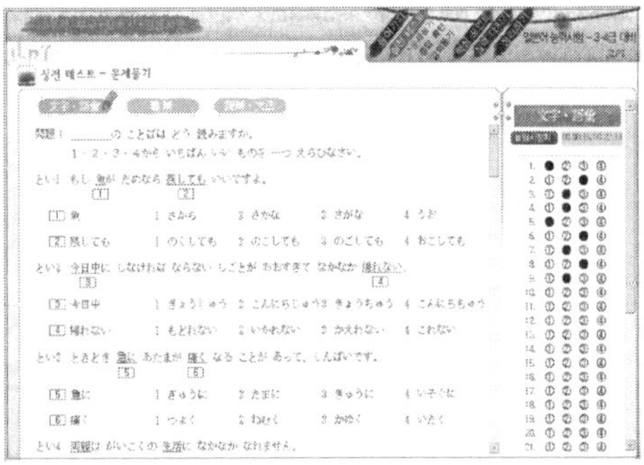

[그림 3-3] 반복연습형 사례

(출처: 사이버한국외국어대학교
일본어 능력시험 3, 4급)

최근에는 기존의 e-러닝 방식이 다소 획일화되어 있고, 학습자의 능동적인 참여를 유도하는 데 어려움이 있다는 비판적인 시각에 따라 구성주의적 관점에 기반을 둔 다양한 유형의 e-러닝 콘텐츠 개발이 시도되고 있다. 예를 들어 문제 해결 및 토론을 유도하고, 협동 학습이나 면대면 학습과 혼합하여 실시하는 블렌디드

(blended)형을 도입하는 방법이 있다.

• 자원기반학습형

자원기반학습은 학습자 스스로 다양한 학습자원과 직접적인 상호작용을 하면서 이루어지는 학습형태를 말한다. 학습자가 자신의 학습진도와 학습활동을 선택하고 학습자에게 필요한 자료를 필요한 때에 활용할 수 있는 권한이 학습자에게 주어지는 학습유형을 자원기반학습이라 할 수 있다. 자원기반학습 환경에서 학습자는 자신의 필요를 반영하여 학습의 목적을 설정하고, 이에 적합한 학습방법을 선택하며, 이를 보조해주는 학습매체와 지원도구를 선택할 수 있다. 또한 자원기반학습은 정보를 탐색하고, 조직하고, 개발하고, 공유하는 활동을 포함한다.

• 시뮬레이션형

시뮬레이션형 e-러닝 콘텐츠는 실제적인 학습경험이 요구되나, 실제로 경험하도록 하는 데 어려움이 있는 경우(위험하거나, 많은 비용이 소요되는) 혹은 내재된 현상 혹은 기반 원리를 파악하도록 돕고자 하는 경우에 활용된다. 최근 VR, AR 기술이 발전함에 따라 점차 시뮬레이션형 e-러닝 콘텐츠의 개발 및 도입이 확산될 것으로 예상된다.

[그림 3-4] 자원기반학습형 사례

(출처: 인터넷쇼핑몰마케팅과정)

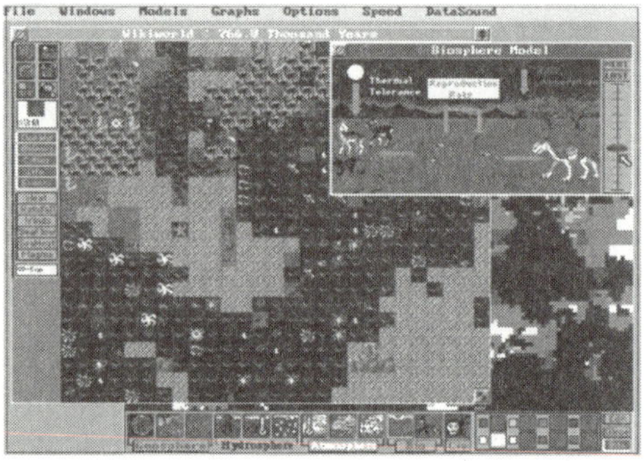

[그림 3-5] 시뮬레이션형 사례

(출처: SimEarth)

• 게임형

게임형은 게임의 흥미 유발적 요소를 활용하여 학습과제를 재미있게 학습하도록 하는 유형이다. e-러닝 콘텐츠에 목표, 규칙, 경쟁, 흥미, 도전, 호기심 등의 게임적 요소를 첨가하여 특정 기능을 습득하는 데 오락적 요소가 강조되어 보다 흥미로운 학습이 되도록 설계한다. 이는 시뮬레이션과 그 구조가 비슷하지만, 일련의 규칙으로 프로그램이 진행되며 다양한 유형의 반복 연습게임을 사용한다. 프로그램의 종결 부분에는 승패가 결정된다는 점에서 차이가 있다.

• 목표기반시나리오형

목표기반시나리오형은 학습내용 및 활동 등을 시나리오 형태로 구조화된 목표를 제시하여 의도된 지식과 기능을 달성하도록 의도적으로 실제적인 학습과제를 구조화하여 제시하는 형태이다. 이러한 과정으로 학습자들에게 구조화된 목표를 제시하여 의도한 기능과 지식을 달성하도록 하는 데 초점을 두고 있다. 의도한 상황적 특성을 충분하게 제공하는 학습환경을 제시하는데 이때의 학습환경은 실제 세계의 과제를 반영하며, 학습자들이 소집단을 구성하여 작업하도록 하고, 학습 수행 시 학습할 내용과 과정을 도와줄 코치를 배정하며, 문제해결을 위한 시나리오와 내용 관련 정보가 담긴 프린트와 온라인 학습지원시스템을 포함해야 한다.

[그림 3-6] **게임형 사례**

(출처: 청소년 저작권 플래시 게임)

[그림 3-7] **목표기반시나리오형 사례**

(출처: 부산디지털대학교 아이디어 발상기법)

• 탐구학습형

탐구학습형은 학습자가 주도적으로 관련 정보를 탐색하고 문제를 해결하기 위한 해결책을 제시하며, 이를 검증하는 일련의 탐구 활동을 수행하는 방식의 콘텐츠를 말한다. 학습자들이 탐구 활동을 주도적으로 수행해나갈 수 있도록 일종의 스캐폴딩이 지원되며, 다양하고 풍부한 자료의 데이터베이스, 탐구 과정에서 수집한 정보를 업로드하고 공유할 수 있도록 지원하는 도구 등을 지원할 필요가 있다.

• 사례기반학습형

사례기반학습은 주어진 문제 상황에서 학습자가 의사결정자가 되어 다각적인 검토와 분석을 통하여 문제를 해결해 보는 것이다. 기존의 실제 사례를 활용하여 원리와 원칙을 확인하고 응용해 봄으로써 분석력, 판단력뿐만 아니라 종합적인 문제해결능력과 의사결정능력을 획득할 수 있다. 개인뿐만 아니라 그룹토론을 통하여 다양한 경험을 공유하고 이를 기반으로 결과를 추론해낼 수 있다. 사례에는 과제가 어떻게 수행되는지, 지식이 어떻게 적용되며, 목적을 성취하기 위하여 어떠한 전략들을 사용하는지와 관련된 내용이 포함되며 사례는 현실성에 기반을 두어야 한다.

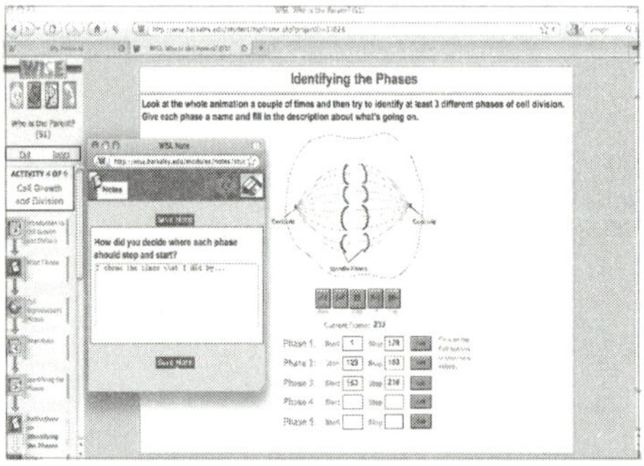

[그림 3-8] 탐구학습을 위한 학습환경 구축 사례

(출처: WISE)

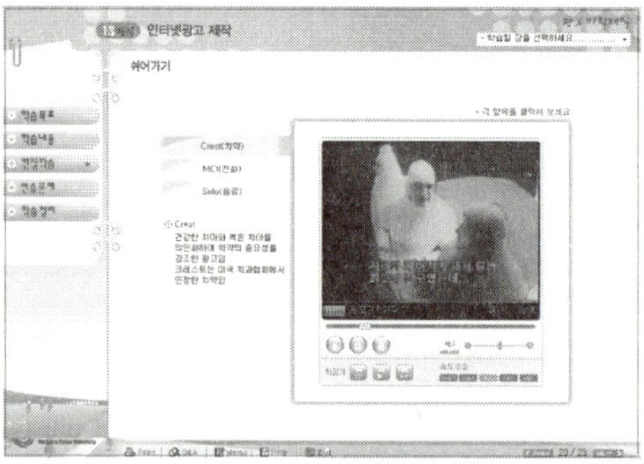

[그림 3-9] 사례기반학습형 사례

(출처: 한양사이버대학교 광고기획제작)

• 문제해결형

문제해결형 콘텐츠는 실제적인 문제를 중심으로 학습자들이 가능한 해결책을 탐색하고 효과적인 문제 해결안을 모색해가는 유형이다. 프로젝트 중심 학습 혹은 문제기반 학습 등이 이 유형에 해당한다고 할 수 있다. e-러닝 콘텐츠상에서 멀티미디어에 기반을 두고 현실적인 문제를 제시한 후 학습자들이 문제를 스스로 정의하고 해결안을 개인 혹은 그룹으로 찾아낸 뒤 업로드하여 공유하고 평가하는 형태로 이루어진다. 면대면 교육과 연계하여 플립러닝형(Flipped Learning)으로 운영할 수도 있을 것이다.

• 토론학습형

토론학습형은 웹상에서 토론 게시판을 통하여 동시적 혹은 비동시적 그룹 및 개인적 상호작용을 통하여 서로 간의 정보와 의견을 교환하고 결론을 이끌어나가는 형태를 말한다. 오프라인과 달리 온라인상에서 학습자들은 시공간의 제약을 벗어나 자유롭게 의견을 주고받음으로써 내향적인 학습자의 기여도를 높일 수 있으며, 학습자 간의 상호작용을 통하여 문제해결 성과 향상에 기여할 수도 있다. 토론방 게시판을 통한 비실시간 토론, 인스턴트 메신저 등을 통한 실시간 토론, Skype 등과 같은 솔루션을 활용한 실시간 음성 토론도 가능하다.

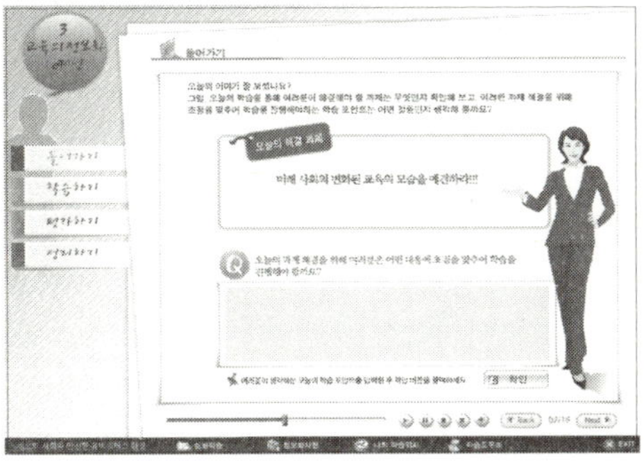

[그림 3-10] 문제해결형 콘텐츠 사례

(출처: 세종사이버대학교
정보화사회와 안전한 유비쿼터스 환경)

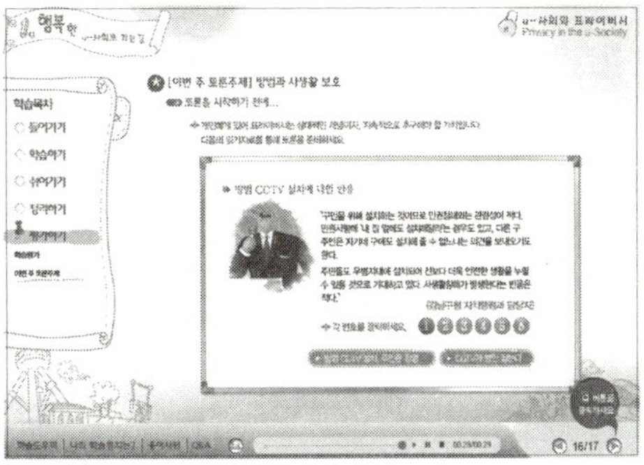

[그림 3-11] 토론학습형 콘텐츠 사례

(출처: 한양사이버대학교
U사회와 프라이버시)

4. e-러닝 현황: 초 · 중등교육 영역

우리나라의 초·중등 e-러닝은 1996년부터 본격적으로 추진되었다. 주로 다양한 교수학습 자료 교육 방법을 공유하고, 개인별 학습을 지원하는 형태로 이루어졌으며, 해외에서도 선도적인 사례로 관심을 모으고 있다.

1) 사이버학습

사이버학습은 초·중학생들이 방과 후 집에서 인터넷을 통해 개별 맞춤학습이 가능하도록 지원하고 있는 국가 차원의 e-러닝 서비스이다. 이는 사교육비 경감 및 교육격차 해소를 목적으로 2004년 '사이버가정학습'으로 시작되었으며, 2013년에 '사이버학습'으로 명칭이 변경되었다. 2014년에는 모바일 서비스 시범사업을 추진한 바 있다. 사이버학습을 통해 공부하고자 하는 학생은 본인의 학교가 소속된 시·도 교육청 사이버학습 홈페이지에 접속해 회원으로 등록한 후 무료로 이용할 수 있다.

〈표 3-4〉 16개 시 · 도 사이버학습 명칭 및 홈페이지 주소

시 · 도	브랜드명	홈페이지	시 · 도	브랜드명	홈페이지
서울	꿀맛닷컴	kkulmat.com	강원	강원에듀월드	ngcc.gweduone.net
부산	부산사이버 스쿨JUMP	cyber.busanedu.net	충북	충북e스타 사이버학습	star.cbedunet.or.kr
대구	대구 e스터디	estudy.edunavi.kr	충남	충남 사이버스쿨	cell2.cise.or.kr
인천	인천e스쿨	cyber.edu-i.org	전북	전북e스쿨	cyber.jbedunet.com
광주	빛고울샘	cyber.gedu.net	전남	전남 사이버학습	cyber.jnei.or.kr
대전	대전 사이버학습	djstudy.or.kr	경북	경북 사이버학습	lms.gyo6.net
울산	울산 사이버학습	home.go.kr	경남	새미학습	lms.gnedu.net
경기	다높이	danopy.goedu.kr	제주	제주e스터디	jejuestudy.net

사이버학습의 교과 학습서비스는 '학급 배정형(담임형)'과 '자율 학습형(비담임형)'으로 구성되어 있다. 학급 배정형은 사이버선생님이 개설해 운영하는 형태로, 사이버선생님이 선택·제공하는 콘텐츠를 통해 학습하게 된다. 사이버선생님은 각 시·도에서 사명감이 투철한 현직 교사 중 위촉되며, 학급 배정형을 선택한 학생들은 학교에서 지도받는 것과 동일한 학습지도를 받을 수 있다. 반면 자율 학습형은 사이버학습 서비스에서 제공하는 다양한 콘텐츠를 자율적으로 선택하고, 스스로 학습 일정을 정해 학습할 수 있다.

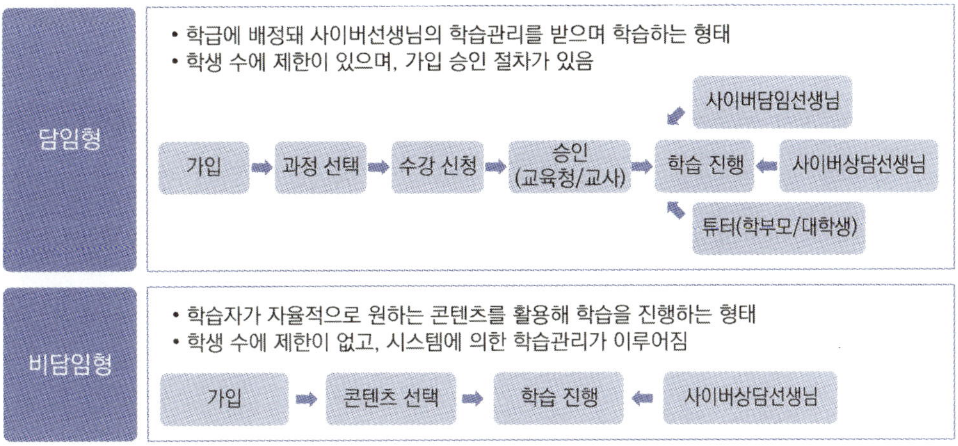

[그림 3-12] 사이버학습 학습 형태

2) EBS 인터넷 수능강의

2004년 EBS수능강의와 수능연계정책이 실시된 이래, EBS수능강의 동영상·부가서비스·교재에 대한 학생과 교사의 이용률 및 만족도는 꾸준히 향상되고 있으며 사교육비 경감을 통한 가계부담 완화에도 유효한 성과를 거두었다. EBS수능강의 서비스는 수험생에게 우수한 교육용 콘텐츠 등을 제공함으로써 공교육을 정상화하고 지역 및 계층 간 교육격차를 완화하는 데에 그 목적이 있다. 2014년에는 EBS수능강의 연계교재 품질 제고, EBS수능강의 개선, EBSi를 통한 다양한 서비스 제공, 사회공헌 사업 등에 중점을 두었다(안성훈, 이영진, 정훈, 정호원, 2015).

그 결과 사교육비 지출이 감소하고 연계교재의 품질이 개선되었으며, 현실적인 학습범위의 제시로 중・하위권 학생의 학습동기가 유발되는 등 교육격차 해소에 긍정적인 효과가 나타났다. 2014년 6월에는 학생 개인별 학력수준과 진로적성을 파악하여 학습에 적용할 수 있도록 지원하는 EBS진단코칭(EDT: EBS Diagnostic Evaluation & Treatment System) 서비스를 개발하여 시범운영하는 등 개인맞춤형 서비스를 확대・강화하기 위하여 노력하였다. 단순 지식전달만으로 이해하기 어려운 교과개념은 EBS수능클립형 콘텐츠를 별도 제작하여 5분 내외 다큐멘터리 영상으로 쉽게 풀어 설명함으로써 수험생의 학습흥미를 유발하고, 일선 교사들의 교수・학습용 자료로 활용할 수 있도록 지원했다.

EBS는 향후 수능시험 대비뿐만 아니라, 학습자의 진로・직업・소질・흥미를 고려한 개인맞춤형 학습컨설팅 서비스를 제공하는 '교육종합포털'로 진화해나갈 것이며, 모바일 시청에 더욱 익숙한 청소년 사용자를 위하여 모바일 중심의 교육서비스를 보다 확대하고, 모바일 사용의 순기능을 이끌어내고자 노력할 계획을 밝히고 있다.

5. e-러닝 현황: 고등교육 영역

경영철학자이자 미래학자인 피터 드러커는 "미래의 대학들은 살아남지 못할 것이다. 교육의 미래는 전통적인 대학 캠퍼스 밖에, 전통적인 교실 밖에 있다"라고 예언한 바 있다. 정보통신기술의 발전은 대학교육에 커다란 변화를 불러일으키고 있으며, 그 중심에 e-러닝이 있다.

고등교육 영역에서 도입되고 있는 e-러닝의 모습은 크게 세 가지로 나타나고 있다. 먼저 e-러닝을 주축으로 운영되고 있는 독립적인 고등교육기관인 원격대학・사이버대학이 가장 대표적인 모습이며, 일반 대학에서도 학내 학생들을 위한 일부 강좌를 e-러닝으로 운영하고 있으며, 일반인들에게 e-러닝 강좌를 오픈하거나 독립적인 캠퍼스를 설립하는 경우도 나타나고 있다.

1) 원격대학 · 사이버대학의 확산

우리나라를 대표하는 원격대학은 한국방송통신대학교로 국내 유일의 국립 원격 대학교이다. 1972년 개교한 이래 50만 명의 졸업생을 배출하였고 18만 명의 학생이 재학 중이다. 이 외에도 2001년 원격대학 형태의 평생교육시설로 9개의 사이버 대학교가 설립되었고, 현재까지 21개로 증가하였으며 2개교를 제외한 모든 대학이 고등교육법상의 대학으로 정식 인가를 받았다. 2010년과 2011년에는 8개의 사이버 대학 특수대학원이 설립되는 등 e-러닝이 고등교육시장에 성공적으로 진입하고 있는 상황이다.

〈표 3-5〉 사이버대학(특수대학원) 및 개교 현황

구분	사이버대(21개)		
학사	건양사이버대(대전) 경희사이버대(서울) 고려사이버대(서울) 국제사이버대(수원) 글로벌사이버대(천안) 대구사이버대(경산)	디지털서울문화예술대(서울) 부산디지털대(부산) 사이버한국외대(서울) 숭실사이버대(서울) 서울디지털대(서울)	서울사이버대(서울) 세종사이버대(서울) 열린사이버대(서울) 영남사이버대(경산) 원광디지털대(익산) 한양사이버대(서울) 화신사이버대(부산)
전문학사	세계사이버대(광주)	영진사이버대(대구)	한국복지사이버대(경산)
대학원	대학(4개)	학과	
	한양사이버대	MBA 클러스터대학원 휴먼서비스 클러스터대학원 부동산 클러스터대학원	
	경희사이버대	호텔관광대학원 창조산업대학원	
	원광디지털대	웰빙문화대학원	
	서울사이버대	휴먼서비스대학원 상담심리대학원	

사이버대학에서 고등학교 졸업자나 동등 이상의 학력을 가진 사람이라면 국내외 어디서나 강의를 수강할 수 있고 정해진 학점을 이수하면 학사 학위나 전문학사 학위를 취득할 수 있다. 대부분의 사이버대학의 학사학위과정은 총 140학점(2년제 70학점) 이수, 학기당 15주 강의(2주 중간/기말시험)로 이루어지고 있다. 모든 학사시스템을 온라인화하여 입학 지원이나 수업 등록, 수업 진행 사항, 강의, 시험, 증명서 발급 등을 모두 원격으로 온라인에서 제공받을 수 있다. 교육부 조사 결과에 따르면 사이버대학 입학생들은 주로 고졸에서 전문대졸 학력(90.6%)을 가지고 있으며, 사무직, 전문직 또는 서비스직에 종사(53.7%)하고 있고, 20대 후반에서 40대 성인(89.3%)인 것으로 나타나고 있다. 이는 사이버대학을 선택하는 목적이 재교육(직업교육) 및 평생교육으로 특화되고 있음을 시사하고 있다(한국원격대학협의회, 2016).

원격대학과 사이버대학은 학습자 중심의 우수한 교육콘텐츠 개발에 주력하고 있으며 이를 통해 교육의 선진화를 추구하고 있다. 10여 년이 훌쩍 넘는 역사를 갖게 되면서 사이버대학교는 새로운 고등 교육기관으로 자리매김을 하였고 e-러닝을 통한 첨단의 교육패러다임을 성공적으로 수행하고 있다고 해도 과언이 아니다. 이제는 양적인 성장뿐 아니라 질적인 성장과 함께 특성화, 국제화 등의 노력을 경주하며 좀 더 효과적이고 효율적인 교육시스템을 확장 및 발전시키고자 노력하고 있다.

2) OCW와 MOOC

전 세계적으로 교육자원을 공유(Open Educational Resource)하는 체제가 확산되고 있다. 특히 MIT의 OCW(OpenCourseWare)운동을 시작으로 전 세계의 유수 대학과 국가가 교육 콘텐츠 공유운동에 동참하고 있으며, YouTube, iTunes, Research Channel, LIFT, TED 등 교육 자원을 공유하는 기관・단체도 급증하고 있다. 국내에서는 한국교육학술정보원에서 KOCW라는 교육콘텐츠공유시스템을 구축하여 각 대학에서 개발되는 학습자원들을 수집하고 누구나 볼 수 있도록 지원하는 서비스를 제공하고 있다.

[그림 3-13] KOCW 웹사이트 메인 화면

최근에는 교육자원을 단순히 공유하는 차원에서 더 나아가 대규모 온라인교육체제인 MOOC(Massive Open Online Course)가 점차 자리를 잡아가고 있다. MOOC는 공개 교육자원에 교수-학습 기능과 학습관리 측면을 추가한 서비스로, 웹과 모바일 서비스를 기반으로 전 세계의 사용자들이 상호 참여하고 교류하는 거대한 규모의 교육체제이다. MOOC는 웹을 통해 공개적으로 운영되는 온라인 학습과정으로, 비디오, 읽기자료, 퀴즈 등 전통적인 학습자원과 더불어 참여하는 학습자, 교수자, 전문가 간의 상호작용을 능동적으로 지원하는 형태로 운영되고 있다. 2011년 스탠퍼드대학의 온라인공개강좌에서 시작한 MOOC는 양적·질적으로 고속성장하고 있으며 매일 2개꼴로 새로운 강의가 개설되고 있다. Coursera 500만, edX 100만 명 등 1,000만 명의 수강생이 MOOC를 통해 학습하고 있는(2015년 기준) 것으로 추산되고 있다. MOOC의 가장 큰 특징은 접근 용이성으로, 참여자들은 언제 어디서든 무료로 강의를 들을 수 있으며 별도의 등록절차를 거치지 않아도 된다. 또한 대규모의 참여자들을 상대로 한 수업 설계 및 평가가 이루어진다. 주요 서비스 기구로는 Udacity, Coursera, edX 등이 있으며, 국내에서도 K-MOOC가 출범하여 운영되고 있다.

〈표 3-6〉 국내외 대표적인 OCW, MOOC 플랫폼

서비스	주소	특징
Cousera	coursera.org	• 스탠퍼드대 교수가 설립한 영리기업 • 온라인 기반의 대학교육을 목적으로 함
EdX	edxonline.org	• 오픈소스 플랫폼을 기반으로 운영 • 하버드대 · MIT 투자
Khan Academy	khanacademy.org	• K-12 대상의 강의 제공 • 수학, 화학, 물리학, 예술 분야 등
MOOC list	mooc-list.com	• 전 세계 36개 MOOC 사이트의 강의를 검색할 수 있는 플랫폼
TED Ed	ed.ted.com	• TED에서 제공하는 교육 중심 채널 • 퀴즈/심화교육 등의 도구 지원
KOCW	kocw.net	• 국내 대학의 공개교육자원을 공유하는 플랫폼
K-MOOC	kmooc.kr	• 국내 대학 MOOC가 운영되는 플랫폼(국가 지원)

6. e-러닝 현황: 성인 · 평생교육 영역

2000년경 정부는 '이러닝 산업 발전', '직장인의 능력 개발 지원'이라는 두 가지 정책 목표를 갖고 e-러닝에 고용보험을 지원해주는 결정을 내렸다. 이는 우리나라의 e-러닝 산업 발전의 견인차 역할을 해 왔으며, 기업과 기관의 e-러닝은 정부지원 제도인 고용보험 환급 제도를 밑바탕으로 성장하게 되었다. 최근 성인교육 영역에서 나타나고 있는 주요한 트렌드는 모바일 러닝, e-트레이닝을 꼽을 수 있다.

1) 모바일 러닝

미래창조과학부의 '2014년 9월 무선통신 가입자 통계'에 따르면 2014년 9월 말 기준 스마트폰 가입자는 4천만 명을 돌파했다. 2009년 아이폰 열풍으로 스마트폰이 우리나라에 도입된 지 불과 5년 만에 일어난 변화이다. 스마트폰은 이제 우리 일상에 없어서는 안 될 생활의 일부로 자리 잡고 있다. 이러한 변화는 일터교육과 모

바일 활용에 대한 관심을 높이고 있으며, 모바일 기반의 교육 콘텐츠는 어떠한 모습으로 설계・개발되어야 하는가에 대한 논의가 지속되고 있다. 이와 관련하여 많은 전문가들은 간단, 간결한 콘텐츠의 제공(Bite sized Contents), 학습자 상황에 맞는 맞춤형 콘텐츠(Context based Contents), 소셜 미디어를 기반으로 한 협력학습 연계 방안(Social Learning) 등이 함께 고려되어야 한다고 본다.

〈표 3-7〉 전통적인 e-러닝과 새로운 e-러닝 트렌드의 비교

전통적인 e-러닝	새로운 방식의 e-러닝
• 일정시간 소요 (30-120분) • 다양한 콘셉트를 학습 • 교수설계 • 선형적, 로직, 완성형 추구 • 낮은 활용성 • 모바일과의 호환 부족 • 자기 주도적	• 바이트 크기 (5-10 분) • 단일 콘셉트를 학습 • 정보설계 • 설계에 따른 미완성 추구 • 높은 활용성 • 모바일과의 호환 가능 • 코칭 도구로서의 가능성

2) 가상훈련

가상훈련(Virtual Training)은 제조/국방/의료/재난 등 특정 교육을 목적으로 현실과 유사한 가상환경을 컴퓨터 시뮬레이션으로 구현한 e-러닝 유형을 말한다. 한국에서는 현재 도입 초기 단계로 국방 분야에 주로 도입되었으며, 크레인 운전, 도장, 용접 등의 산업 분야에서 일부 도입되고 있으나 아직 본격적으로 활성화되지는 않은 상태이다.

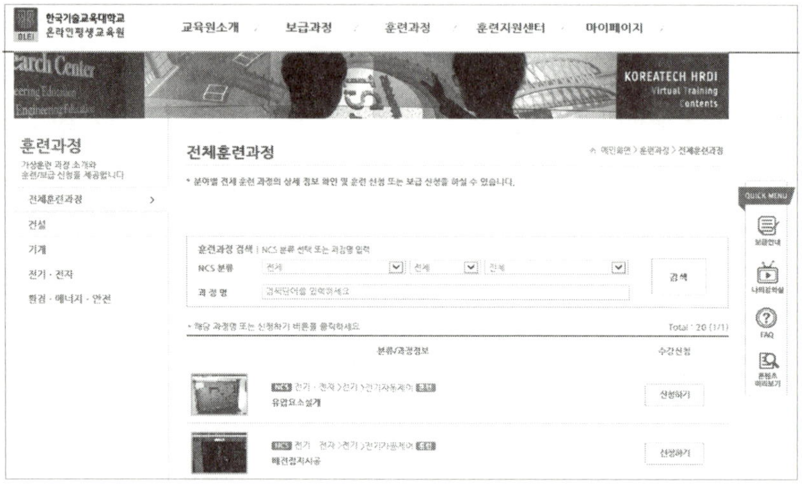

[그림 3-14] 한국기술교육대학교 온라인평생교육원 가상훈련과정

한국기술교육대학교 온라인평생교육원(http://vt.ekoreatech.ac.kr)에서는 고용노동부의 국가 평생능력개발 수요에 필요한 e-러닝 콘텐츠를 개발 · 운영하고 있는데, 일부 콘텐츠를 가상훈련 형태로 개발하고 있다. 가상훈련은 첨단 및 고가의 실습 장비를 가상으로 대체함으로써 예산을 절감할 수 있고, 웹 사이트를 통하여 온라인에서도 실습이 가능하다는 점에서 접근성을 높인다. 또한 기술 교육 시 장비 내부의 동작 구현 및 분해 · 조립 실습이 가능하다는 점에서 기존의 실습교육 방법과 교육효과에서 차별화되며, 장비의 유지보수 및 위험 상황을 가상의 환경에서 안전하게 교육 가능하다는 이점이 있다.

연습 및 탐구문제

1. e-러닝의 의미와 특징, 초·중등 교육 현장 혹은 산업 현장에서의 구체적인 활용 현황에 대하여 설명해 봅시다.

2. 향후 e-러닝의 발전 방향에 대하여 예측해보고, 교육 현장에 어떠한 변화를 가져올 것인지 논의해 봅시다.

3. 학습자 중심 교육의 맥락에서 e-러닝은 교육의 패러다임을 어떻게 변화시킬 수 있는지 설명하고, 구체적 적용 방안을 탐색해 봅시다.

4. 전통적인 e-러닝과 스마트러닝의 차이와 운영 전략, 학생·교사의 역할을 비교하여 설명해 봅시다.

참고문헌

교육공학용어사전 편찬위원회 (2005). **교육공학 용어사전**. 서울: 교육과학사.

김희배, 박인우, 임병노 (2005). **대학 e-러닝 콘텐츠 공동개발 및 활용 유통 활성화 방안 연구**. 한국교육학술정보원, 연구보고 CR 2005-21.

안성훈, 이영진, 정훈, 정호원 (2015). **공유·기부 콘텐츠 관리 가이드라인**. 한국교육학술정보원, GM2015-02.

최미나, 노혜란 (2009). 이러닝 교수설계자의 역량 강화를 위한 교육철학적 관점에 따른 이러닝 교수-학습 모형 개발. **인적 자원개발연구**, 12(1), 79-101.

한국U러닝연합회 (2015). **2013-2014 이러닝백서**. 서울: 한국U러닝연합회.

한국교육학술정보원 (2015). **2015 교육정보화백서**. 대구: 한국교육학술정보원.

제4장

교수매체의 원리

학|습|목|표

1. 교수매체의 협의의 개념과 광의의 개념을 설명할 수 있다.
2. 교수매체의 교육적 기능을 열거할 수 있다.
3. 교수매체의 종류와 특성을 비교하여 설명할 수 있다.
4. 교수매체 선정 모형에 따라 수업상황에 맞는 교수매체를 활용할 수 있다.

주|요|용|어

- 교수매체
- 교수매체 유형
- ASSURE 모형

매체(media)의 어원은 '사이(between)'를 뜻하는 라틴어에서 유래한 것으로 송신자와 그 정보를 받는 수신자 사이의 모든 전달 수단이나 매개물을 의미한다(Heinich et al, 1996). 매체는 정보를 효율적이고 효과적으로 전달하기 위한 모든 형태의 채널을 의미하는데, 학습과 관련된 정보와 매체의 특징을 적절하게 활용하여 학습내용을 구성하고 이를 수업상황에 적용하면 교수매체가 된다. 일반적으로 교수매체의 개념은 협의의 개념과 광의의 개념으로 구분할 수 있다.

1. 교수매체의 개념과 교육적 기능

1) 교수매체의 협의의 개념과 광의의 개념

교수매체를 바라보는 시각에 따라 협의의 개념과 광의의 개념으로 구분할 수 있다. 협의 개념으로 바라본 교수매체는 학생들이 수업상황에서 교육내용을 정확하고 이해하고 쉽게 접근할 수 있도록 보조해 주는 기기나 자료들을 의미한다. 예를 들면, TV, VTR, 영사기, 오디오, 컴퓨터 같은 하드웨어는 물론이고 비디오테이프, 녹음테이프, 컴퓨터 프로그램 등 모든 시각자료, 시청각 자료 등을 교수매체라고 할 수 있다. 협의의 개념으로 보는 교수매체는 교수학습 상황을 지원하는 보조적인 수단이나 도구적 보조물로 한정하여 보는 것이다.

반면 광의의 개념으로 보는 교수매체는 매체를 바라보는 시각이나 관점이 넓어진 것이다. 한정된 보조적 수단으로만 보는 개념에서 벗어나 교수학습 상황에서 교수목표 달성을 위해 학습자와 교수자 모두에게 사용되는 교수매체를 의미한다. 교수매체를 시청각 기재와 교재뿐만 아니라 인적 자원(people), 전달하는 메시지 내용(message), 학습환경(learning environment), 시설(facilities), 자원(resource) 등 모두를 포함하는 포괄적이고도 종합적인 개념으로 보고 있다(조규락, 김선연, 2007). 최근 들어 교수학습 상황이 면대면 학습 환경뿐만 아니라 이러닝 학습환경을 포함하게 되면서 교수매체의 역할이 크게 변하고 있다. 이러닝 학습환경에서의 매체는 학습내용을 전달하는 역할만이 아니라, 교수자와 학습자, 학습자와 학습자

사이를 연결하는 역할이 첨가된 것이다. 여기서 매체의 역할은 상호작용 측면에서 의사소통을 매개로 한다. 즉 이러닝에서 매체는 단순한 교수 도구가 아니라 교수학습활동 자체를 구성하고 이해하는 데 중요한 체제가 되는 것이다.

교수매체를 교수학습의 환경적인 측면에서 고려하여 정리하면 다음 〈표 4－1〉과 같다(조규락, 김선연, 2007).

〈표 4-1〉 교수학습 환경 측면에서 교수매체 비교

면대면 교육	구분	이러닝
협의의 개념	교수매체의 개념	광의의 개념
기계, 자료 등의 보조자료	교수매체의 예	시청각 기재 및 교재, 인적 자원, 메시지 내용, 학습환경, 시설 등
내용을 전달하는 전달체	교수매체의 역할	내용전달, 교수자와 학습자 연결, 학습자와 학습자 연결
단순한 교수도구	교수매체의 중요성	시스템(교수학습에서 필수적임)

2) 교수매체의 교육적 기능

교수매체가 가지고 있는 교육적 기능은 정보전달 기능, 학습경험 구성 기능, 교수기능, 매개적 보조 기능으로 구분할 수 있다(권성호, 1990; 조규락, 김선연, 2007; 임철일, 임정훈, 이동주, 2016). 수업상황에서 한 개의 교수매체가 하나 이상의 기능을 동시에 수행할 수 있다.

첫째, 정보전달 기능이란 교수매체가 교수자의 교육내용 전달을 보조적으로 돕는 것이 아니라 교육내용 자체를 전달하는 기능을 의미한다. 교수매체를 활용할 경우 매체의 종류에 따라 전달할 수 있는 정보의 방식이나 종류가 달라질 수 있긴 하지만, 시간과 공간을 초월하여 정보를 전달할 수도 있고, 사람보다 빠르게 전달할 수도 있으며, 내용을 정확하게 기록할 수 있다. 아울러 많은 사람에게 대량으로 전달할 수도 있으므로 효율적이고 효과적인 정보전달이 가능하다. 예를 들면 인쇄매체인 교과서, EBS 영상자료, TED 등을 들 수 있다. 학교에서 사용하는 교과서는 학습내용인 다양한 정보와 지식을 싣고 있어서 특별한 경우 교사의 설명 없이도 교과서만을 가지고 학습할 수 있고, EBS 영상자료와 TED 등은 학습자가 원하면 언제든지 배우고 싶은 내용을 동영상을 통해 학습할 수 있다.

둘째, 학습경험 구성 기능이란 교수매체 그 자체가 학습자들로 하여금 학습경험을 구성할 수 있도록 도와주는 기능을 수행하는 것을 의미한다. 즉 교수매체 자체가 학습자가 경험해야 할, 즉 배워야 할 대상이라는 의미이다. 예를 들면, 특정 기술이나 기능을 습득하려고 피아노, 카메라, 컴퓨터 등을 사용할 때 그 매체를 사용하기 위해 필요한 기술이나 기능을 습득하는 경우를 말하는 것이다. 예비교사가 미래에 교단에서 사용하기 위해 전자칠판 사용을 배우는 것이 이에 해당한다.

셋째, 교수기능이란 교수매체가 교사가 하는 것처럼 학습자의 지적 기능을 개발시키는 것을 의미한다. 즉, 교수매체의 역할이 단순히 지식전달에만 있는 것이 아니라 학습자의 지적 기능을 개발시키는 것도 포함된다는 뜻이다. 교수매체 자체가 교수자의 역할을 대신하여 직접 가르치는 것을 의미한다. 예를 들면, 영화, 온라인 강의 등 사전에 제작된 교육 프로그램을 학습자에게 제공할 경우, 학습자들의 인지적 과정을 촉진시켜 주거나 표상능력에 적합한 영상정보 등을 통해 학습을 활성화시켜 주고 기억력도 증진시키는 데 도움을 줄 수 있다. 컴퓨터기반으로 제공되는 다양한 교육용 프로그램이 여기에 해당된다.

넷째, 매개적 보조 기능이란 교사가 학습내용을 학습자에게 전달할 때 교수매체를 가르치는 일, 즉 교수의 보조수단으로 이용하는 것을 의미한다. 예를 들면 다람쥐와 청설모의 외관상 차이점을 사진 없이 말로만 설명하는 것보다 사진을 보여 주면서 설명하면 학습자의 이해가 훨씬 빠를 것이다. 사진, 그림, 다양한 교육용 수업 관련 보조자료는 학생들의 이해를 돕도록 교사의 설명을 보조하고 있다. 이처럼 매개적 보조기능을 하는 교수매체를 교수학습 상황에서 적절히 사용하면 교사가 학습자에게 가르치는 교육내용을 보다 쉽고 빠르며 정확하게 전달할 수 있다.

3) 교수매체의 교육적 효과

교수매체가 제공하는 교육적 효과는 다양하게 설명할 수 있다. 그중에서 교수학습과정에서 기여하는 것을 정리하면 다음과 같다(이지연, 2008; Kemp & Smile, 1989).

첫째, 교수매체는 학습자의 주의집중과 동기유발에 도움을 주고 학습효과를 증진시킨다. 교수매체는 다양한 시청각 자료들을 활용함으로 학습자들의 오감을 자극하여 주의집중을 유발할 수 있다. 그리고 교수매체를 통해 학습내용을 전달받음으로 학습에 대한 동기유발이 일어나도록 한다. 예를 들면, 학습자들은 역사수업에서 특정 시대의 사진을 통해 시대를 이해하거나 녹음된 자료나 동영상 등을 통해 학습내용에 더 집중하게 된다. 이러한 과정을 경험하면서 학습자가 적극적으로 수업에 참여하게 되고 학습효과는 증진될 수 있다.

둘째, 교수매체는 수업을 효율적으로 운영할 수 있도록 지원한다. 교수매체의 장점은 교육내용을 전달하는 데 소요하는 시간이 적게 든다는 것과 한꺼번에 다수의 학습자들에게 제공할 수 있다는 것이다. 그리고 한번 만들어진 교수매체는 반복하여 사용할 수 있기에 경제적인 측면에서도 효율적이다. 교수자는 여유시간을 활용하여 단순히 지식 전달자가 아닌 학습의 촉진자로서 다양한 수업활동을 시도할 수 있다.

셋째, 교수매체는 학습자의 이해를 돕기 위한 다양하면서도 풍부한 정보 채널을 제공해 준다. 교수매체를 활용할 경우 언어나 문자 정보뿐만 아니라 다양한 시청각 정보를 통해 학습내용을 제공할 수 있으므로, 정보를 다양한 유형으로 표현하여 제공할 수 있다. 이같이 정보를 다양한 형태의 채널로 제공받을 경우, 학습자에 따라 언어나 문자를 통해서는 이해할 수 없었던 정보를 다른 형태의 정보를 통해 이해할 수 있는 기회를 제공받을 수 있다.

넷째, 교수매체를 통해 새로운 형태의 교수-학습 전략 구현이 가능하다. 교수자 중심의 전통적 수업은 슬라이드, 컴퓨터, 인터넷 등의 등장으로 새로운 형태의 교수-학습 전략을 활용하는 수업으로 변화하고 있다. 예를 들면, 인터넷을 통한 온라인 수업의 활용은 학습자들로 하여금 사이버 공간에서 학습공동체를 형성하고 다른 학습자들과의 시공을 초월한 상호작용과 협동학습을 통해 교수-학습활동을 수행해 나가도록 하고 있다. 이처럼 교수매체 등장은 교수자가 교수-학습전략에서 새로운 전략들을 고안해 낼 수 있도록 지원을 한다.

2. 교수매체의 종류와 특성

교수매체의 종류는 교수매체를 보는 관점에 따라 다양하게 분류될 수 있다(강이철, 2009; 박숙희, 염명숙, 2013). 호반(Hoban)의 경우 사실성의 정도에 따라 매체를 분류하였다. 사실과 가까운 매체일수록 보다 정확한 메시지를 전달할 수 있는 반면에, 전달 매체가 추상성을 갖는다면 메시지의 이해가 낮아지는 것으로 보았다. 모든 매체는 구체성과 추상성을 모두 갖고 있는데 추상적인 내용을 사실적이고 구체적으로 제시하는 매체가 학습자의 이해를 돕는다고 설명하였다. 데일(Dale)의 경험의 원추(corn of experience)는 호반의 구체성과 추상성 분류를 발전시킨 것이다. 그는 학습을 3단계로 나누어 실제로 해 보거나 가서 보는 등의 직접적인 경험 단계, 시청각 매체를 통한 간접적인 경험인 영상적 단계, 언어와 기호 같은 매체를 통한 추상적인 경험을 하는 상징적 단계를 제시하였다. 그리고 원추의 맨 아래에서 위까지 각 단계에 해당하는 매체를 구체적인 것에서 추상적인 것으로 위계적 배열을 하였다. 이 모형은 브루너(Bruner)의 행동적, 영상적, 상징적 단계의 3단계 경험의 양식과 동일하다.

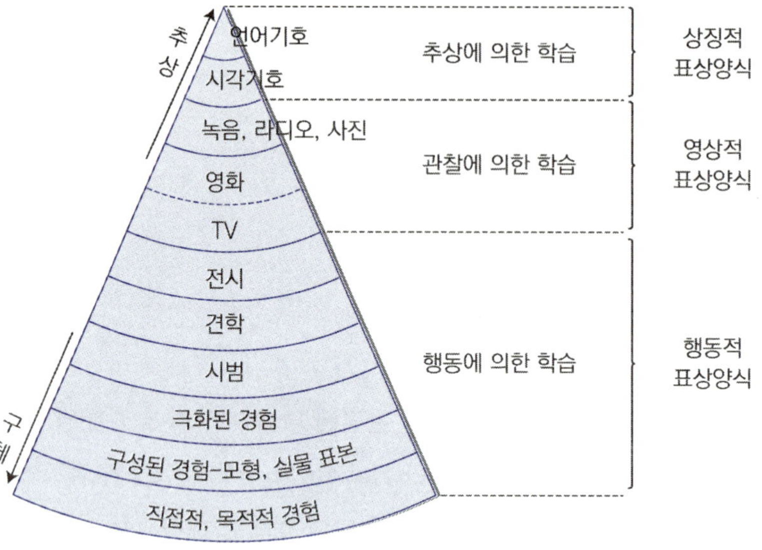

[그림 4-1] 데일의 경험의 원추와 브루너의 지식 표상 양식

본 절에서는 교수매체를 인간의 감각기관과 직접적으로 연결이 되는 상징체계에 따라 분류하고 각 매체별 특징을 살펴보고자 한다.

1) 상징체계에 따른 교수매체 분류

상징체계에 따라 교수매체를 분류하면 시각매체, 청각매체, 시청각매체, 상호작용매체 및 키트 등으로 분류할 수 있다(Heinich et al., 1989).

〈표 4-2〉 상징체계에 따른 교수매체 유형 분류

분류		종류
시각매체	비투사매체	칠판, 사진, 실물, 모형, 차트, 그래프, 포스터, 만화, 디오라마
	투사매체	슬라이드, OHP, LCD 프로젝터, 실물 화상기
청각매체		라디오, 녹음기, CD, MP3 플레이어
시청각매체		영화, 비디오, 텔레비전
상호작용매체와 키트자료 등		컴퓨터, 인터넷, 멀티미디어, 언어학습장치, 상호 작용 비디오, 쌍방향 TV, 키트자료 등

시각매체는 시각적인 방법으로 제시하는 매체이다. 이는 비투사매체와 투사매체로 나눌 수 있다. 비투사매체란 자료를 제시할 때 다른 매체를 이용하지 않으며 광학적 또는 전기적 투사방법을 사용하지 않는 반면, 투사매체는 자료를 제시할 때 매체가 필요하며 광학적 또는 전기적 투사방법을 사용하는 특징이 있다. 비투사매체에는 실물, 모형, 차트, 그래프, 포스터, 만화 등이 있으며, 투사매체에는 슬라이드, OHP, 실물화상기 등이 있다.

청각매체는 주로 청각적인 정보를 전달하는 것으로 라디오, 녹음기, MP3 플레이어 등이 있으며, 시청각매체는 시각과 청각적 정보를 동시에 활용하는 것으로 VTR, 영화, 텔레비전 등이 있다. 상호작용 매체는 정보의 흐름이 교수자 중심에서 학습자 중심으로 이동함에 따라 일방적인 상호작용보다 교수자-학습자 간의 양방향적인 상호작용을 강조하기 때문에 이러한 양방향성을 지닌 매체는 사용성과 융통성이 높아서 수업효과를 높이는 장점이 있다. 키트자료는 특정한 수업을 지원하기 위한 학습자료를 패키지 형태로 개발하여 교수학습 효과를 증진시키고자 만든 것으로 과학 분야에서 실험실습이 가능하도록 하거나 미술 등의 분야에서 실제 학생들이 실습을 직접 할 수 있도록 만든 것이다.

2) 주요 교수매체와 특징

다양한 교수매체 중에서 학교 현장에서 많이 사용하고 있는 매체를 중심으로 각 매체의 특징을 기술하면 다음과 같다(노혜란, 박선희, 최미나, 2013).

(1) 칠판, 전자칠판

칠판은 학교수업에서 가장 오랫동안 광범위하게 활용되어 온 교수매체이다. 칠판은 수업의 개요나 핵심 내용을 쉽게 정리하여 전달하는 데 효과적이며, 공식이나 계산, 학습절차 등을 단계적으로 제시할 수 있으므로 절차적 지식의 학습에도 매우 유용하다. 칠판 활용 시 유의사항으로는 교수자가 칠판에 판서를 할 때 학습자의 시각에 편안하게 내용이 들어올 수 있도록 도형이나 도표, 글씨 등을 정확하고 적절한 크기로 제시해야 한다. 즉 판서하는 내용을 체계적이고 조직적으로 구성하여 학습자가 쉽게 인지할 수 있도록 해야 한다. 또한 판서 중 교수자가 학습자에게 등을 자주 보이는 행위는 지양해야 하며 판서 도중 교수자가 판서한 내용을 가리지 않도록 주의해야 한다.

칠판의 장점은 대부분 강의실에 기본적으로 설치되어 있어 별도의 준비 없이 언제라도 사용이 가능하며 접근성이 편리하다는 점이다. 또한 교수자가 자유롭게 필기와 그림을 그릴 수 있어 별도의 사용기술이 필요 없고 수식을 풀거나 다이어그램을 그리거나 즉흥적으로 필기가 가능하다. 단점은 판서하는 시간이 오래 걸리고 힘이 들며 많은 내용을 기록할 수 없다는 점이다. 또한 기록한 내용을 저장할 수 없어 영구적인 보관 또한 어렵다.

전자칠판은 컴퓨터와 연결된 보드 위에 특별히 제작된 펜으로 수업 내용을 판서하고 이를 대형 스크린을 통해 학습자들에게 보여주는 시스템이다. 전자칠판의 유형은 칠판의 형태로 구현되는 프로젝터를 사용한 프론트형과 LCD TV를 사용하는 LCD형이 있고, 교수자가 직접 모니터에 쓰는 내용을 투사하는 교탁형이 있다. 장점으로는 전자 칠판을 이용하면 교수자가 판서한 내용을 바로 저장할 수 있고 프린트로 출력이 가능하며 전자칠판을 컴퓨터와 연결하여 모니터처럼 활용할 수 있다. 전자칠판에서 컴퓨터의 프로그램이나 동영상, 인터넷 등을 조작할 수 있고, 그 위에 판서 기능을 통해 글을 써 강조할 수 있으며, 카메라, 마이크 등을 연결하여 교수자가 수업하는 내용을 동영상과 판서 내용을 함께 파일로 저장할 수 있다. 단점은 프론트형 전자칠판은 가격이 저렴하지만 프로젝터를 사용하기 때문에 화질이 다소 어둡고 램프교체 등 보수비용이 자주 발생한다는 점이다. LCD형 전자칠판은 밝고 선명한 화질을 구현할 수 있으나, 가격이 비싸고 화면에서 열이 많이 발생하며 전자칠판 사용방법이 일반 칠판보다는 어렵다.

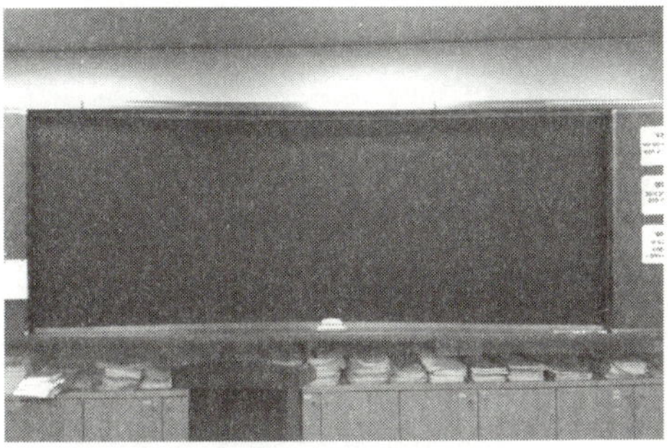

[그림 4-2] 칠판

출처: http://hugreen78.tistory.com/83

[그림 4-3] 전자칠판

출처: https://www.youtube.com

(2) 실물화상기

실물화상기는 책, 그림, 곤충, 물건 등의 실물을 직접 투사하여 TV나 컴퓨터를 통하여 제시되는 교수매체이다. 광학계 및 전자제품으로 구성된 것으로 TV와 PC에 연결하여 여러 가지 자료(그림, 사진, 책, 사물, 생물, 슬라이드/OHP 필름, 지도)를 영상으로 확대하여 보여준다. 활용 시 유의사항으로 교수자가 실물화상기를 사용하기 전에 실물화상기가 올바르게 작동하는지 점검할 필요가 있다. 학습자의 시야에 투사물이 잘 들어올 수 있도록 투사대상을 실물화상기에 올바르게 위치시켜야 하며, 경우에 따라 투사대상을 고정시킬 필요가 있다. 또한 실물화상기에 초점을 최적화하여 학습자가 투사물을 보는 데 불편함이 없게 해야 한다.

장점은 OHP가 TP라는 전용 자료를 통해 자료를 준비해야 하는 번거로움이 있었다면 실물화상기는 별도의 자료를 제작, 변환할 필요가 없어 사용이 간편하다는 점이다. 원본 자료를 직접 기기 위에 올려두고 제시하므로 원본 자료의 손상이 거의 없고 어떠한 자료라도 필요할 때 바로 확대하여 보여줄 수 있다. 또한 필요한 부분을 다양한 각도에서 볼 수 있으며, 부착된 카메라를 통해 자료의 확대 또는 축소가 가능하다. 최근에는 기능들이 더욱 향상되어 OHP 겸용으로도 사용 가능하고 실물화상기와 컴퓨터를 연결해 화상을 보고, 이를 컴퓨터에 저장할 수도 있다. 단점으로는 TV, 컴퓨터 모니터, 프로젝션과 같은 출력기기가 필요하고 상이 커질수록 선명도가 떨어진다.

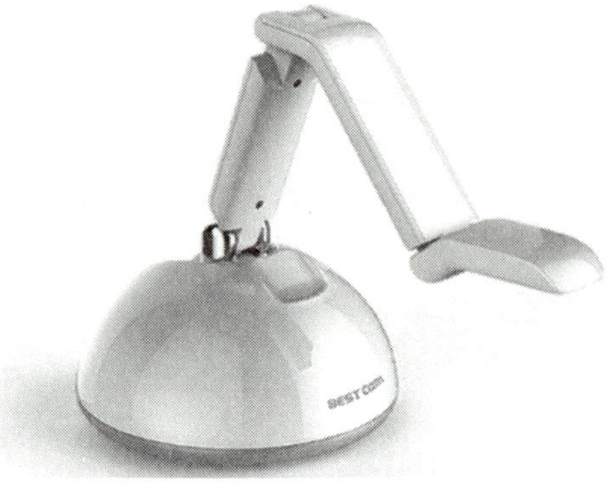

[그림 4-4] 실물화상기

출처: https://m.blog.naver.com

(3) MP3 플레이어

청각매체는 카세트테이프와 녹음기, 라디오 등이 주류를 이루었으나 최근에는 컴퓨터나 인터넷을 통해 오디오 파일을 전송하고 다운로드 받는 것이 보편화되면서 용량이 큰 오디오 파일을 용량이 매우 작은 파일로 압축하여 사용하기 쉽도록 하는 오디오 압축형식인 MP3의 활용이 주류를 이루고 있다(임철일, 임정훈, 이동주, 2016). 국내에서 삼성, 코원 등에서 MP3 플레이어를 판매하고 있으며, 해외에서는 애플사의 아이팟(ipod) 또는 아이폰(iphone)이 대표적인 MP3 플레이어로 판매되고 있다.

MP3 플레이어 등 청각매체의 장점은 반복과 재생이 용이하여 음악이나 언어학습 등 반복과 연습이 많이 요구되는 분야의 학습에 효과적이라는 점, 속도나 반복 등에서 개인차를 고려한 개별학습에 유용하다는 점, 쉽게 손상되지 않고 반영구적이며 컴퓨터를 이용한 편집 등이 용이하다는 점, 시각자료의 보조 자료로 학습효과 증진에 도움이 되는 점 등이다. 또한 다른 일을 하면서도 들을 수 있으므로 시간활용을 효과적으로 할 수 있다. 하지만 제시순서가 고정적이어서 반복청취는 가능하지만 내용의 임의적 변경이 어렵고 시각자료와는 달리 사용 도중 특정 부분을 정확히 찾아내기 어렵다. 또한 장기간 청취할 경우 학습자들의 주의집중을 저해할 수 있다.

[그림 4-5] 아이팟(MP3 플레이어)

출처: http://www.wikitree.co.kr/main

(4) 비디오

비디오 자료는 색상, 소리, 움직임, 실제 영상 등이 합성되어 하나의 자료로 만들어져 전달내용을 매우 극적이고 사실적으로 표현할 수 있는 매체이다. 비디오 자료는 실제 세계 혹은 구체적인 이미지를 상호 관련성 있게 제시할 수 있다는 점에서 교육용 자료로 다양하게 활용되고 있고, 비디오테이프, 비디오디스크, DVD 그리고 동영상 파일 등을 포함하고 있다. 교육용 비디오의 장점은 여러 지역의 학습자들에게 학습내용을 동시에 제공할 수 있고, 다양한 시청각적 효과를 거둘 수 있을 뿐만 아니라 교육적인 동시에 오락적 특성을 가지고 있다는 점이다. 더 나아가 학습자의 정서 및 감성을 자극하는데 정의적 영역 학습에 매우 효과적이다(임철일, 임정훈, 이동주, 2016). 반면에 단점으로는 동적 이미지를 전달하는 데는 효과적이지만 특정한 시각자료를 자세하게 보여주는 측면에서는 부적절하다. 그리고 추상적이거나 비시각적 정보를 제공할 때는 제약이 따를 뿐만 아니라 일방향으로 정보를 전달하기에 상호작용 수업이 어렵다는 것이다. 최근 학습내용을 모듈단위로 구성하여 만든 짧은 동영상 파일을 IPTV(Internet Protocol Television)를 통해 학습자들에게 보여주는 사례가 늘어나고 있다. 즉, 방송과 통신이 융합된 IPTV를 활용하여 교육용 동영상 콘텐츠를 제작하고 이를 학교현장에서 활용할 수 있도록 지원하는 것이다.

[그림 4-6] IPTV

출처: https://news.samsung.com/kr

(5) 컴퓨터

1970년대 후반부터 보급된 소형 컴퓨터의 출현은 교수자와 학습자 모두에게 많은 영향을 주었다. 컴퓨터는 학습자와 상호작용이 가능하고 다양한 학습경험을 제공해 줄 수 있다는 점에서 학교교육에 빠르게 확산되었다. 컴퓨터를 수업에 활용할 때 직접 학생들에게 가르치는 역할을 수행하도록 활용하는 경우는 컴퓨터보조수업(Computer-Assisted Instruction, CAI)이라고 한다. 이는 학습자가 컴퓨터로부터 특정 내용을 배울 수 있도록 활용할 수 있다.

컴퓨터를 교수학습 상황에서 활용할 경우 개개 학습자에게 적절한 수업처방을 개별적으로 제시할 수 있다는 것과 즉각적이고 신속한 피드백을 제공할 수 있다는 것, 다량의 다양한 정보를 활용한 교수학습 활동이 가능하다는 것, 동영상과 애니메이션 등을 통해 동기유발이 효과적이고 학습자료의 저장 및 가공이 가능하여 추후 지도 및 지속적인 학습관리가 가능하다는 것, 학습을 위한 인지적 도구로 활용 가능하여 정보 활용 능력 및 문제해결능력 신장에 도움을 줄 수 있다는 것이 장점이다. 단점으로는 컴퓨터를 활용한 수업에 반드시 필요한 양질의 교육용 소프트웨어가 부족하다는 것, 컴퓨터와 주변기기의 가격이 비싸다는 것, 학습용 프로그램의 설계 및 개발 기간이 길다는 것, 정교한 설계과정을 거치지 않으면 학습효과가 반감될 수 있다는 것, 마지막으로 많은 수의 기기와 장비가 필요하다는 점 등이다(임철일, 임정훈, 이동주, 2016).

[그림 4-7] 컴퓨터

출처: http://if-blog.tistory.com/5358

(6) 인터넷

인터넷은 언제 어디서나 학습자가 원하는 정보를 검색할 수 있고 다양한 정보를 찾을 수 있을 뿐만 아니라 사회적 상호작용이 가능하며 열린 학습 환경에서 교육의 많은 가능성을 제시해주고 있다. 유치원부터 고등교육에 이르기까지 평생교육 전 분야에서 광범위하게 활용되고 있다.

인터넷을 교육에 활용할 경우 장점으로는 시・공간을 초월한 교수학습 활동이 가능하고, 풍부한 학습 자료를 활용하여 학습을 할 수 있다. 또한, 다양한 상호작용 도구를 활용하여 협동학습을 할 수 있다. 정보전달이 매우 신속하게 이루어질 수 있고 지속적으로 새로운 최신 정보를 활용할 수 있으며, 자료의 저장 및 활용이 편리하다. 단점으로는 집중적인 토론이나 문제해결 활동이 어렵고, 오프라인에서 느끼는 정서적 교감이나 공동체 의식을 갖기 어렵고, 자기조절능력이 낮은 학습자의 경우 적절한 사이트로 이동하지 않아서 효율적인 학습이 어려울 수 있다. 온라인으로 수업을 할 경우 교수자는 지속적으로 학습자들의 학습활동을 모니터링하고 피드백을 제공해야 한다는 점이 있다.

초등학교부터 고등교육, 평생교육, 기업교육에 이르기까지 인터넷을 활용한 교육이 널리 활용되고 있다. 초・중등학교에서는 ICT 활용교육이라는 명칭으로, 고등교육에서는 온라인 교육, 기업교육에서는 웹기반 교육이라는 명칭으로 사용되다가 최근에는 e-러닝(e-Learning)이라는 명칭으로 통합되고 있다.

[그림 4-8] 사이버가정학습(e학습터) 포털사이트

출처: http://www.e학습터.net

3. 교수매체의 선정과 적용

교수자가 교수매체를 선정하려면 교수매체가 가지고 있는 속성과 수업내용 및 수업목표가 무엇이냐에 따라 달라진다. 그동안 매체비교연구, 매체속성연구, 매체선호연구, 매체활용비용효과연구 등을 통해 교수매체의 선정과 적용효과 관련 연구들이 이루어졌다. 본 절에서는 학습목표 달성에 따른 적합한 매체의 선정과 교수매체

적용을 위한 ASSURE 모형을 살펴보도록 한다.

1) 교수매체 선정을 위한 모형

교수매체를 학교현장에 적용하기 위해서는 반드시 고려해야 할 요소가 있다(조규락, 김선연, 2007). 첫째, 학습자 특성이다. 학습자의 나이, 성별, 학년, 지적 수준, 적성, 성격, 태도 등의 학습자 개별적인 특성은 교수매체 선택에 중요한 영향을 미친다. 둘째, 교수의 매체 친숙도이다. 교수매체에 대한 교사의 태도나 사용능력 등도 매체선택에서 고려해야 할 사항이다. 교사마다 특정 교수매체에 대하여 친숙도 또는 호감도가 다를 수 있어 좋아하지 않거나 친숙하지 않은 매체는 사용하려 하지 않는다. 셋째, 수업상황이다. 수업집단의 형태, 강의방법, 수업전략 등에 따라 달라진다. 대집단 위주의 경우 시각 또는 시청각자료가 많이 활용될 것이고 개별학습이나 발견학습인 경우 컴퓨터 프로그램을 활용하는 것이 더 적절할 것이다. 넷째, 학습목표와 내용이다. 학습목표와 내용에 따라서 적절한 교수매체가 선정되어야 한다. 학습목표가 인지적 영역인지, 정의적 영역인지, 심체적 영역인지에 따라 효과적인 전달 매체가 달라질 수 있다. 다섯째, 매체의 물리적 속성과 기능이다. 교수매체는 속성상 인간의 감각기관과 관계가 있다. 교육내용을 소리로만 전달할 것인지, 컬러 영상이 더 좋은지 흑백 영상이 더 좋은지, 자료 크기는 어느 정도로 해야 하는지 등 매체의 주요 속성에 따라 교수학습의 효과를 극대화시킬 수 있는 매체를 선정해야 한다. 여섯째, 수업장소의 물리적 환경이다. 앞서 여러 가지 요인을 기초로 최적의 매체를 선정했다고 할지라도 실제 수업이 실행될 장소의 물리적 환경을 점검하고 검토해야 실제적인 수업이 가능하다. 장소가 협소하다든지 컴퓨터나 스크린 등의 장치를 확보할 수 없다면 실제 수업에 활용하기 어렵다. 일곱째, 실질적 요인이다. 교수매체 선택에 영향을 미치는 요인들에는 시간, 비용, 난이도, 이용 가능성 등과 같은 실질적인 요인들도 있다. 매체 가격이 비싸거나 교수매체가 다루기 어려운 것이라면, 수업시간에 사용하기는 어려울 수 있다. 따라서 실질적인 요인들로 인해 교수매체 사용을 제한할 수 있다.

앨런(Allen, 1974)은 교수매체를 효과적으로 선정하기 위하여 학습목표에 따라 적합한 매체를 선정하였다. 이 모형은 각 매체의 정보전달 기능을 활용하여 어떤 교수목표나 교과내용을 효과적으로 학습시킬 수 있는지에 관심을 두고 교수매체의 유형과 학습목표를 행렬표 형태의 [그림 4－9]로 제시하였다.

학습목표 / 매체 유형	사실적 정보학습	시각적 확인학습	원리 · 개념 · 규칙 학습	절차학습	숙련된 지각적 자동행위 수행	바람직한 태도 · 의견 · 동기 개발
사진	중	상	중	중	하	하
동영상	중	상	상	상	중	중
텔레비전	중	중	상	중	하	중
실물	하	상	하	하	하	하
오디오자료	중	하	하	중	하	중
프로그램 학습	중	중	중	상	하	중
시범	하	중	하	상	중	중
교과서	중	하	중	중	하	중
구두 제시	중	하	중	중	하	중

[그림 4-9] 앨런의 학습목표에 따른 교수매체 선정

2) 교수매체 적용을 위한 모형

교수매체 적용을 위한 모형이란 교수학습 상황에 교수매체를 어떻게 활용할 것인지를 체계적으로 제안한 모형이다. 하이니히와 그의 동료들(Heinich et al, 1996)이 제안한 ASSURE 모형이 가장 대표적이라고 할 수 있다. 여섯 단계로 구성된 이 모형은 수업 실제 상황을 전제로 하여 수업을 계획하고 수행하는 절차적 지침을 제공하고 있다. 각 단계를 자세하게 살펴보면 다음과 같다.

(1) 학습자 분석

학습자의 일반적인 특성과 출발점 능력, 학습양식 등을 검사지나 인터뷰를 통해서 분석하는 것이 선행되어야 한다. 일반적 특성은 연령, 학년 수준, 직업이나 지위 그리고 문화적 혹은 사회 경제적 요인과 같은 것들을 폭넓게 확인하는 것을 포함한다. 구체적 출발점 능력은 학습자가 가지고 있거나 혹은 부족한 지식과 기능을 의미하며, 학습양식은 불안, 적성, 시각적 혹은 청각적 선호, 동기 등과 같은 상이한 자극에 지각하고 반응하는 심리적 특성을 의미한다.

(2) 목표 진술

수업목표 진술은 교수자가 수업에서 행할 계획에 대한 진술이 아니라 학습자가 수업에서 성취해야 할 것에 대한 진술이다. 목표는 무엇이(what) 성취될 것인가에 대한 진술이지, 어떻게(how) 성취될 것인가의 진술이 아니다. 이러한 수업목표를 진술하는 이유는 방법과 매체를 적절히 선택하기 위해 목표를 알아야 하기 때문이다. 목표는 어떤 면에서 학습 활동의 계열과 매체를 선택할 때 안내를 한다. 또한 목표를 아는 것은 그 목표가 성취될 수 있는 학습 환경을 만드는 데 도움이 되기 때문이다. 수업목표를 진술해야 하는 또 다른 이유는 적절한 평가를 할 수 있도록 돕기 때문이다. 교수자가 목표가 무엇인지 분명한 확신이 없다면 학습자가 목표를 성취했는지 여부를 알 수 없을 것이다. 따라서 분명한 목표 없이는 학생들이 자신에게 기대되는 것이 무엇인지 모를 수 있으므로 목표가 분명하고 세부적으로 진술된다면 교수와 학습은 목표 지향적이 될 수 있다.

(3) 교수-학습방법, 매체 및 자료 선정

수업 시 필요한 교수-학습방법과 매체, 자료 선정은 매체와 공학을 사용하기 위한 체계적인 계획을 세우는 것이며 이는 방법, 매체, 자료를 체계적으로 선택할 것을 요구한다. 선택과정은 1단계로 주어진 학습과제를 위한 적당한 방법 결정, 2단계는 방법을 수행하는 데 적당한 매체 유형 선택, 3단계는 그 매체 유형 내에서 특정 자료를 선택하거나 수정하거나 설계하는 것이다. 새로운 자료를 설계할 때는 목표(학생들이 무엇을 배우기 원하는가?), 대상(학습자의 특성은 무엇인가? 학습자가 자료로부터 학습하고 사용할 기술과 선수 지식을 가지고 있는가?), 비용(자료를 준비하는 데 필요한 재료구입비는 예산 범위 내에서 충분한가?), 기술적 전문성(사용하려는 자료의 종류를 설계하고 만들기 위해 필요한 전문성을 가지고 있는가? 없다면 필요한 기술적 도움을 받을 수 있는가?), 기자재(자료를 만들거나 사용하기 위해 필요한 기자재가 있는가?), 시설(자료를 준비하거나 사용하기 위한 특별한 시설을 필요로 한다면 그러한 시설을 이용할 수 있는가?), 시간(자료의 종류를 설계하고 만드는 데 필요한 시간을 확보할 수 있는가?) 등을 고려해야 한다.

(4) 매체와 자료 활용

매체와 자료 활용은 다음과 같은 순서로 진행하는 것이 바람직하다. 첫째, 자료의 사전 검토이다. 미리 한 번도 보지 않은 수업자료를 사용해서는 안 되고, 교사는 자료를 선택하는 과정에서 자신의 학습자와 목표에 적합한지 검토해야 한다. 둘째, 자료 준비하기이다. 교사는 자신이 계획하는 수업 활동을 지원하기 위한 매체와 자료를 준비할 필요가 있다. 이것은 교사가 자료를 준비하거나 학생들이 자료를 사용하는 데 있어 필요한 활동이다. 내용을 선정한 후 어떤 순서로 그 자료나 매체를 사용할지 결정해야 한다. 어떤 교사들은 각 수업에 필요한 자료와 기재 목록을 만들거나 그 활동의 제시 순서의 개요를 만든다. 교사 중심 수업을 위해 교수자는 자료와 기재 사용에 대한 연습을 하고 싶을 것이다. 학생 중심 수업을 위해서는 그들이 필요한 모든 자료, 매체, 기재에 접근하도록 하는 것이 중요하다. 교사의 역할은 촉진자가 되는 것이다. 교사는 어떤 자료가 학생들에게 필요한지 예상해야 하고, 또한 필요한 자료를 확보해야 한다. 셋째, 환경 준비하기이다. 학습이 일어난 곳이 어디냐에 따라 다르고 학생들이 매체와 자료를 사용하기에 알맞은 시설을 갖추어야 한다. 넷째, 학습자 준비 시키기이다. 학습에 관한 연구 결과, 어떤 활동을 통한 학습의 성취정도는 학습자가 수업에 대해 얼마나 준비되었느냐에 따라 달라진다. 다섯째, 학습경험 제공하기이다. 교사는 학습경험을 제공하려고 할 때 나누어줄 자료가 교사

중심이면 전문가처럼 제시해야 한다. 마치 배우가 관중의 주의를 끌어야 하는 것처럼 교사도 학급에서 주의를 끌 수 있어야 한다. 학습 경험이 학생 중심이라면, 교사는 학생들이 인터넷상의 주제를 탐구하고, 그 내용을 토론하고, 포트폴리오를 위한 자료를 준비하고, 급우들에게 정보를 제시하도록 안내자, 촉진자, 지원자의 역할을 해야 한다.

(5) 학습자 참여

다섯 번째 단계는 학습자 참여이다. 이 단계는 매우 중요한 단계로 효과적인 수업이 되기 위해서는 학습자들의 적극적인 사고 활동을 유도해야 한다. 그러므로 공식적인 평가가 이루어지기 전에 학습자들에게 그들이 배운 지식이나 기능을 연습해 보고, 그 노력의 적절성에 대한 피드백을 받을 수 있는 기회를 제공해야 한다. 연습에는 학습자 자기 검증, 컴퓨터 보조수업, 인터넷 활동, 혹은 집단 게임이 포함될 수 있다. 피드백은 교사, 컴퓨터, 동료 학생들 혹은 자기 평가를 통해 받게 된다.

(6) 평가와 수정

마지막 단계는 평가와 수정이다. 질 높은 수업을 개발하기 위한 평가와 수정은 필수적인 요소이다. 일반적으로 학생 성취도를 사정하기 위해 사용되는 형태는 지필 평가이다. 실제로는 학습자 성취 평가와 함께 매체 평가도 이루어져야 한다. 평가는 수업 전, 중, 후에 행해질 수 있다. 예를 들면, 수업 전에 교사는 기존의 학생기능과 교사 자신이 사용하려고 하는 방법 및 자료 간의 적절성을 보장하기 위해 학습자 특성을 측정할 수 있다. 수업 과정 중의 평가는 학생들이 연습한 후 피드백을 주는 형태를 취하는데, 짧은 퀴즈 혹은 자기평가로 구성될 수 있다. 수업 중 평가는 일반적으로 진단에 목적이 있으므로 학업 성취에 문제가 있거나 어려움이 무엇인지를 교정하기 위한 것일 뿐만 아니라 수업매체를 효과적으로 사용할 수 있도록 계속적으로 순환하기 위한 출발점이라고 볼 수 있다.

연습 및 탐구문제

1. 교수매체 중 협의의 개념과 광의의 개념의 대표적인 매체에 대해 각각 3가지씩 언급해보고 그 이유를 작성해보시오.

2. 교수매체의 네 가지 교육적 기능을 작성해보시오.

3. 자신이 사용했던 교수매체 중 효과적이었던 교수매체를 선택하고 어떤 교육적 효과를 가져왔는지 설명하시오.

참고문헌

강이철 (2009). **교육방법 및 공학의 이론과 적용**. 서울: 학지사.

권성호 (1990). **교육공학원론**. 서울: 양서원.

노혜란, 박선희, 최미나 (2013). **교육방법 및 교육공학**. 파주: 교육과학사.

박숙희, 염명숙 (2013). **교수-학습과 교육공학**. 서울: 학지사.

이지연 (2008). **예비교사를 위한 실제적 교육방법 및 교육공학**. 서울: 서현사.

임철일, 임정훈, 이동주 (2016). **교육공학**. 서울: 한국방송통신대학교 출판문화원.

조규락, 김선연 (2007). **교육방법 및 교육공학**. 서울: 학지사.

Allen, W. J. (1974). Media stimulus and types of learning. Audiovisual Instruction, January. Reprinted in Selecting Media for Learning: Readings from Audiovisual Instruction. Washington, DC: AECT.

Heinich, R., Molenda, M., & Russell, J. D. (1989). *Instructional media and the new technologies of instruction*. Macmillan.

Kemp, J. E. & Smile, D. C. (1989). *Planning, producing and using instructional media*. New York: Harper & Row, Publisher.

Ⅲ

교수학습방법

제5장

전통적 교수 · 학습방법

학|습|목|표

1. 교수 · 학습방법의 개념을 설명할 수 있다.
2. 전통적인 교수 · 학습방법의 종류와 특징, 적용 절차를 설명할 수 있다.
3. 학습목표, 학습내용, 학습자 등 교수학습 과정의 핵심 요소를 고려하여 적합한 교수 · 학습방법을 선택하여 적용할 수 있다.

주|요|용|어

- 교수 · 학습방법
- 강의법
- 토의법
- 협동학습
- 탐구학습

교수학습 과정은 교육의 핵심이라고 할 수 있는 가르치고 배우는 과정을 의미하며 학습자의 행동, 지식, 태도의 변화를 이끌어 낼 수 있다. 교수학습 과정의 핵심요소는 교육목표, 교육내용, 학습자, 교사 등이며, 이들 요소 간에는 긴밀한 상호작용이 일어난다. 이때의 상호작용은 '어떻게 하면 보다 효과적으로 교육목표를 달성할 수 있을까?'에 초점을 맞춘 다양한 형태의 학습경험으로 나타나며 이를 교수·학습방법이라고 할 수 있다. 즉, 교수·학습방법이란 교수학습의 과정에서 교육목표를 효과적으로 달성하기 위해 사용하는 방식이나 수단으로서, 학습자를 어떠한 절차와 단계로 가르쳐서 학습활동을 경험하도록 할 것인가를 의미한다. 그리고 이러한 교수·학습방법은 교육목표의 달성에 영향을 주는 요소로서 중요성이 강조된다.

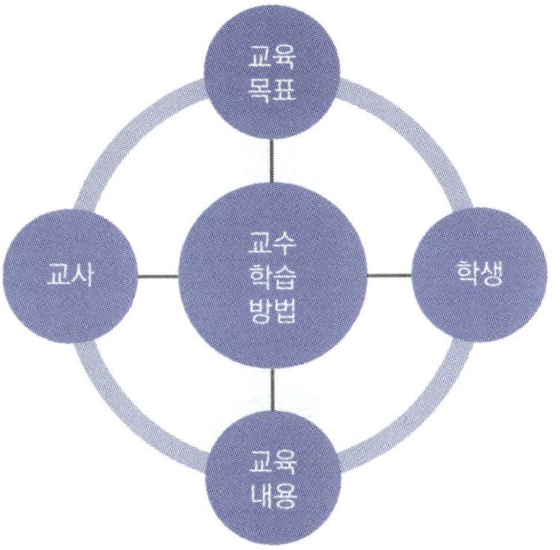

[그림 5-1] 교수·학습 과정의 핵심 요소

인간의 교육행위가 시작된 이래로 교육목표, 학습자, 교육내용, 교육환경 등의 특성을 고려하여 효과적이고 효율적인 교육성과를 산출하기 위한 교수·학습방법이 선택되고 활용되었다. 이러한 교수·학습방법은 몇 가지 기준에 의해 분류될 수 있으며 이는 교수·학습방법을 전체적으로 조망하고 적합한 선택을 하는 데 도움이 될 수 있다. 다음의 [그림 5-2]는 교수·학습방법의 유형을 다양한 기준에 따라 분류한 것이다.

본서에서는 객관주의 철학에 기반을 둔 전통적 교수·학습방법과 구성주의 철학에 기반을 둔 대안적 교수·학습방법으로 나누어 그 하위의 방법들에 대해 설명할 것이다. 객관주의 철학은 인간의 외부에 객관적이고 절대적인 세계가 존재한다고 생각하고, 구성주의 철학은 인간의 해석에 의해 세계에 대한 의미가 주관적으로 부여된다고 믿는다. 일반적으로 전통적인 교수·학습방법은 객관주의적 관점에 기반을 두고 외부 세계에 존재하는 절대적 진리와 지식을 전달하고 습득하는 것에 중점을 두는 형태였다. 강의법이 그 대표적인 예이며, 교사는 전문가로서 지식과 기능을 학습자에게 설명을 통해 전달하고 이해시켰다. 이러한 교사 중심적인 교수·학습방법 외에도 학습자가 주도가 되어 학습자 간 상호작용을 활성화한 방법도 등장하였으며, 학생의 참여와 흥미를 높일 수 있는 방식이 모색되었다.

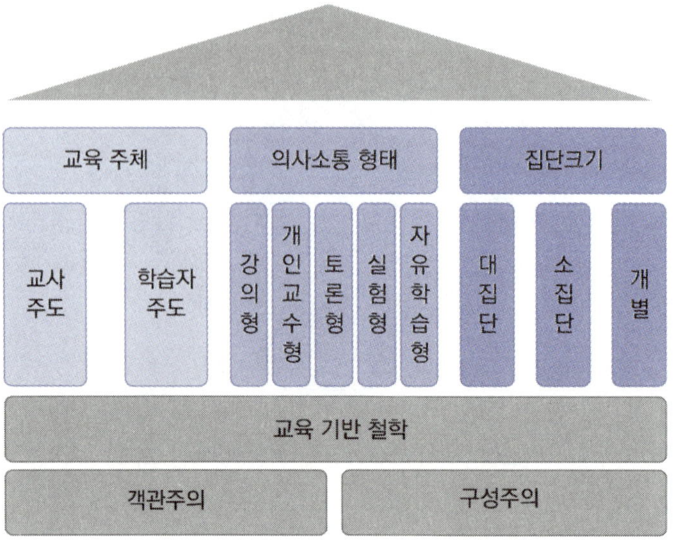

[그림 5-2] 교수·학습방법의 분류기준에 따른 유형

1. 강의법

1) 개념

강의법은 가장 널리 활용되고 있는 교수 · 학습방법 가운데 하나로서 교사가 주도가 되어 학습해야 할 내용을 언어적으로 설명하면서 전달하고 이를 통해 학습자의 이해를 촉진하는 방식이다. 그 외에도 지식이나 기능을 교사 중심의 설명을 통해서 학습자에게 전달하고 이해시키는 교수방법(변영계, 김영환, 손미, 2007), 교수자가 학습자에게 학습내용을 직접 언어로서 전달하는 형태 등으로 정의한다(한정선 외, 2008). 교수학습이 교사와 학생 간의 의사소통과정이라고 할 때, 강의법은 인간의 가장 기본적인 언어적 의사소통에 의해 지식을 효과적으로 전달하도록 하는 데 중점을 둔다. 그러나 의사소통이 상호 간의 교류, 즉 '메시지의 주고받음'을 중요시해야 하는 개념이라는 점에서 교사의 일방적인 전달만을 위주로 하는 강의법이라면 매력적인 교수 · 학습방법이 되기 어렵다. 따라서 보다 효과적인 강의를 위한 다양한 전략을 접목하고 강의법의 단점을 최소화하면서 장점을 살리는 방식으로 전개될 필요가 있다.

2) 특징

교육의 오랜 역사 속에서 강의법이 지속적으로 활용되어 왔다는 것은 고유의 장점과 유용성을 가지고 있다는 것을 의미한다. 강의법의 장점은 다음과 같이 정리될 수 있다.

첫째, 교사와 학습자에게 친숙한 교수 · 학습방법이므로 새로운 교수 · 학습방법을 도입했을 때 발생하는 초기의 혼란이나 교수자가 교수 · 학습방법을 몰라서 새롭게 배워야 하는 어려움이 없다. 둘째, 해당 분야의 전문가인 교사가 핵심적인 내용을 체계적으로 정리해서 제시하기 때문에 학습자가 잘 알지 못하는 새로운 지식을 효율적으로 습득하는 데 유용하다. 특히 교사의 역량이 높으면, 교사가 학습내용,

학습자, 학습 환경에 맞는 가장 적합한 방식으로 운영하면서 질 좋은 강의가 이루어질 수 있다. 셋째, 강의법은 많은 양의 지식과 정보를 비교적 많은 사람을 대상으로 짧은 시간 안에 제시할 수 있어 효율적인 방법으로 인식된다. 다만, 많은 양의 지식을 많은 사람에게 전달하는 것이 학습효과를 보장하는 것은 아니므로 효과성이 담보된 효율성을 추구할 필요가 있다.

강의법은 교사 중심의 전달식 방법이기 때문에 그에 따르는 단점과 부작용이 발생될 수 있다. 첫째, 교사 주도의 방식으로 인해 학습자는 수동적 역할에 머물게 되고, 교수·학습 과정에서 적극적이고 주도적인 참여가 제한적으로 이루어진다. 이와 같이 학습자가 능동적 역할을 하지 않는 학습은 진정한 의미의 학습으로 이어지기 어렵다. 둘째, 학습자의 수동성은 학습에 대한 흥미와 관심을 떨어뜨리고 지루함을 가져온다. 최근 교실에서 자주 목격되는 자고 있는 학생, 수업과 무관한 행동과 생각에 빠져있는 학생은 자신이 학습의 주체가 되지 못해 학습에 대한 흥미를 잃은 결과로 볼 수 있다. 그러나 지식의 일방적 전달이라는 강의법의 단점을 보완하고 교육목표, 교육내용, 학습자, 교육 환경의 특성에 가장 적합한 방법으로서 강의법이 선택된다면 높은 학습효과를 기대할 수 있다.

Tip! 강의법은 언제 사용하면 좋을까요?

- 논쟁의 여지가 없는 사실적인 정보, 개념을 객관적이고 논리적으로 짧은 시간 내에 전달해야 할 때
- 태도나 가치를 고취하기 위해 말하는 사람의 영향력, 설득력이 필요할 때
- 학습할 내용이 매우 복잡하고 혼란스러워 체계적인 정리가 필요할 때
- 다른 교수방법을 도입하기 이전 사전 해설 단계
- 모호성을 참지 못하고 교수자가 모든 것을 확실히 해주어야 심리적 안정을 얻는 학습자를 대상으로 할 때

이성호(1986) 「교수방법의 탐구」에서 발췌

3) 강의법 절차

(1) 헤르바르트의 강의 단계

강의법은 오랜 역사를 가지고 있는 교수・학습방법이지만 그 단계와 절차가 체계화된 것은 헤르바르트에 의해서라고 할 수 있다. 헤르바르트는 강의를 통해서 새로운 개념이 학습자 개개인의 인지체계 안으로 들어가 기존에 있었던 다른 개념들과 결합하여 체계화되는 것이라 하였다. 따라서 강의는 단지 지식을 전달한다는 것이 아니라 '어떻게 학습자의 인지 체계 속에 개념이 제대로 들어가게 할 것인가?', '어떻게 기존의 개념 구조 속에 새로운 개념이 견고하게 결합되고 통합되게 할 것인가?'에 초점을 맞춘 절차와 단계로 진행되어야 한다.

이를 위하여 헤르바르트가 제시한 강의 단계는 준비 → 제시 → 결합 → 체계화 → 적용이며 이 과정이 오늘날에도 이어져 도입 → 전개 → 정리라는 강의법의 전형적인 절차가 확립되었다. 각 단계를 보다 구체적으로 살펴보면 다음과 같다.

첫째, 준비는 강의가 시작되기 전에 학습자의 동기를 유발하고 기존 인지구조를 정리해서 새로운 개념을 받아들일 수 있도록 하는 것이다. 강의 시작 시 이전에 배운 학습내용을 회상시키거나 동기를 유발할 수 있는 학습자료를 제시하는 것 등이 준비과정에 해당하는 것이라 할 수 있다. 둘째, 제시는 교수자가 학습자에게 새로운 개념을 제시하는 단계로 이때 중요한 것은 새로운 개념과 기존 개념의 차이가 무엇인지를 정확히 알려주는 것이다. 셋째, 결합은 새로운 개념과 기존 개념의 차이, 유사성을 파악하면서 새로운 개념과 기존 개념의 결합이 이루어지도록 하는 것이다. 이것은 달리 말하면 기존 개념과 새로운 개념이 관계를 형성하는 단계라고 할 수 있다. 넷째, 체계화는 제시되고 결합된 개념들을 분류하고 조직화함으로써 일반화하고 법칙화한 체계를 구성하는 것이다. 다섯째, 적용은 지금까지 배운 내용을 학습자들이 충분히 학습했는지 검증하기 위해 과제를 부여하여 적용해 보도록 하는 것이다.

[그림 5-3] 헤르바르트의 강의 단계

(2) 일반적인 강의 절차

• 강의 전

모든 교수·학습방법이 그렇듯 학생들과 직접 마주하는 강의 시간 이전에 많은 사전 준비가 있어야 한다. 교사들이 강의 이전에 작성하는 교수학습 계획서(수업지도안)는 이러한 사전 준비와 계획을 총체적으로 종합한 산출물이라고 할 수 있다. 교사는 학습자를 분석하고 학습 환경을 파악하며 수업의 목표와 가르쳐야 하는 내용, 학습활동의 순서와 구조, 활용되는 자료, 평가방법이 포함된 교수학습 계획서를 작성하게 된다. 강의 전 이루어지는 계획과 준비는 강의의 질을 결정하는 중요한 단계로 작용한다.

• 강의 실시: 도입

강의의 도입 단계는 학습할 분위기를 조성하고 주의를 환기시키며 시작된다. 오늘 학습할 내용에 대해 학습자의 호기심과 학습에 대한 동기를 유발한다. 또한 목표의식을 명확히 갖게 하고 학습할 내용에 대한 기대감을 일으켜야 한다. 따라서 도입 단계에서 포함되어야 할 주요 교수활동으로 선수학습내용 상기, 수업목표 제시, 동기 및 흥미유발 전략이 있다.

선수 학습 내용을 상기시키는 것은 단순히 학습자가 이전 학습내용을 기억하고 있는지를 확인하기 위해서 하는 것이 아니다. 새롭게 학습할 내용이 학습자의 이전 개념과 연계되어 있기 때문에 선수학습을 자극해서 새로운 개념을 의미 있게 결합시키기 위함이다. 수업의 목표를 명확하게 제시하는 것은 학습자가 강의에 대한 기대를 갖게 하고 강의 내용 중 중요한 것이 무엇인지, 수업을 마치면 내가 무엇을 할 수 있어야 하는지를 생각하면서 방향성 있는 공부를 하게 한다. 이러한 목표 제시는 학습자의 동기를 유발하는 데도 도움을 준다. 내가 무엇을 해야 하는지가 명확하지 않다면, 학습을 열심히 할 이유도 찾기 어렵기 때문이다. 따라서 도입 단계의 동기 및 흥미 유발을 위해 구체적인 목표 제시가 활용될 수 있으며 그 밖에 주제와 관련된 흥미롭고 실제적인 자료와 상황을 제시하거나 학습주제가 갖는 가치(의미)나 활용도를 제시해 주는 것도 동기를 높여주는 좋은 전략이 될 수 있다.

• 강의 실시: 전개

본격적인 강의가 진행되면 학습목표 달성에 필요한 학습내용이 제공된다. 효과적인 강의에서는 사전에 구조화되고 체계화된 내용이 학습자에게 제시되며 교사의 언어적 설명뿐만 아니라 학생의 다양한 감각을 자극할 수 있는 자료가 함께 활용될 수 있다. 추상적인 설명만 계속되면 수업이 지루해질 수 있으므로 구체적인 경험과 자료를 함께 제시하여 학생의 이해를 도울 수 있을 것이다. 또한 강의가 교사의 일방적인 설명과 지식 전달로만 진행되면 학습자의 적극적인 참여가 제한되어 효과적 학습이 어려워진다. 따라서 강의 진행 중에 배운 내용을 연습(수행)하고 적용하는 기회를 제공할 필요가 있다. 교사는 학생의 수행 과정을 보면서 학습자의 이해 수준을 파악할 수 있으며 학생 또한 배운 내용을 실제로 해보는 경험을 통해서 학습목표를 보다 공고히 달성할 수 있다.

• 강의 실시: 정리

정리나 마무리 없이 강의가 끝나는 경우를 종종 볼 수 있다. 마지막 순간까지 내용을 설명하면서 진도를 나가는 데 열심인 교사가 있다. 하지만 정리 단계를 통해 학습한 내용을 다시 한 번 강조하고 요약, 정리하면 학습자의 머릿속에 오늘의 학습내용이 더 오래 남을 수 있다. 도입 단계에서 강조했던 학습목표를 회상하면서 과연 이 목표가 달성되었는지를 질문하고 핵심 내용을 물어보면서 학생 스스로 배운 내용을 종합하고 정리할 수 있는 시간을 주는 것이 중요하다.

Tip! **강의의 마무리 단계에서 사용할 수 있는 방법에는 어떤 것이 있을까요?**

- 교사가 수업 내용을 요약하고 정리해서 설명해준다.
- 수업에서 다룬 핵심적인 내용에 대해 학생에게 질문을 던지거나 중요한 내용을 요약해서 스스로 적어보라고 한다.
- 오늘 배운 내용이 어떻게 활용될 수 있고 어떤 의미가 있는지 강조한다.
- 오늘 배운 내용을 적용해볼 수 있는 과제를 제시한다.
- 다음 시간에 배울 내용을 예고한다.

이성호(1999) 「교수방법의 탐구」에서 발췌

4) 효과적인 강의를 위한 고려 사항

효과적인 강의를 위해 고려해야 할 사항은 무엇인가? 먼저, 과연 강의가 본 수업의 목표에 가장 적절한 교수·학습방법인지에 대한 명확한 판단을 해야 한다. 처음부터 강의법이 목표에 적합하지 않은 교수·학습방법이라면, 아무리 열정적인 강의를 했다 해도 효과를 보기 어려울 것이다.

다음으로 강의 내용을 구성할 때 너무 많은 양을 전달하고자 하는 욕심을 앞세우게 되면, 학습자의 이해 여부보다는 내가 준비한 내용을 끝내는 데 초점을 맞추게 된다. 좋은 강의는 많은 양의 내용을 다루었느냐로 평가되는 것이 아니라 학습자에게 진정한 학습이 일어났느냐에 달려있다.

강의는 대부분 교사의 언어적 전달로 이루어진다. 따라서 교사의 전달력은 강의 효과에 결정적인 영향을 준다. 일반적으로 강의 내용에 대한 충분한 숙지와 연구가 있으면, 그것을 내면화해서 자신의 말로 풀어서 제시할 수 있다. 교재나 자료에 있는 내용을 그대로 읽듯이 전달하는 것은 지루한 강의로 가는 지름길이다. 또한 40~50분 단위의 수업일 때 강의(설명)의 단위를 15분 내외로 끊어가면서 수업 전환과 분위기 환기를 하는 시간을 마련해야 한다. 아울러 교사의 말로만 채워진 강의가 아닌 학습자의 활동과 참여가 함께하는 수업을 만들어야 한다.

또한, 효과적 강의를 위해서는 사전에 내용과 관련된 다양한 자료, 예시, 사례 등을 준비할 필요가 있다. 언어로만 이루어진 강의는 추상적이기 쉬우며, 추상적 학습은 학습자가 이해하기 어려울 수 있다. 구체적인 자료와 생생한 실제 상황에 기반한 예화는 학습자의 흥미와 이해도를 높일 수 있다.

2. 토의법

1) 개념

토의법은 어떤 주제에 대해 숙고하여 자신의 생각과 의견을 상대에게 표현하고 다른 사람의 의견을 경청하는 과정을 통해 더 좋은 아이디어와 해결책을 함께 만들어 가는 것이다. 일반적으로 학생이 주도가 되어 토의가 이루어지므로 학습자 중심 교수・학습방법으로 간주되며 학습자 간, 그리고 교사와 학습자 간 활발한 상호작용이 이루어지는 것을 전제로 한다.

토의에 대한 개념을 설명할 때, 토론과 토의의 개념적 차이를 구분하는 논의가 있다. 즉, 토론은 서로 다른 주장을 하는 사람들이 자신의 논리를 펴면서 상대를 설득시키는 과정에 초점을 두고, 토의는 보다 폭넓게 서로의 생각과 정보를 나누고 의사소통하는 개념으로 본다(구정화, 2009; 변영계, 김영환, 손미, 2007). 그러나 본서에서는 토론과 토의에 대한 구분이 교수・학습방법을 논의하는 데 큰 의미가 없다고 판단하여 두 개념을 합하여 토의를 '집단이 공통의 목적을 달성하기 위하여 특정 주제에 대한 개인의 사고를 바탕으로 이루어지는 대화와 의사소통'으로 보고자 한다.

2) 특징

사회는 서로 다른 생각과 가치를 가진 다양한 구성원들의 집합이며 사회 안에서 우리는 사람들과의 상호작용을 통해 영향을 주고받으며 문제를 해결하고 과제를 수행해 나간다. 따라서 토의법과 같은 사회적 상호작용을 통한 교육은 사회에 나가서 경험하게 되는 것들을 미리 준비하고 실현하는 과정이라 할 수 있다. 토의법이 갖는 주요한 특징은 다음과 같다.

첫째, 토의는 학생 스스로의 주도적인 생각과 사고를 촉진하며, 자신의 의견을 상대방에게 논리적으로 이야기함으로써 어떤 주제에 대한 보다 정교한 사고체계를 발달시킬 수 있다. 즉, 하나의 정답이 정해져 있지 않은 주제에 대하여 학생 각자의 다양한 생각을 타당하고 합리적인 근거를 가지고 전개해 나가는 것이다. 따라서, 학생 스스로 생각할 수 있는 힘을 키우는 경험을 제공하고 이 과정에서 공고한 자기 지식으로 내면화하는 데 큰 도움을 준다.

둘째, 토의를 통해 여러 사람과 의견을 교환함으로써 새로운 정보를 획득할 수 있고 다양한 관점을 접하면서 사고의 유연성과 문제해결력을 높일 수 있다. 현대 사회는 다양성이 존중되고 다른 관점을 수용함으로써 새로운 가치를 만들어 낼 수 있는 융합의 시대라 할 수 있다. 따라서 자신의 의견을 고집하기보다는 타인의 의견과 아이디어를 종합하여 최적의 문제해결방안을 도출할 수 있어야 한다. 이러한 차원에서 각자의 의견을 다양하게 말하고, 경청하고 협력적으로 검토하는 토의는 의미있는 과정이 될 수 있다.

셋째, 토의는 민주시민으로서 갖춰야 하는 기본 소양인 사회적 기술과 태도를 함양시켜줄 수 있다. 집단이 함께 문제를 해결하고 더 나은 방안을 만들어 나가는 과정을 통해서 협동능력, 상대에 대한 존중, 대인관계 및 의사소통능력을 기를 수 있다.

Tip! 토의 과정에 교사가 개입해야 할 때는?

- 학생들이 토론 주제에 대한 이해가 부족할 때
- 너무 한쪽에만 치중한 의견이 나올 때
- 일부 학생 위주로만 발언이 이루어질 때
- 인격적으로 잘못된 비판을 할 때

구정화(2009) 「학교토론 수업의 이해와 실천」에서 발췌

3) 토의법의 유형과 방법

토의가 갖는 여러 가지 장점과 가치에도 불구하고 실제로 토의를 교수·학습방법의 하나로 실행하는 것은 쉽지 않다. 막연히 학생들에게 토론을 하도록 한다는 생각만으로 접근하게 되면, 토의법의 효과를 보기 어렵다. 사실, 토의법을 수행하기 위해서 교사는 구체적인 계획을 수립해야 하며 토의 수업의 목표가 무엇인지를 명확히 하고 관련 자료를 준비해야 한다. 학습자 역시 토의에 익숙해지기까지 훈련이 필요하고 주체적인 토론 참여자로서 준비가 있어야 한다.

토의법에는 여러 유형이 있으며 학습 목표와 주제에 따라 적절한 유형을 선택하여 토의를 진행해야 한다. 또한 토의의 유형에 따라 참여자의 역할과 절차, 운영 방법에 차이가 있으므로 선택한 토의법별로 교사와 학생 모두 이를 숙지해야 효과적인 토의가 가능하다.

(1) 원탁 토의

10명 이내의 사람이 모여 원탁에 둘러앉아 자유롭게 어떤 주제에 대해 이야기를 나누는 토의방식이다. 여기서 '원탁'에 모인다는 것은 특정 사람이 더 높은 위치에 있는 것이 아닌, 대등한 관계에서 토의가 진행됨을 의미한다. 다만, 토의의 원활한 진행을 위해서 사회자가 존재하며 사회자는 사람들이 충분히 발언할 수 있도록 기회를 주고 최종적으로 결론에 도달할 수 있도록 의견을 수렴, 종합하도록 한다. 또한, 기록자를 두어 토의에서 논의된 내용을 기록하게 한다.

(2) 배심 토의

배심 토의는 특정 주제에 대해 상반된 의견을 가진 배심원을 두고 사회자의 진행에 따라 토의가 이루어지는 것이다. 배심원은 토의 주제에 대해 명확한 견해를 밝혀야 하기 때문에 사전 조사와 연구를 통해 전문성을 확보해야 한다. 일반 청중도 배심토의에 참석하는데, 이들은 토의 내용을 듣고 경우에 따라 배심원에게 질문을 할 수 있는 기회가 주어지기도 한다.

(3) 심포지엄

전문가들이 주제에 대한 각자의 의견을 공식 발표한 다음, 이들의 발표 내용을 중심으로 청중과 발표자 간에 토의와 질문이 진행된다. 심포지엄에서는 같은 주제에 대해 발표자별로 다양한 견해가 제시될 수 있다는 점이 특징적이다. 심포지엄의 청중은 배심토의와는 달리, 해당 주제에 대한 전문적 지식을 가진 사람들로 구성된다. 따라서 심포지엄에 모인 모든 구성원 간에는 보다 깊이 있고 전문적인 토의가 가능하다.

(4) 세미나

토의 주제에 대해 전문성을 가진 사람들로 구성되며 발표자가 주제에 대한 발표를 하고, 다른 세미나 참여자가 그에 대해 의견을 개진하거나 질의응답하는 방식으로 진행된다. 세미나에서는 참여자 모두 주제에 대한 사전 준비를 통해 상호 심도 있는 토의가 이루어지고 이 과정에서 교육적 목적이 달성되도록 하는 데 의미를 둔다.

(5) 버즈그룹 토의

토의 과정에서 벌떼가 윙윙거리는 소리와 같은 여러 집단의 의견 교환 소리가 난다고 하여 버즈그룹 토의라는 이름이 붙여졌다. 또한 6명으로 구성된 집단이 6분간 토의하게 한다는 의미에서 '6×6토의'라고도 한다. 버즈 토의의 또 다른 진행 방식으로 처음에 2~3명의 소집단으로 토의를 시작해서 진행하고, 얼마 후 다시 다른 집단과 토의를 하는 방식으로 점점 집단을 늘려가는 형태를 취할 수 있다. 이렇게 소집단 토의로 시작하면 학습자의 적극적인 참여를 유도하고 친근한 분위기에서 의견교환이 가능하다. 소집단 토론을 마칠 때마다 그 결과를 사회자에게 보고하면 최종적으로 사회자는 보고내용을 정리해서 전체가 모여 결론을 맺는 종합 토의를 갖게 한다.

4) 효과적 토의를 위한 고려사항

토의법은 교사의 일방적인 지식 전달에서 벗어나 사회적 상호작용을 통해 학생의 적극적인 참여를 유도할 수 있는 교수 · 학습방법이다. 그러나 토의를 효과적으로 수업에 적용하기 위해서는 다양한 측면에서 사전 준비와 실행 시 유의사항이 고려되어야 한다.

첫째, 명확한 토의 목적이 있어야 한다. '토의법을 이용하여 수업을 하는 목적이 무엇인가?', '이 토의를 통해 학생들에게 무엇을 얻게 하고자 하는가?'를 교사 스스로 질문하며 수업을 준비해야 한다. 토의의 목표가 명확해야 가장 적절한 토의방법과 토의주제를 결정할 수 있을 것이다. 또한 토의 주제의 선정은 우선 목표 달성에 부합되는 것이어야 하지만, 학생들의 수준과 관심도 고려되어야 한다. 학생들에게 너무 어렵거나 관심이 없는 주제에 대해서는 활발한 토의가 이루어지기 어렵다.

둘째, 토의 진행과 관련하여 사전 준비가 필요하다. 교사는 토론 주제와 연관된 자료를 준비하고 이를 학생에게 배포하여 미리 읽어보게 할 수 있다. 물론, 학생 스스로 토론 주제에 대한 정보를 찾아보고 학습해 오도록 할 수도 있다. 또한 소집단으로 나누어 토의를 하게 될 경우 적정한 집단 구성 방법을 결정하고 토의의 절차와 방법에 대해서 숙지하고 토의의 단계별로 구체적인 시간 계획을 세워 충실한 토의가 이루어질 수 있도록 준비해야 한다.

셋째, 토의가 시작되면 학생들에게 토의의 목적, 방법과 절차를 알려주어야 한다. 토의법에 익숙하지 않은 학생들이 많기 때문에 초기에 이러한 내용을 구체적으로 설명해 줄 필요가 있다. 토의 진행 중에 교사는 토의 과정을 관찰하면서 그 내용을 기록, 평가할 수 있고 어려움을 겪고 있는 토의 집단을 지원해 줄 필요가 있다. 예를 들어 의사소통이 원활하지 않고 침체되어 있다든가, 한 사람이 토의를 너무 주도해 나간다든가, 상호 갈등이나 감정 대립이 일어나고 있는 경우 교사가 적절히 개입해서 이러한 상황이 극복되고 원만한 토의가 되도록 도와준다. 또한 학생들이 특정 내용을 잘 모르거나 정보나 지식의 부족으로 토의가 진행되지 못할 때 교사는 관련 내용을 설명해주고 조언할 수 있다. 이러한 과정에서 항상 유의해야 할 것은 토의는 학습자가 주도하는 교수·학습방법이므로 교사의 개입이나 도움은 너무 직접적이지 않아야 한다는 것이다. 토의 과정에서 교사에게 의존하는 경향이 생기면 당초 목표하였던 학습자의 적극적 참여, 사고 촉진, 협력적 문제해결 등이 달성되기 어렵다.

넷째, 소집단 토의가 마무리되면 토의결과를 전체적으로 공유하고 정리하는 시간이 필요하다. 이 과정에서 학습자가 토의를 통해 달성해야 하는 목표가 확인되고 명확해질 수 있다. 토의 과정에 대한 피드백도 중요하다. 교사가 토의과정에 대해 관찰한 내용을 알려줌으로써 좀 더 효과적인 토의 진행에 도움을 줄 수 있다.

Tip! 토의에서 소집단 구성 방법

방법	장점	단점
무작위(추첨) 구성	• 학생들에게 공평하다고 인식됨 • 쉽고 빠르게 조직 가능	• 학생들이 만족하지 않는 구성이 될 수 있음
학생들의 희망에 따라 구성	• 자율성 보장 • 집단에 대한 책임감 상승	• 내성적이거나 교우관계가 좋지 않은 학생은 소외감 발생
성적에 따라 이질적 집단 구성	• 집단별 질적 편차 최소화	• 학생 개인에 대한 정보(성적, 성격 등) 조사 등 집단편성을 위한 사전 준비 노력 소요
성격, 스타일에 따라 이질적 집단 구성	• 다양한 논의 전개 가능 • 특성에 따른 역할 분담	

3. 협동학습

1) 개념

협동학습은 학교에서 흔히 이루어지는 개별학습과 경쟁적 학습의 문제점을 보완하고 학습자 간의 상호작용에 근간을 둔 학습자 중심 교수·학습방법이다. 즉, 협동학습은 소집단 내 모든 구성원들이 공동의 학습과제나 학습목표를 협력적으로 노력하여 달성하는 방법이며 소집단 내에서 상호협조를 통해 모든 구성원이 성공적으로 학습할 수 있게 하는 방법이다(변영계, 김영환, 손미, 2007; 조성일, 신재흡, 최혜영, 2006; Slavin, 1987). Slavin(1990)은 "전체는 개인을 위하여 개인은 전체를 위하여"라는 협동학습의 철학을 주장하면서 전통적인 소집단 학습과는 달리 타인과 팀 전체의 성취에 관심을 갖는 협동학습의 협동적 구조를 강조하였다. 따라서 협동학습에서는 공동의 목표를 달성하기 위해 서로 도와야 하며, 개별적 성공만이 아닌 전체의 성공을 위해서 개인의 책임과 역할이 요구된다. 협동학습(cooperative learning)과 유사한 개념으로 협력학습(collaborative learning)이 사용되기도 하는데, 협동학습은 1970년대부터 등장한 개념으로 구조화된 수업절차와 방법을 제시하고 있으나 협력학습은 1990년대 구성주의 철학을 반영하여 등장한 학습자의 주도성을 강조한 비구조화된 교수・학습방법이다. 그러나 두 개념 모두 동료 학습자들과 적극적으로 상호작용하고 학습공동체를 통해 학습함으로써 학습효과를 높이고자 하는 점은 동일하다. 본서에서는 구조화된 절차와 방법을 강조하는 협동학습이라는 개념을 사용하고자 하며 그 절차와 방법에 따른 세부 모형을 소개하고자 한다.

2) 특징과 원리

협동학습은 일반적인 소집단 수업과는 달리 협력적 상호작용을 촉진하기 위한 구조적인 특징을 가지고 있다. 다시 말해, 어떤 목표를 달성하고자 할 때, 팀 전체를 생각하여 협력하고 함께 성공하기 위해 필요한 요인을 포함하고 있다는 것이다. 협동학습이 작동하기 위한 핵심 원리는 다음과 같다.

첫째, 협동학습에서는 긍정적 상호의존성이 중요하다. 긍정적 상호의존성이란 팀 내의 학습자들이 목표, 보상, 자원, 역할, 정보 등에 대해 서로 의존하는 것을 의미한다. 쉽게 이야기하면, 다른 사람이 잘 하는 것이 나에게 도움이 되고, 내가 잘 하는 것 역시, 다른 사람에게 도움이 되기 때문에 각자가 서로의 좋은 성과를 위해 다양한 차원에서 서로 돕고 의지하도록 하는 것이다.

둘째, 개별 책무성이다. 이는 학습자 각자의 수행이 다른 구성원과 팀 전체에 영향을 미친다는 인식으로 인해 개인이 해야 하는 과제에 책임과 노력을 다하는 것이다. 협동학습의 과정에서 개인의 역할을 명확히 하고, 그 수행 여부에 따라 개별 및 팀에 대한 보상이 있을 때 개별 책무성이 높아질 수 있다.

셋째, 협동학습에서는 동등한 참여가 있어야 한다. 동등한 참여는 모두가 적극적으로 참여하도록 유도하면서 일부의 독점이 없도록 하는 것이다. 집단 학습에서 발생되는 문제 가운데 집단이 함께하는 상황에 편승해서 자신의 역할을 하지 않고 성과를 얻는 무임승차 현상이 있다. 협동학습은 이러한 폐해를 막고 균등하게 학습 참여를 할 수 있는 기회를 제공한다. 동등한 참여를 유지하기 위하여 돌아가며 말하기, 대화카드 사용하기 등 다양한 협동 구조 전략이 사용될 수 있고 개인의 역할을 명확히 주는 방법을 활용할 수 있다.

넷째, 협동기술이 필요하다. 여러 사람과 팀을 이루어 협력적으로 과제를 수행해 나가기 위해서는 다양한 협동기술이 요구된다. 이는 대인관계와 의사소통을 원활하게 할 수 있는 능력이라고 볼 수 있으며 보다 구체적으로 도움 구하기, 도움 주기, 경청하기, 다른 사람을 칭찬하고 격려하기, 정보 나누기 등이 있다. 이러한 협동기술의 향상을 위해서는 많은 훈련과 경험이 필요하다.

개별학습	경쟁학습	협동학습
• 다른 학생과 상관없이 개별적 목표 달성 • 타인의 성과나 실패에 무관심 • 나의 이익을 위해 스스로 노력	• 소수의 학생만 목표달성 • 부정적 상호의존성 • 타인의 실패가 나의 성공	• 공동의 학습목표 달성 • 긍정적 상호의존성 • 서로 돕는 관계

[그림 5-4] 개별학습, 경쟁학습, 협동학습의 목표구조 차이

3) 협동학습 유형별 특징과 방법

협동학습에는 다양한 모형이 존재한다. 학자마다 협동학습의 장점을 살리고 단점을 최소화하기 위한 방식을 모색하여 고유의 구조를 가진 모형을 제시한 것이다. 모형이라는 용어에서 알 수 있듯이 뚜렷한 절차와 그에 따른 활동이 정해져있다. 정문성(2002)은 현대에 많이 사용되는 협동학습 모형을 아래 〈표 5−1〉과 같이 제시하였다.

〈표 5-1〉 현대의 10대 협동학습 모형

개발자	개발 시기	모형
Johnson & Johnson	1960년대 중반	Learning Together & Alone(LT)
DeVries & Edwards	1970년대 초반	Teams-Games-Tournaments(TGT)
Sharan & Sharan	1970년대 중반	Group Investigation(GI)
Johnson & Johnson	1970년대 중반	Constructive Controversy(CC)
Aronson & Associates	1970년대 후반	Jigsaw Procedure
Slavin & Associates	1970년대 후반	Student Teams Achievement Divisions(STAD)
Cohen	1980년대 초반	Complex Instruction(CI)
Slavin & Associates	1980년대 초반	Team Accelerated Instruction(TAI)
Kagan	1980년대 중반	Cooperative Learning Structures(CS)
Stevens, Slavin, & Associates	1980년대 후반	Cooperative Integrated Reading & Composition (CIRC)

출처: 정문성(2002), 협동학습의 이해와 실천. 서울: 교육과학사

(1) STAD

Slavin이 제안한 협동학습 모형인 STAD(Student Teams Achievement Divsion)는 절차가 간단하기 때문에 적용하기 편리하다는 장점을 가지고 있다. 교사의 수업 이후 다양한 학습능력을 가진 4~6명이 한 팀을 이루어 협력적으로 학습을 해 나간다. 이때 팀원들은 짝을 이루어 함께 학습하거나 팀원들이 각자 문제를 해결한 뒤, 모두 동일한 답을 얻었는지 확인하고 그렇지 않았을 경우, 토론을 통해 통일된 답을

얻어야 한다. 마지막에 교사에게 문제의 정답지를 받아 결과를 확인하고 함께 문제를 이해하도록 한다. 학습 후 퀴즈에서 얻은 개인의 성적이 팀 성적에 반영되어 그 결과에 따라 팀 보상이 이루어지기 때문에 팀별 소집단 학습이 촉진된다. 집단 내 역할 분담은 없고 개인 점수에 따른 개별보상과 개인의 향상에 따른 집단점수가 부여되는 집단보상이 함께 이루어진다. STAD의 단계는 다음과 같다.

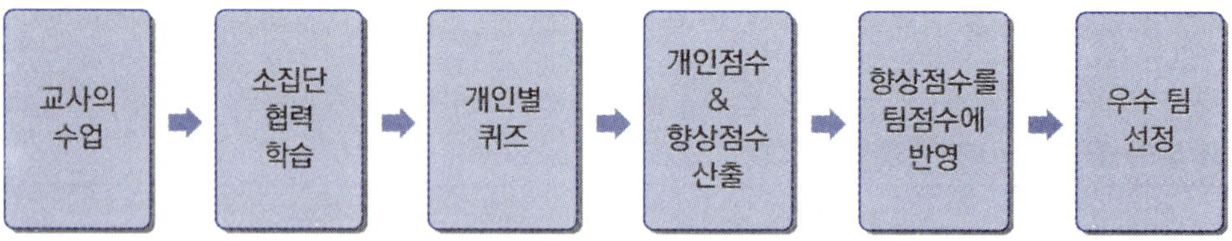

[그림 5-5] STAD의 진행절차

(2) TGT

Devries와 Edwards가 개발한 수업모형인 TGT(TeamGamesTournament)는 STAD와 동일한 형태이나 퀴즈의 형태가 토너먼트 게임 방식으로 이루어진다는 차이가 있다. TGT의 진행은 교사의 설명을 듣고 집단 구성원 간에 서로 가르쳐주는 협동학습을 수행한 뒤, 각 집단에서 한 명씩 토너먼트 게임을 위해 테이블로 나와서 문제를 풀게 되는데, 이때 한 테이블에 모인 학습자의 수준은 비슷하게 구성한다. 게임에서 각 집단의 구성원이 맞춘 정답에 따라 점수가 부여되고, 소집단의 구성원들이 받은 점수의 평균을 가지고 우수 팀을 선정하여 보상한다.

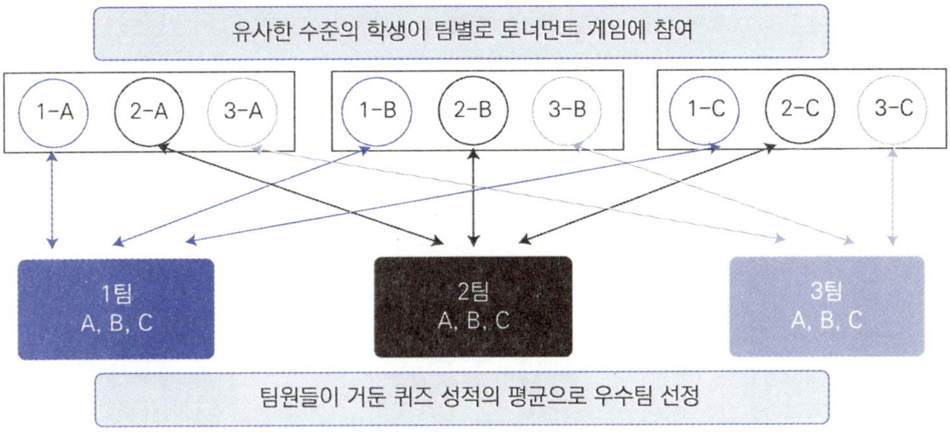

[그림 5-6] TGT에서 토너먼트 게임 방식

(3) Jigsaw

Jigsaw모형은 최초에 Aronson에 의해 개발되었다. 이후의 학자들이 이 초기의 모형을 조금씩 변형한 모형을 제시하였다.

우선 Jigsaw1은 학습할 내용을 세부 주제로 나누어 각 집단별로 세부 주제의 담당자를 정한다. 한 집단 내에서는 중복되게 세부 주제를 맡지 않도록 하며 자신이 맡은 부분에 대해 개별 학습을 한다. 이때, 개인이 맡은 세부 주제의 자료는 담당 학생에게만 제공된다. 개별학습 후에는 팀별로 동일한 세부 주제를 맡은 학습자들이 전문가 그룹을 형성하여 함께 토의하고 추가적인 학습을 한다. 그런 다음 다시 본래의 팀으로 돌아가 자신이 맡은 세부 주제에 대해서 같은 팀 내의 학생들을 가르친다. 학습이 끝나고 나면 시험을 보고 개별 점수만 산출되어 집단보상체계는 없다. Jigsaw1은 개인이 높은 성취를 얻기 위해서는 각자 맡은 과제를 열심히 학습해야 하고 다른 사람을 서로 잘 가르쳐줘야 하는 의존적 구조이므로 상호의존성이 높다.

Jigsaw2는 Jigsaw1의 방법과 특성에서 몇 가지 변화를 준 형태로 Slavin에 의해 개발되었다. 기본적으로 학습 주제를 세부로 나누어 자신이 맡은 부분을 개별학습하고 전문가 그룹에서 학습한 후, 자신의 팀으로 돌아와 학습내용을 공유하는 것은 동일하다. 그러나 Jigsaw1에서는 담당 학생에게만 해당 세부 주제의 자료와 정보를 제공하였으나 Jigsaw2에서는 전체 학습 내용을 모두에게 제공하되 자신이 맡은 세부 주제에 대해서는 집중적으로 연구하고 정리하도록 한 차이가 있다. 이런 측면에서 Jigsaw1에 비해 상호의존성이 낮아질 수 있다. 또 하나의 차이는 집단 보상을 추가했다는 것이다. Jigsaw2의 평가점수는 개인 시험 점수 이외에 평균점수가 가장 높은 팀의 소속 학생들에게는 추가 점수를 주는 방식을 취한다.

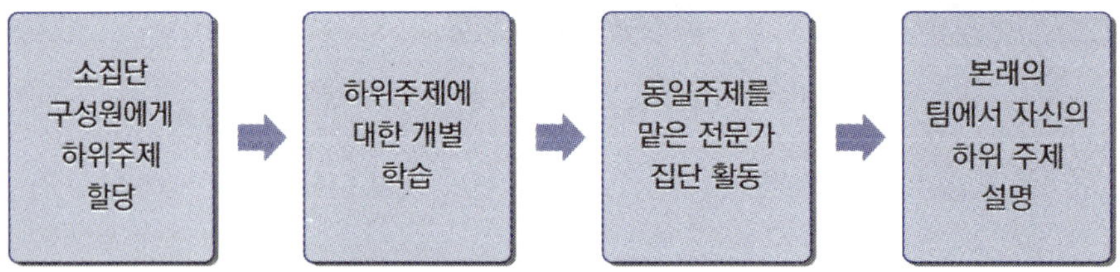

[그림 5-7] Jigsaw의 진행절차

(4) GI

집단조사 모형인 GI(Group Investigation)는 Sharan이 개발한 학생 자율의 협동학습모형이다. 팀 간 경쟁이 없고 학생의 주도하에 과제 선정부터 학습계획, 집단과제 분담, 집단보고 등을 자발적 협동과 논의로 진행하도록 한다. 즉, 그룹의 구성원들은 조사를 계획하고 실행하며 조사를 통해 밝혀진 내용을 종합하여 전체 학급을 위해 발표를 하게 되며 교사는 학생들이 조사를 수행하는 동안 도움이 되는 학습자원을 잘 인식하도록 하는 역할을 수행해야 한다. GI는 다른 협동학습방법에 비해 학생에게 학습에 대한 더 많은 권한을 준다는 특징이 있다.

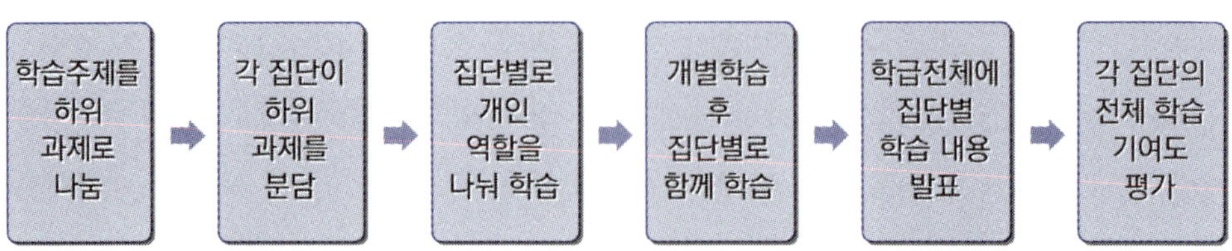

[그림 5-8] GI의 진행절차

Tip! Co-op Co-op 협동학습 모형은 무엇인가?

Kagan이 고안한 모형으로 자율형 협동학습이라 하며 학생이 스스로 학습과제를 선택하고 자신과 동료 평가에도 참여하는 협동 학습의 형태를 말한다.

① 교사와 학생이 토의를 통해서 학습과제를 선정한다.
② 교사는 이질적인 집단으로 팀을 구성한다.
③ 팀별로 과제를 해결하기 위해 구성원들의 흥미에 따라 하위 주제를 분담한다.
④ 하위 주제에 대한 개별학습 후 팀 구성원과 공유하고 팀보고서를 만든다.
⑤ 팀보고서를 학급 전체에 발표한다.
⑥ 평가는 동료들에 의한 팀기여도 평가, 교사에 의한 소주제 학습기여도, 전체 학급 동료에 의한 팀보고서 평가로 이루어진다.

윤광보, 김용욱, 최병옥(2008). 「교육방법과 교육공학의 이해」에서 발췌

4) 효과적 협동학습을 위한 고려사항

협동학습은 기존에 경쟁적인 개별학습의 단점을 보완할 수 있는 교수·학습방법으로 학생들이 주도가 되어 서로 돕고, 함께 과제를 효과적으로 해나가기 위해 고려해야 할 사항이 있다.

첫째, 대부분의 학습자 중심 교수·학습방법에서 유의해야 할 것 중에 하나는 수업 전에 목표를 구체화해서 학생들에게 이를 명확히 해주는 것이다. 이 수업을 통해서 학생들이 달성해야 하는 것이 무엇인지를 인식해야 학생이 주도하는 학습활동에서 방향을 잃지 않을 것이다.

둘째, 협동학습의 핵심 요소인 긍정적 상호의존성, 개인의 책무성에 대해서 사전에 충분히 설명해주어야 한다. 협동이 익숙하지 않은 학생들에게 모두를 위해 내가 열심히 해야 하며 모두가 잘되어야 나도 잘될 수 있다는 협동의 기본 원리를 알게 하는 것이다. 또한, 개별 책무성을 위해서 모든 학생들에게 각자의 역할을 정확히 분배하도록 한다.

셋째, 교사는 어떤 유형의 협동학습을 적용할 것인지를 결정해야 한다. 모형별로 특징과 방법에 차이가 있으므로 학습목표와 학습자의 특성, 환경 등을 고려하여 모

형을 결정한다. 그런 다음 모형에 따른 집단 크기와 집단구성 방식, 과제와 세부과제, 필요한 자료 등을 준비해야 할 것이다.

넷째, 학생들의 협동학습 기술이 부족한 경우 이를 향상시키기 위한 별도의 훈련이나 방법을 사용할 필요가 있다. 말 바꾸어 진술하기, 돌아가면서 말하도록 라운드 테이블, 발언막대기 등을 사용하게 하는 등이 그 예가 될 수 있다(Vedder, 1985).

다섯째, 교사는 학생들의 협동학습 과정을 관찰하고 원활한 진행이 되지 않는 집단을 도와주고 피드백한다. 학생들 스스로도 협동학습에 대한 자체평가를 하여 협동과정에 대한 성찰과 개선을 유도한다.

4. 탐구학습

1) 개념

탐구학습은 학습자가 새로운 지식, 원리를 발견해 나가는 탐구의 과정을 통해서 적극적인 학습이 이루어지도록 하는 교수·학습 방법이다. 즉, 학습자가 지식 획득 과정에 주체적으로 참가함으로써 학생으로 하여금 자연이나 사회를 조사하는 데 필요한 탐구능력을 익히고 새로운 것을 탐구하는 것에 대한 적극적인 태도를 기르도록 하는 학습활동이다(변영계, 김영환, 손미, 2007; 백영균 외, 2010).

따라서 탐구학습에 참여하는 학습자들은 문제를 제기하고 인식하며 가설설정, 실험설계, 자료수집, 가설검증, 결론도출의 과정을 통해서 새로운 원리를 탐구해 나가게 된다. 이러한 과정은 마치 과학자들이 새로운 현상과 원리를 알아내기 위해 연구하고 탐구하는 과정과 동일하다고 할 수 있다.

2) 특징

탐구학습의 핵심적인 특징은 첫째, 가설검증이라는 과정이 포함되며 지식 자체보다는 지식을 찾아가는 방법과 과정이 중시된다는 것이다. 탐구학습에 대한 다양한 정의나 학자별 모형이 제시되었지만, 공통적인 특징은 객관적인 근거나 자료를 바탕으로 원리를 밝혀내고 문제를 해결한다는 것이다. 학습자는 어떤 문제를 인식해서 그 문제를 해결하기 위한 가설을 설정하고 검증해 나가는 과정을 거쳐야 한다.

둘째, 탐구학습을 수행하기 위해서는 고차원적 사고가 요구되기 때문에 일반적으로 초등학교 고학년 정도에서부터 적용하는 것이 적합하다(윤기옥 외, 2009). 가설을 설정하려면 관련 지식이 있어야 하며 이를 정확히 검증하기 위해서는 실험 설계를 하고 변인이 무엇인지를 명확히 알아야 한다. 또한 어떤 자료를 찾아야 가설이 입증될 수 있는지를 생각할 수 있어야 한다.

셋째, 탐구학습은 학습자가 능동적으로 참여하는 탐구의 과정을 통해 학습이 진행되기 때문에 학습에 대한 책임감과 자신감을 높일 수 있다. 아울러 단순히 지식을 전달받는 학습이 아니기 때문에 직접 실험해보고 확인해보는 과정에서 학습자는 지식을 정교화, 내면화하고 합리적이고 비판적인 사고력을 키울 수 있다.

Tip! 탐구학습을 위한 조건

1. 개방적이고 자유로운 토론 분위기가 형성되어야 한다.
   - 누구나 자신의 의견을 자유롭게 말할 수 있는 환경 조성이 중요하다.
2. 가설을 중요하게 생각한다.
   - 초등학생에게는 '가설' 대신 '예상'이라는 용어를 사용하기도 한다. 가설을 세울 수 있는 지식의 근거, 논리적 근거가 있어야 한다.
3. 가설을 검증하기 위해 사실, 정보, 자료를 활용해야 한다.
   - 학생들은 실험이나 자료조사 등 다양한 방법을 통해 가설을 검정할 근거를 찾아야 한다.

3) 절차

탐구학습 모형은 다양한 주제 분야에서 사용될 수 있다. 이 가운데 과학 분야에서 사용할 수 있는 과학탐구모형과 사회과목에 적용할 수 있는 Massialas의 모형을 살펴보도록 한다.

(1) 과학탐구모형

과학탐구모형은 미국과학교육진흥회에서 개발한 SAPA(Science A Process Approach)와 Schwab의 탐구학습모형 등을 참고로 하여 다음과 같이 수업절차를 제시할 수 있다.

첫째, 문제를 발견하고 인식하는 단계이다. 문제를 인식하기 위해서는 관찰과 자료의 탐색이 필요하며 이 과정에서 교사는 적절한 질문을 던져 학생들이 문제의 핵심을 파악할 수 있도록 도와줄 수 있다.

둘째, 가설설정 단계이다. 학생들은 가설설정을 위해 어느 정도 관련 지식이 있어어야 한다. 가설은 검증할 수 있어야 하기 때문에 자신이 설정한 가설이 자료 수집을 통해 옳고 그름을 확인할 수 있는 내용인지 확인해야 한다. 지적 발달이 충분히 성숙하지 않은 학생들에게 이 과정은 비교적 쉽지 않기 때문에 교사가 질문하고 함께 토의하면서 합리적인 가설이 설정되도록 한다.

셋째, 실험설계 단계이다. 가설을 검증하기 위해서 어떠한 변인들이 포함되어야 하고 어떤 변인은 통제되어야 하고, 어떤 변인을 최종적으로 확인해야 하는지를 알아야 한다. 여기에서 독립변인, 종속변인의 개념을 다루게 된다.

예를 들어 강낭콩의 싹이 트는 데 물이 필요한지 알아보기 위해서 학생은 어떤 실험설계를 해야 할까? 학생은 '강낭콩에 싹이 트기 위해서는 물이 필요하다.'라는 가설을 설정하고 이를 검증하기 위해 페트리 접시 2개에 탈지면을 깔고 강낭콩 씨를 올려놓는다. 그리고 나머지 조건을 모두 동일하게 하면서(변인 통제) 하나의 페트리 접시에만 물을 부어 탈지면이 젖도록 한다. 이 과정에서 독립변인은 물의 제공 여부가 되며, 종속변인은 강낭콩의 싹이 텄느냐를 보는 것이다.

학생은 이와 같이 가설 검증을 위한 변인을 구분, 확인해야 하고 실험에 필요한 도구나 절차를 알고 실행해야 한다. 이 과정에서 교사는 실험 도구 준비, 사용방법, 안전사고 대비를 지원하고 학생들의 실험설계가 적합한지 함께 살펴볼 필요가 있다. 그러나 실험은 어디까지나 학생이 주도가 돼서 수행되어야 한다.

넷째, 자료 수집, 해석을 통한 가설 검증 단계이다. 실험이 이루어지면 필요한 자료를 얻게 된다. 앞에서 제시한 예에서 학생들은 며칠 후 강낭콩에서 싹이 텄는지를 확인할 수 있을 것이다. 조금 더 복잡한 실험에서는 다양한 관찰과 측정을 통해서 자료를 수집할 것이다. 이렇게 모아진 자료에 대해서 해석하여 가설이 성립되는지를 판정해야 한다. 학생들은 논리적인 사고를 통해 자료 해석의 결과가 자신이 설정한 가설과 일치할 때 가설을 수용하고, 일치하지 않는다면 다시 새로운 탐구를 진행해야 한다.

다섯째, 결론 및 일반화 단계이다. 가설 검증을 통해 수업의 결론을 도출해야 하는 과정이다. 앞서의 실험을 통해 강낭콩의 싹을 틔우기 위해서는 물이 필요하다는 결론에 도달할 수 있을 것이다. 또한 탐구활동에서 얻은 결론은 실제 상황에서 적용해 보는 것도 중요하다. 학생들에게 식물의 씨앗을 틔워 키우도록 하고 잘 키우기 위해서 물을 주어야 함을 실제적으로 확인시킬 수 있다.

[그림 5-9] 과학적 탐구학습의 진행절차

Tip! 집단 탐구모형(group inquiry model)은 무엇인가?

텔렌(H. A. Thelen)과 리피트(R. Lippitt)가 제안한 모형이다. 이 수업모형의 기본 가정은 집단상황 내에서 과제를 추구하고 완료할 수 있는 능력은 학급상황이나 학급이 아닌 상황에서도 필수적이라는 점이다. 즉, 사회적 기능 획득 자체가 중요한 목표가 될 수 있다. 이 수업모형을 적용하는 절차는 ① 상황의 제시 및 탐구문제 설정, ② 탐구의 계획수립, ③ 탐구의 실시, ④ 탐구결과 발표, ⑤ 탐구에 대한 평가의 다섯 단계로 구성된다.

(교육학용어사전, 1995. 6. 29., 하우동설)

(2) Massialas의 사회탐구 모형

사회교과목에 적용하기 적합한 이 모형은 안내, 가설, 정의, 탐색, 증거 제시, 일반화의 6단계로 구성된다.

첫째, 안내 단계에서는 교사가 학습목표를 명료화하고 탐구할 학습문제를 학생들이 제안해보도록 하면서, 교사가 이것을 정리, 수용한다. 교사는 관련된 자료를 제시하거나 교과서의 내용을 보면서 또는 학생들에게 발문을 하면서 탐구 문제를 명확히 하도록 도와준다.

둘째, 가설 단계에서는 설정한 학습문제에 대해 잠정적 결론인 가설을 설정하도록 한다. 가설은 인과관계, 설명적 관계, 상관적 관계로 진술할 수 있다.

셋째, 정의 단계이다. 탐구해야 하는 문제와 관련한 다양한 용어의 의미를 명확히 파악하는 과정이다. 교사는 학생들에게 단어의 뜻을 질문하는 발문을 진행해서 앞으로 있을 탐구과정이 원활하게 이루어지도록 한다.

넷째, 탐색 단계이다. 탐색은 기존에 가지고 있는 지식이나 연역적인 추론을 통해 가설의 근거를 제시하는 것이다('~이라면, ~일 것이다.'). 다시 말해, 왜 가설에 제시한 내용이 될 것 같은지 논리적 전개를 해보도록 한다.

다섯째, 자료를 통해 구체적인 증거를 들어서 가설의 타당성 여부를 증명하는 것이다. 인터넷이나 도서관에서 자료를 찾거나 직접 방문 조사, 면담 등 다양한 방법을 사용할 수 있다.

여섯째, 일반화 단계에서는 문제해결을 통해서 얻어진 결과를 정리해서 개념과 원리를 명확히 하고 실제 상황에 어떻게 적용할 수 있을지 이야기해본다. 일반적으로 팀별 탐구활동을 진행하므로 탐구활동을 통해 얻은 결론을 팀별로 학생들이 직접 발표하게 한다.

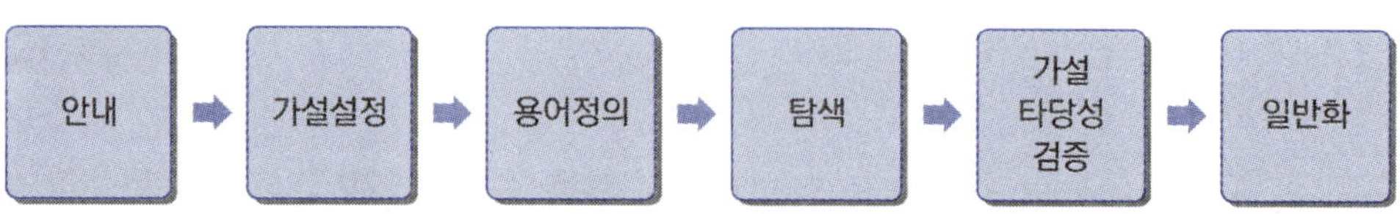

[그림 5-10] Massialas의 사회탐구 모형 진행절차

4) 효과적인 탐구학습을 위한 고려사항

첫째, 탐구학습을 진행함에 있어 학생의 발달 수준이나 사전 학습 수준을 고려하여 교사의 개입과 지원, 설명 수준에 차이를 둘 필요가 있다. 초등학생에게는 가설이라는 용어 자체도 쉽지 않을 수 있으며 연역적 논리전개에 어려움을 겪을 수 있으므로 교사의 지도가 필요하다.

둘째, 탐구학습을 진행하기 위해 교사는 탐구 주제를 학생들의 흥미, 지적 수준을 고려하여 설정한다. 또한 탐구활동을 통해서 학습자가 어떠한 학습목표를 달성할 수 있는 것인지에 대해서도 명확히 한다. 모든 학습목표와 학습내용에 탐구라는 방식이 적합한 것은 아니기 때문에 이 목표를 달성하기에 탐구학습이 적합한가에 대한 검토가 필수적이다. 탐구학습에는 학생들이 자료 수집을 통해 가설(예상)을 입증할 수 있는 내용을 다루어야 한다.

셋째, 탐구가 진행되는 과정에서 학습자들이 적극적으로 참여하고 있는지, 구성원 간에 원활한 협력과 의사소통이 이루어지고 있는지 살펴봐야 한다. 만일 학생들이 탐구의 과정을 어려워하는 경우 적절한 질문이나 안내를 통해 학생들이 원활하게 탐구를 진행하도록 돕는다.

Tip! Massialas의 사회탐구모형에서 정의 단계는 가설 설정 후 이루어져야 하나?

정의 단계는 가설을 설정한 다음 가설 안에 포함된 다양한 용어에 대해서 그 의미를 분명히 하는 과정을 말한다. 하지만 용어정의는 학습에 대한 안내가 이루어질 때, 가설을 설정할 때에도 이루어질 수 있다. 수업의 초기에 용어의 뜻을 모든 학습자가 공유해야만 탐구의 과정에 혼란을 주지 않을 수 있기 때문이다.

연습 및 탐구문제

1. 본 장에서 제시한 교수 · 학습방법별로 각 방법이 활용되기에 적합한 학습내용(주제 분야)에 대하여 생각해보고 그 이유를 말해봅시다.

2. 본 장에서 제시한 교수 · 학습방법을 활용한 교수학습지도안을 작성해 봅시다.

참고자료 및 관련 사이트

구정화 (2009). **학교토론 수업의 이해와 실천**. 서울: 교육과학사.

백영균, 박주성, 한승록, 김정겸, 최명숙, 변호성, 박정환, 강신천, 김보경 (2010). **유비쿼터스 시대의 교육방법 및 교육공학**. 서울: 학지사.

변영계, 김영환, 손미 (2007). **교육방법 및 교육공학**. 서울: 학지사.

서울대학교 교육연구소 (1995). **교육학용어사전**. 서울: 하우동설.

윤광보, 김용욱, 최병옥 (2008). **교육방법과 교육공학의 이해**. 서울: 양서원.

윤기옥, 정문성, 최영환, 강문봉, 노석구 (2009). **수업모형**. 서울: 동문사.

이성호 (1999). **교수방법의 탐구**. 서울: 양서원.

정문성 (2002). **협동학습의 이해와 실천**. 서울: 교육과학사.

조성일, 신재흡, 최혜영 (2006). **지식기반사회에서 교육방법 및 교육공학의 이론과 실제**. 서울: 동문사.

한정선, 김영수, 주영주, 강명희, 정재삼, 박성희 (2008). **미래사회를 위한 교육방법 및 교육공학**. 서울: 교육과학사.

Slavin, R. E. (1987). Cooperative learning and the cooperative school. *Educational Leadership*, *45*(3), 7-13.

Slavin, R. E. (1990). Achievement effects of ability grouping in secondary schools: A best-evidenced synthesis. *Review of Educational Research*, *60*(3), 471-499.

Vedder, P. (1985). *Cooperative learning: A study on processes and effects of cooperation between primary school children*. Groningen, The Netherlands: University of Groningen.

제6장

대안적 교수 · 학습방법

학|습|목|표

1. 구성주의 학습 원리에 기반한 대안적 교수 · 학습방법 특징을 설명할 수 있다.
2. 문제중심학습(Problem Based Learning)의 개념과 절차를 설명할 수 있다.
3. 컴퓨터보조 협력학습(Computer Supported Collaborative Learning)의 개념과 절차를 설명할 수 있다.
4. 플립러닝(Flipped Learning)의 개념과 절차를 설명할 수 있다.

주|요|용|어

- 대안적 교수 · 학습방법
- 문제중심학습
- 컴퓨터보조 협력학습
- 플립러닝

심|화|자|료

1) 문제중심학습의 사례
2) 최신 교수방법: STEAM 교육

1. 구성주의 학습 원리에 기반한 대안적 교수 · 학습방법

급격한 사회변화와 테크놀로지의 발전은 기존의 교수·학습방법과 차별되는 새로운 교육체제와 방법을 요구하고 있다. 대안적 교수·학습방법을 살펴보기 전에, 먼저 미래의 교육과 학교의 모습을 상상해 보자. 미래의 학습자는 무엇을 배우고자 할 것인지, 교사는 어떠한 모습이며, 학생의 학습하는 방법은 어떻게 달라질 것인지, 또한 학교제도와 학교의 모습은 어떻게 달라질 것인지, 더 나아가 사회는 어떠한 변화가 일어나고 있을지 예측해 보자.

미래교육에서 교사의 모습을 생각해보면, 지식의 전달자에서 학습의 조력자 또는 학습설계자로 변화할 것이다. 학생은 지식의 수용자에서 능동적인 지식생산자로 변화하게 될 것이다. 학교제도의 경우에도 현재의 초등학교 6년－중학교 3년－고등학교 3년의 단선형 학제에서 학점은행제 도입을 통한 비선형의 유연한 학제와 생애주기에 따른 평생학습체제로 변화하며, 학교는 한 명의 교사가 수십 명의 학생에게 같은 지식을 전달하는 형태에서 학생 개인의 적성과 학습수준을 고려한 맞춤형 학습체제로 변화할 것이다. 획일적인 학교교육과정을 통한 대량교육체제에서 개별 학생들을 고려한 직업능력개발체제로 변화할 것으로 보인다. 또한 현실과 분리된 이론이나 사례의 전달을 통한 지식 습득에서 체험 중심의 지식, 상황에 맞는 지식의 재구성, 문제해결이 가능한 지식 활용이 중요해질 것이다. 교육환경 측면에서도 유선 정보 인프라 환경에서 무선 스마트 학습환경으로 변화되어 시간과 공간에 제약받지 않는 교육환경이 갖춰질 것으로 예상된다.

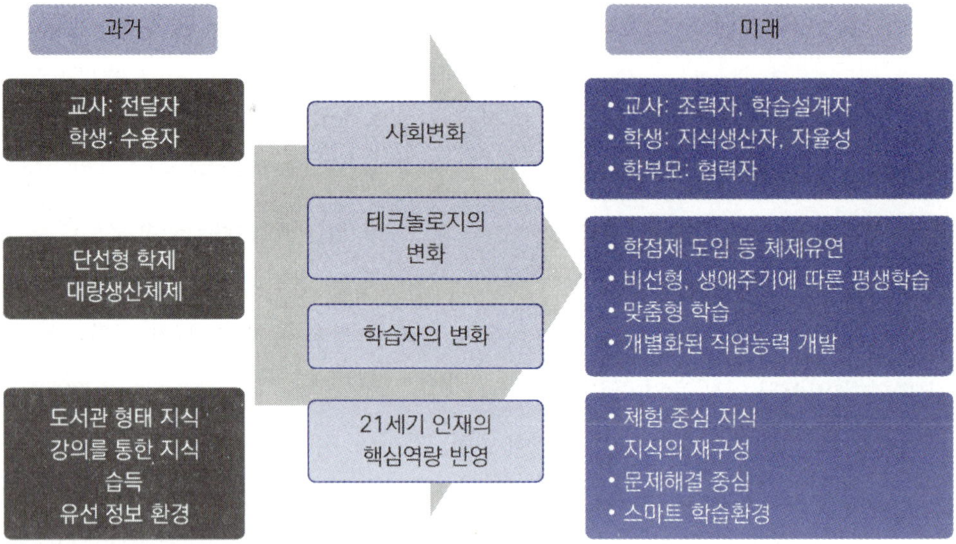

[그림 6-1] 미래교육 패러다임의 변화

출처: 한국교육학술정보원, 2011 수정

이러한 미래사회의 변화를 대비하기 위해서는 미래교육 패러다임을 반영한 대안적인 교수·학습방법이 필요하며, 교육 전문가들은 이에 대한 이해와 함께 수업에 적용하고 활용하는 능력을 갖추어야 할 것이다.

미래교육 패러다임의 방향은 구성주의 학습 원리와도 일치한다. 이 책에서는 구성주의 학습 원리에 기반한 교수·학습방법을 대안적 교수·학습방법이라 정의하고자 한다. 즉, 대안적 교수·학습방법이란 실제상황에서의 경험과 문제해결과정을 통해 학습하고, 학습자의 능동성과 성찰을 강조하며, 개인의 성취보다는 집단의 협력과 공유를 통한 성취를 추구하는 교육을 실천하기 위한 교수·학습방법을 말한다.

구성주의 학습 원리에 근거한 대안적 교수·학습의 특징을 세부적으로 살펴보면 [그림 6-2]와 같다(Brown et al., 1989; Duffy & Jonassen, 1992; Glasersfeld, 1989; Vygotsky, 1978).

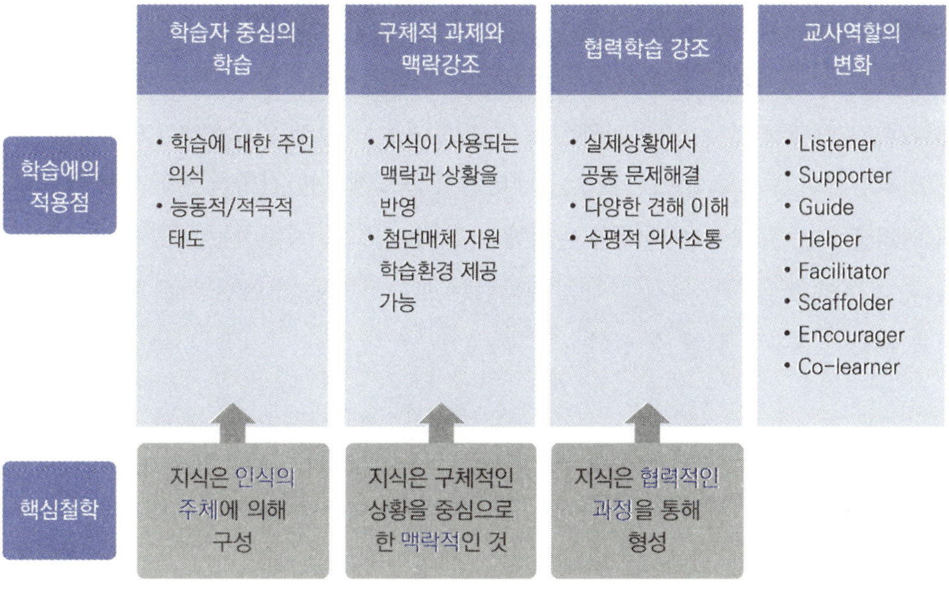

[그림 6-2] 구성주의 교수·학습의 원리

첫째, 학습자 중심의 학습이란 학습자가 학습에 대한 주인의식을 갖고 능동적, 적극적 태도를 가지는 것을 말한다. 즉, 교육에서 교사가 학생을 가르치기보다는 학생이 스스로 자신이 필요한 지식, 태도, 기능을 능동적으로 학습한다는 주체적인 측면을 강조하고 있다.

둘째, 구체적 과제와 맥락의 강조는 지식이 사용되는 맥락(context)과 상황(situation)을 반영하여 학습이 이루어진다는 것이다. 예를 들면 수업에서 일반화된 수학문제와 과학지식을 배웠지만 이러한 지식을 실제상황에서 적용할 때에는 또 다른 차원의 지식과 문제해결전략이 필요한 경우가 발생된다는 것이다. 따라서 교실학습에서도 실제 사용될 맥락과 상황을 고려한 학습이 계획되어야 한다.

셋째, 구성주의 학습에서 협력학습을 강조하는 이유는 협력적인 과정을 통해 새로운 지식을 형성하게 된다고 보기 때문이다. 실제 상황에서 문제를 해결하려면 타인과 관련된 문제인 경우가 많고, 공동으로 해결해야 하는 경우가 대부분이다. 이와 같이 과정에서 구성원의 다양한 견해를 이해하고 수평적인 의사소통을 거쳐 문제를 해결하는 과정에서 협력학습이 일어난다고 본 것이다.

넷째, 교사 역할의 변화는 지식의 전달자에서 안내자, 촉진자, 동료학습자의 역할로 변화하게 된다. 마이크로소프트사가 필라델피아에 설립한 school of future(미래학교)의 사례를 보면 이 학교에서는 학생과 교사를 모두 학습자(learner)라고 부르고 학생들이 주도로 도서관과 학습센터에서 프로젝트를 진행하면 교사가 학생들의 어려운 점을 도와주며 과제를 완성해 나갈 수 있도록 지원하는 역할을 수행하고 있다. 기존의 교실 강단에서 지식을 전달하는 교사의 모습이 아닌 새로운 교사의 역할과 능력이 요구됨을 알 수 있다.

따라서 이 장에서는 대표적인 대안적 교수·학습방법인 문제중심학습(Problem Based Learning), 컴퓨터보조 협력학습(Computer Supported Collaborative Learning), 플립러닝(Flipped learning)의 개념과 특징을 설명하고, 수업에 적용하는 절차에 대해 살펴보고자 한다.

〈참고자료〉 구성주의 학습 원리를 적용한 교수·학습모형

◉ 상황학습(Situated Learning)

상황학습이란 실제의 문제 상황을 학습자에게 제공하고 이러한 환경에서 학습이 이루어지는 문화적응 과정(Brown et al., 1989)을 말한다. 실제 상황 속에서 학습자가 능동적으로 문제를 해결하는 과정에서 자신의 기존 지식과 새로운 지식을 연결하고 문제해결력을 증진시킬 수 있다.

◉ 인지적 도제 모형(Cognitive Apprenticeship Model)

해당 분야 전문가(**인지적 도제모델**)는 전문 분야에 대한 사고력과 문제 해결력을 갖추고 있다. 이러한 고차적 인지기능을 도제(학습자)가 습득할 수 있도록 학습자에게 실제와 같은 문제를 경험하게 한다. **전문가-도제** 관계 속에서 학습자가 실제적인 과제를 해결해 나가는 과정을 통해 새로운 지식을 구성하는 방식을 말한다(Brown et al., 1989). 이 모형은 전문가가 과제해결과정을 보여주는 모델링 단계(modeling), 학습자가 수행하는 과제해결과정에 도움을 주는 단계(scaffolding), 전문가의 도움을 중지하여 학습자 스스로 수행해나가도록 하는 도움의 중지 단계(fading)로 전개된다.

◉ 인지적 유연성 모형(Cognitive Flexibility Model)

인지적 유연성 모형은 '지식은 일차원적인 개념으로 표현될 수 없으며 다차원적이고 매우 복잡한 개념으로 형성되어 있다.'라는 기본 전제를 가지고 지식의 복잡성, 불규칙성을 고려하여 다양한 관점에서 이해하고 종합적으로 지식을 구성하도록 지원하는 방식을 말한다. 인지적 유연성이란 여러 지식의 범주를 넘나들고 연결하면서 상황적 요구에 탄력성 있게 대처하는 능력을 말하며(변영계, 2005), 다양한 관점과 지식을 제공하기 위하여 하이퍼미디어(다차원적, 비순차적 그물망 같은 구조)를 활용할 것을 제안하고 있다(Spiro & Jehng, 2000).

2. 문제중심학습(PBL: Problem Based Learning)

1) 문제중심학습의 배경과 개념

문제중심학습(Problem Based Learning: PBL)이란 실제적인 문제를 동료들과 소집단을 구성하여 협동적으로 해결하는 경험을 통해서 해당 영역의 지식과 사고 전략을 배우는 학습자 중심의 학습방법을 말한다(Barrows, 1996). 문제중심학습은 교실에서의 주도권이 학습자들에게 있는 '학습자 중심 환경'을 구현한 학습 모형이다.

문제중심학습은 캐나다의 McMaster University 의과대학 Barrows 교수가 의대생들이 어려운 의학 과목들을 모두 배운 후에도 실제 환자의 질병과 증상을 직면했을 때 진단하고 처치하는 데 어려움을 겪는 문제를 보고 의대생들에게 전문가적인 입장에서 필요한 지식과 문제해결능력을 향상시키고자 하는 목적으로 개발한 교수·학습방법이다. 문제중심학습은 초기에는 의과대학을 중심으로 활용되었으나, 이후 실제적인 과제 해결, 학습자 중심 교육, 협력활동 등 구성주의 학습의 특징을 가진 교수・학습방법으로 발전되었고 현재는 구성주의의 대표적 수업모형으로 초등학교, 중학교, 대학교육, 기업교육에서 광범위하게 활용되고 있다.

문제를 중심으로 학습하는 방법은 발견학습, 문제해결학습, 상황학습 등 다양한 교수・학습방법이 있으나 이러한 방법과 문제중심학습의 다른 점은 '실제적인 문제'의 제시로부터 학습이 시작된다는 것이다. 학습자는 실제적인 문제에 대해 자신의 문제해결 아이디어(가정)를 분명히 제시하고, 다른 사람들의 아이디어와 다른 관점에 대해 생각해보고, 학습자 간의 토론과 자료 수집을 통해 자신의 아이디어를 수정해 가면서 문제에 대한 해결책을 만들어가는 과정을 거치게 된다(최정임, 장경원, 2010; Barrows, 1996).

문제중심학습을 통해서 학습자에게 기대되는 교육적 효과는 문제상황에 적용력이 높은 유연한 지식(flexible knowledge) 체계를 구성하고, 효과적인 문제해결 기술을 습득하며, 자기주도학습 능력과 효과적인 협력 기술을 향상시키며, 학습에 대한 높은 동기를 갖게 된다는 것이다(Barrows, 1986; Hmelo-Silver, 2004).

문제중심학습의 특징은 다음과 같다. 첫째, 정답이 있는 구조화된 문제가 아닌 실생활에서 나타날 수 있는 개방적이고 상황 맥락적인 문제와 주제를 가지고 학습을 시작한다. 이러한 상황 맥락적인 문제의 형태는 복잡하고 비구조화(ill-structured)된 것으로, 문제해결 과정을 통해 학습할 내용을 탐색하고 지식을 습득하게 된다.

둘째, 학습자의 능동적이고 자율적인 자기주도학습이 강조된다. 소집단을 구성하고, 문제를 해결하기 위해 이미 알고 있는 것과 알아야 할 것을 정리하고, 새로운 정보를 어떠한 방식으로 어느 장소에서 수집할 것인지를 계획하는 과정을 수행한다. 개별적인 사실들로부터 일반적인 원리를 이끌어내는 귀납적 추론 방식을 사용하여 학습한다.

셋째, 소집단 내 학습자 간의 협력과 상호작용을 기반으로 하는 협력적 문제해결 과정이 매우 중요하다. 소집단 팀 내에서 혹은 팀 간에 의견과 정보를 상호 교환하며 토론하는 과정이 필수적인 요소이다. 따라서 역할분담, 책무성, 의사소통기술, 발표기술이 필요하다.

넷째, 문제중심학습은 기존의 교사주도의 지식과 정보의 전달을 통한 학습이 아니라 학습자가 학습 과정에 적극적으로 참여함으로써 이루어진다(Barrows, 1996). 따라서 교사의 역할은 학습과정을 지원하고 안내하고, 모니터링을 수행해야 한다(Schmidt, 2011). 교사는 학생들이 스스로 실제적인 문제를 해결하기 위하여 필요한 지식을 획득하고 문제해결방법을 찾아 나가도록 하는 학습 안내자 및 촉진자의 역할을 수행한다.

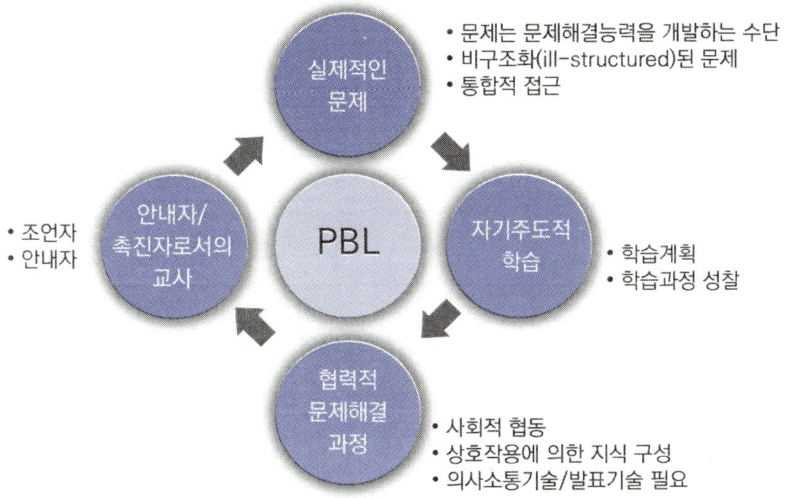

[그림 6-3] 문제중심학습의 특징

2) 문제 개발 과정

일반적으로 전통적인 문제해결형의 수업을 할 때, 미리 수업을 통해 지식과 정보를 제공하면서 질문을 제시하고, 학생들에게 해결책을 찾도록 한다. 학생들이 찾아내는 해결방안은 이미 배웠던 중요한 교과내용에서 그 단서가 있다. 반면에 문제중심학습은 교수자의 강의 없이 문제상황이 학생들에게 먼저 제시된다. 문제상황 내에 교과내용에서 다루어져야 할 요소들이 포함되어 있다. 학생들은 복잡한 문제상황에서 문제를 해결하기 위해서는 어떤 지식과 정보가 필요한지, 이 상황을 효과적으로 해결하기 위해서는 어떤 기술이 필요한지 등에 관한 의사결정권을 가지며 학습하게 된다. 문제중심학습의 핵심은 학습자들이 해결해야 할 '문제(Problem)'이다. 문제란 학습자가 얻고자 하는 해답이나 목표가 있을 때, 그 해답(목표)을 얻기 위해 현재의 지식이나 사고방식 수준으로 해결할 수 없는 상황을 말한다.

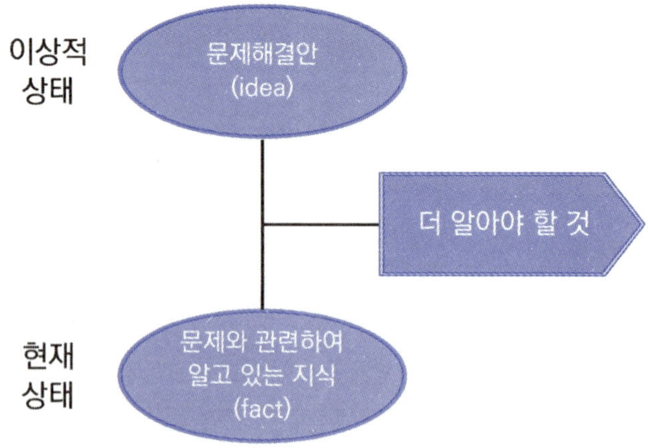

[그림 6-4] **문제 상황: 이상적 상태와 현재 상태의 차이**

조연순(2006)은 문제개발과정에 대해 [그림 6-5]와 같이 제시하였다. 먼저 해당 학년의 교육과정을 고려하여 학습자가 배워야 할 내용을 중심으로 문제중심학습이 가능한 요소를 추출한다. 또한 학습자의 관심사와 수준을 파악하기 위하여 학습자가 '알고 있는 것'과 '알고 싶어 하는 내용' 등을 조사한다. 최신 뉴스나 신문기사, 사회적 이슈 등을 탐색하여 사회적인 상황을 문제와 연관시킨다. 그 다음 학생들이 조사하고 해결안을 마련할 만한 수준의 지식 범위를 결정하기 위하여 기초 작업으로 문제지도(map)를 작성한다. 문제지도(map)란 문제해결을 위해 필요한 지식의 범위를 마인드맵과 같은 형태로 구성하는 것이다. 적절한 문제를 선정한 후에 학생들이 수행할 역할과 상황을 결정하고, 마지막으로 문제 시나리오를 작성한다.

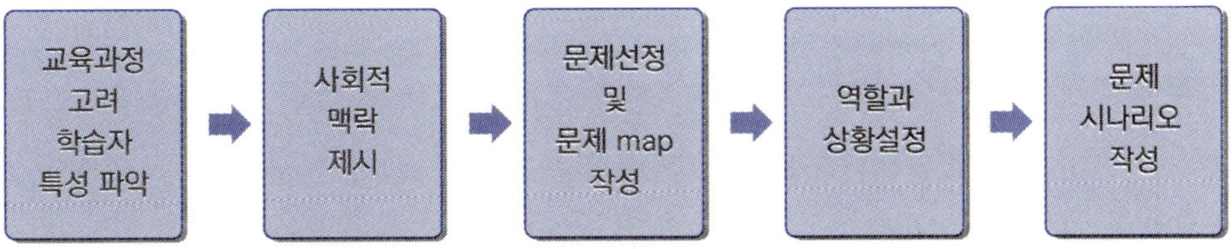

[그림 6-5] 문제 개발 과정(조연순, 2006)

문제 시나리오를 개발할 때에는 학생들이 문제상황을 자신의 문제로 받아들이도록 실제적인 내용으로 제시하며 문제의 핵심과 조건들을 포함해야 한다. 너무 많은 정보를 제시하면 학생들에게 문제에 대해 더 알고자 하는 욕구를 감소시킬 수 있으며, 너무 적은 정보를 제시하면 문제 탐구를 어려워하게 되므로 학습자의 특성, 관심사, 수준을 고려해야 한다. 또한 정답이 있는 문제보다는 다양한 해결책이 나올 수 있는 문제를 개발하는 것이 좋다. 문제를 개발한 후 시나리오를 동료교사와 검토하면 효과적이다. 문제의 제시 형태는 동영상 자료, 역할극, 글, 신문, 전문가초청강의, 인쇄자료 등 다양하게 구성할 수 있다.

〈표 6-1〉 문제 시나리오 사례(초등학교 6학년 대상)

제목	비만 탈출
역할	학교식당 영양사
문제	요즘 초등학교 네 명 중 한 명이 비만이라고 합니다. 금년 우리 초등학교의 경우도 10~20%의 학생들이 비만으로 판정되었으며, 해마다 그 비율이 증가하고 있는 실정입니다. 이것은 우리 학교에도 비만 학생이 꽤 많다는 이야기지요. 소아비만이 되면 생활하는 데도 많이 불편할 뿐만 아니라 건강에도 해롭다는 것을 여러분도 잘 알 것이라고 생각합니다. 만일 당신이 학교 식당의 영양사라면 비만 학생이 생기지 않도록 영양소의 균형을 고려하여 맛있는 식단을 계획해야겠지요? 맛있기는 하지만 그 음식만 매일 먹는다면 어떨까요? 질리지 않을까요? 그래서 식단도 매일 다르게 짜야겠죠. 또 계절에 맞는 음식들이 들어가도록 해야 합니다. 이 외에도 건강한 식단을 만들기 위해서는 어떤 것들이 필요할까요? 자, 이제부터 여러분은 학교 식당의 영양사가 되어서 다음 달 일주일분의 식단을 계획해 보세요. 여러분이 만든 식단 중에 잘된 것은 우리 학교 영양사 선생님께 보내어 여러분의 의견을 반영하도록 할게요. 여러분의 멋진 식단을 기대합니다.

출처: 조연순(2006)에서 발췌

Tip! **좋은 문제를 개발하기 위한 체크리스트**

- 핵심적인 교육과정 목표를 포함하는가?
- 학생들의 사고를 촉진시키는가?
- 학생들의 관심사와 수준을 고려하고 있는가?
- 다양한 학습자료를 사용하도록 하는가?

3) 문제중심학습의 절차 및 사례

문제중심학습의 절차는 Barrows(1998, 1996)가 제시한 모형과 조연순(2006)과 최정임과 장경원(2010)이 제시한 모형을 참고하여 간략히 다음의 그림과 같이 제시하였다. Barrows(1996)는 토론, 추론, 성찰이 포함된 문제중심학습의 교육절차를 충실히 수행할 것을 강조하였다. 문제중심학습은 일반적으로 사전활동, 문제제시, 문제해결계획, 탐색 및 재탐색 과정, 해결책 고안, 해결책 발표 및 평가의 순서로 이루어져 있다.

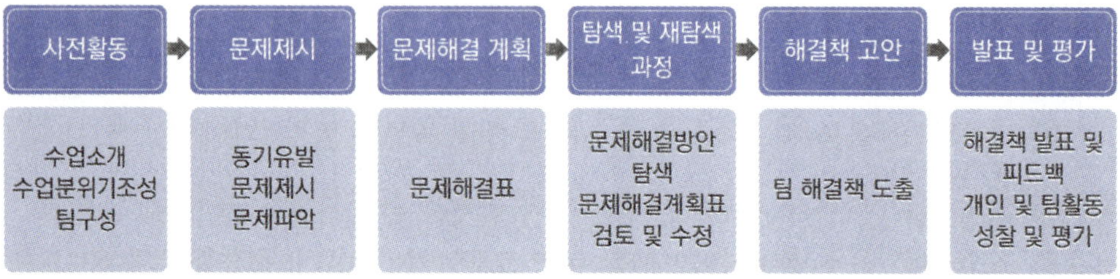

[그림 6-6] 문제중심학습 절차

(1) 사전활동

문제중심학습을 시작하기 전에 문제중심학습 방법에 대한 소개를 통해 학생들이 자기주도적으로 학습을 진행할 수 있도록 도움을 준다. 협력하고 능동적인 수업 분위기를 고취시키기 위해 자기소개를 하도록 하고 팀을 구성한다. 효과적인 팀 활동을 위해 팀워크, 역할분담, 갈등해결, 의사소통 방식에 대한 사전교육이 필요하다.

(2) 문제제시

문제중심학습을 위해 문제를 제시하는 단계로, 교사는 문제와 관련된 동기유발을 통해 학생들의 주의를 집중시키고, 사회적 맥락과 실제적인 측면을 부각하여 비디오 자료나 연설문, 신문기사 등 다양한 형태로 문제를 제시하여 학생들이 문제를 쉽게 이해할 수 있도록 한다.

(3) 문제해결 계획

문제해결 계획 단계는 문제해결을 위하여 팀원들이 의견을 교환하고 필요한 학습자료는 무엇이며 어떠한 과제를 수행할 것인지를 결정하고 역할을 분담하는 등 계획을 수립하는 단계이다. 먼저 문제에 대한 파악과 정확한 이해를 위해 팀원들이 생각하는 문제에 제시된 조건, 원인과 결과, 해결방안 등을 열거한다. 다음으로 문제를 해결하기 위해 현재 알고 있는 지식이 무엇인지, 학습해야 할 지식과 정보는 무엇인지를 파악하고 역할을 분담하고 일정을 계획한다. 〈표 6-2〉의 내용을 포함한 문제해결 계획표 양식을 제공하여 문제에 대한 생각과 조사할 자료, 학습해야 할 내용, 과제수행 계획 등을 정리하고 이를 계속 수정할 수 있도록 한다.

〈표 6-2〉 문제해결 계획 단계에서 수행해야 할 내용

생각(가정)	사실	학습과제	실천계획
주어진 문제에 대한 학생들의 생각을 기록함 - 원인과 결과, 가능한 해결안 등	개인 혹은 그룹 학습을 통해 제시된 가정을 뒷받침할 지식과 정보를 종합	주어진 과제를 해결하기 위해 학생들 자신이 더 알거나 이해해야 할 사항을 기록	주어진 과제를 해결하기 위해 취해야 할 구체적인 실천계획

출처: 최정임, 장경원, 2010

(4) 탐색 및 재탐색 과정

탐색과 재탐색 과정에서는 문제해결책을 한 번에 결정하지 않고, 다른 관점에서 여러 번의 탐색 과정을 거치는 추론과정을 통해 좀 더 발전된 문제해결책을 고안한다. 문제해결계획표에 따라 먼저 역할분담한 내용에 대해 개별학습을 진행한다. 이후 팀원들 간에 정보를 교환하고 토론을 통해 문제해결안을 도출하고 검증하는 과정을 반복하게 된다. 직접 면대면으로 협력학습을 할 수도 있으며, 온라인 게시판과 실시간 채팅 등을 이용하여 논의를 수행할 수 있다. 문제해결계획표를 계속 수정해 나가면서 세부 학습과제를 완료하고 학생들은 학습 결과를 정리하여 팀 내 합의된 문제해결책을 생성한다.

(5) 해결책 고안

최종 문제해결안을 도출하고 이를 검증하는 단계이다. 토론과 추가자료의 수집, 분석을 통해 검증을 완료하고 최종 해결안을 채택하여 문제를 해결한다.

(6) 해결책 발표 및 평가

문제해결 결과를 정리하여 발표하는 단계로 보고서나 발표자료 형태로 개별학습 및 협력학습한 내용과 문제해결책을 도출한 과정이 포함되도록 구성한다. 다른 팀의 발표를 듣고 이에 대해 질문하고 토의할 수 있다. 또한 이 단계에서는 문제중심학습의 전 과정을 평가하게 된다. 평가자는 교사와 참여 학생 모두가 참여하고 학습과정과 학습결과 두 가지를 모두 평가한다. 학습과정 성찰에 대한 평가와 최종 산출물에 대한 평가가 이루어지며, 이 외에도 자기주도학습에 대한 자가평가, 팀 내 동료들 간 협력학습 태도와 참여정도 평가 등이 수행된다.

〈표 6-3〉 문제중심학습 성찰 및 평가 활동 예시

절차	학습자활동	비고
자기주도 학습능력	◉ 자기학습 능력평가 • 문제해결에 대한 자신의 역할 수행능력과 자기 주도적 학습력에 대한 평가를 설문지를 작성하면서 스스로 해본다.	자기주도학습능력에 대한 설문지
협력학습 능력평가	◉ 협력학습 능력평가 • 협력학습에 참여하는 자신의 태도와 참여정도를 학습자 간 상호평가지를 통해 평가한다.	평가지
학습과정 성찰	◉ 성찰 노트 정리 • 학습에 대한 전반적인 내용을 성찰노트 예시 자료를 참고로 하여 작성한 후 온라인에 게시한다. • 학습 커뮤니티를 활용하여 학습자 간 성찰노트에 대한 피드백을 게시한다.	학습 커뮤니티 성찰노트

출처: 임정훈, 임병노, 최성희(2003)에서 발췌

〈표 6-4〉 문제중심학습 활동 예시 (주제: 비만탈출, 초등학교 6학년 대상)

문제해결 단계	문제해결 활동	차시
문제 제시	• 동기유발 －문제상황 제시 (최근 이슈가 되고 있는 초등학생들의 비만에 대한 뉴스를 소개) • 문제제시: 교사가 파워포인트로 제시 • 문제파악: 해결해야 할 문제 재정의	1
문제해결 계획	• 문제해결 계획표 만들기 －문제해결을 위해 우리가 알고 있는 것은 무엇인가? －문제해결을 위해 우리가 더 알아야 할 것은 무엇인가? －더 알아야 할 내용에 대한 정보를 얻을 수 있는 방법에는 어떤 것이 있는가?	2
탐색 및 재탐색	• 문제해결을 위한 탐색 －탄수화물, 지방, 단백질, 무기질, 비타민 알아보기 －음식의 열량 계산하기 －소화기관의 위치와 기능, 음식물의 소화흡수 과정 알아보기 • 문제해결 계획표의 검토 및 수정 －더 필요한 것이 없는지 확인하고 더 알아야 할 것들을 추가적으로 더 알아본다.	3~12

문제해결 단계	문제해결 활동	차시
해결책 고안	• 해결책 고안: 문제해결을 할 수 있는 적절한 방법을 모둠별로 고안한다.	13~14
발표 및 평가	• 해결책 발표: 모둠별로 고안한 해결책을 발표한다. • 해결책 평가 －각 모둠에서 고안하여 발표한 해결책들을 평가하고 그 해결 방법들의 문제점을 수정, 보완할 수 있는 방법을 알아본다. －각 모둠의 해결책 중 가장 적절한 해결방법을 찾는다. • 문제해결과정 평가: 문제해결 과정에 대한 자신의 참여도 및 태도에 대하여 평가한다.	15

출처: 조연순(2006)에서 발췌, 수정

4) 문제중심학습의 장점과 단점

문제중심학습을 적용하였을 때 나타날 수 있는 장점과 단점은 다음과 같다. 먼저 문제중심학습의 장점은 학습자 스스로 문제를 해결하면서 창의적 문제해결력을 신장할 수 있으며, 전문지식 습득 및 지식의 적용 능력이 향상된다. 또한 학습자의 흥미를 유발하는 데 효과적이며, 자기주도학습능력을 높일 수 있고 협동심을 신장할 수 있다는 장점이 있다.

반면, 단점으로는 학습자와 교수 모두에게 기존의 강의식 수업보다 더 많은 학습시간이 요구된다. 강의나 교육을 통한 사전지식 없이 문제로 학습이 시작되기 때문에 사전지식이 부족한 학생들의 경우 학습에 부담을 느낄 수 있다. 학습자들은 스스로 학습을 진행하는 자기주도학습 과정에서 교수자의 적절한 안내가 없을 경우 정보와 자료수집에 어려움을 겪을 수 있다. 문제중심학습에 대한 인식부족으로 귀납적 추론과정을 중요시해야 함에도 불구하고 학습결과물 도출에 치중할 수 있다. 또한 교수자가 학습자의 수준과 교육과정에 적절하지 않은 문제를 개발하여 수업에 활용할 경우 수업이 진행되기 어렵고 문제해결을 수행하기 위한 촉진이나 코칭기술, 수행중심 학생평가 등 새로운 수업기술을 준비해야 하는 어려움이 있다(Wood, 2003; Vernon, 1995).

Tip! **성공적인 PBL 수업운영을 위한 방안**

1. PBL의 주제는 학습자들이 관심이 있는 친밀한 주제일 때 활동과정과 결과가 성공적이다.
   - 초 · 중 · 고 학생의 경우 학생들의 관심사를 중심으로, 대학의 경우 학과 전공이나 진로에 관련된 주제를 문제로 선정하는 것이 효과적이다.
2. 문제를 제시할 때는 신문기사 등 최신의 사건이나 정보를 수집하여 문제를 구성한다면 더욱 실제적인 문제가 될 수 있다.
3. 문제해결 계획표나 성찰노트 등 양식을 제공한다.
4. 교사는 학생들의 학습과정을 모니터링하여 코치 역할을 수행한다.
   - 학생들의 참여, 알고 있는 것, 더 찾아야 할 것, 학습자료, 참고자료가 수집되었는지 등을 모니터링한다.
   - 협동학습 시 집단구성, 모둠 리더, 역할 설정 등을 모니터링하여 피드백한다.
5. 교사가 학생주도적 활동을 방해하는 다음의 활동은 지양해야 한다.
   - 교사가 직접 학생들의 문제를 해결하려고 한다.
   - 학생들 스스로 발견하지 못할 것이라는 염려 때문에 너무 많은 정보를 준다.
   - 학생들이 잘못하고 있다고 느끼는 순간 개입한다.
   - 실수를 용납하지 않는다.
   - 강의나 직접적인 단서를 제공한다.

3. 컴퓨터보조 협력학습(Computer Supported Collaborative Learning)

1) 컴퓨터보조 협력학습의 배경 및 개념

컴퓨터보조 협력학습(Computer Supported Collaborative Learning: CSCL)이란 학습자들이 컴퓨터와 네트워크를 통해 정보를 공유하고 협력적으로 문제를 해결하는 과정을 의미한다(Stahl, Koschmann, & Suthers, 2006). 즉 CSCL은 협력학습을 효과적으로 하기 위하여 컴퓨터와 네트워크의 도움을 받는 것이라고 생각할 수 있다. 1990년대 원격지에서 고립되어 개별적으로 학습하던 학습자들을 위한 대안으로 컴퓨터보조 협력학습이 제안되어 발전되었다. 소집단이나 학습공동체에서 학습자들이 컴퓨터를 이용하여 협력적으로 함께 학습하는 방법이 탐색되었고 사회적 구성주의 패러다임에 근거해 공동의 온라인 협력 공간에서 구성원 각자가 개인의 지식을 공개하여 상호작용함으로써 공유된 지식을 구성해 나가는 교육모델이 제시되었다(Stahl, Koschmann, Suthers, 2006). 컴퓨터보조 협력학습은 초·중등 및 대학의 수업에서 교실수업과 온라인 수업을 연결하는 블렌디드 학습의 형태로 활용되어 왔다. 기술 발전에 따라 온라인상에서의 협력학습을 지원하는 Knowledge Forum(Scardamalia, 2004) 등 다양한 협력학습 플랫폼이 개발되었으며 현재에는 무선인터넷, 스마트기기, 클라우드 등 테크놀로지의 발전으로 인해 페이스북, 위키, 블로그와 같은 웹 2.0 도구가 효과적으로 활용되고 있다. 스마트기기의 확산과 SNS(Social Network Service) 활용이 증가되면서 개인 미디어를 활용하는 학습의 형태가 나타나고 학습자 중심의 능동적이고 참여적인 학습문화가 형성되었다(이상수 외, 2011). 사회관계를 맺기 위한 친목 도구였던 SNS를 교실 외에 삶의 어느 공간에서든 즉각 교류하며 학습하는 비형식학습 활동을 촉진하는 도구로 활용하게 되었다(성진희, 전주성, 2012).

컴퓨터 보조 협력학습을 위한 환경의 구성 원리는 학습과제 측면, 학습활동 측면, 학습매체 측면, 교수지원 측면에서 살펴볼 수 있다(김영수 외, 2012; 김현주, 임정훈, 2014; 김동현, 김현진, 2014).

첫째, 학습과제 측면에서 실제적 과제를 제시한다. 구체적인 상황과 함께 실제적인 과제를 제시할 때 학습자들은 기존의 지식을 쉽게 재구조화하고 적극적인 참여와 상호작용을 하게 된다.

둘째, 학습활동 측면에서는 개인의 지식과 경험을 집단에 공유하여 다른 관점을 이해하고 새로운 의미로 구성해보면서, 구성원 모두가 공유할 수 있는 지식으로 만들어 나간다. 또한 수행과정에 대한 성찰과 피드백이 포함되어 깊이 있는 학습이 이루어지도록 해야 한다(김동현, 김현진, 2014). 이때 교수자는 학습단계에 따라 피드백을 제공하여 능동적 학습이 이루어지도록 지원해야 한다.

셋째, 학습매체 측면에서 정보통신기술(ICT: Information & Communication Technology) 기반 협력학습 기능이 제공되어야 한다. 정보와 자료를 공유하면서 커뮤니케이션이 가능해야 하며, 공동으로 문서작업을 수행하고, 온라인상에서 협력과제를 기획하고 스케줄을 확인할 수 있는 협력 및 공유지원 기능이 갖춰질 때 효과적인 학습이 가능하다. 또한 구성원 간에 신뢰 및 협력의 분위기를 높일 수 있는 정서적인 교류를 위한 온라인 환경도 제공될 필요가 있다.

넷째, 교수지원 측면에서 교수자는 정보전달자, 촉진자 등의 다양한 역할을 수행해야 한다. 교과 지식은 물론, 학습자들 간의 협력과정을 촉진하고 모니터링하며, 온라인 협력도구 활용에 대한 지도 능력을 갖추어야 한다. 향후 이러한 역할은 지능형 학습지원시스템의 도움을 받을 수 있다. 개별 학습자 분석과 협력학습 활동 분석을 수행하여 학습을 안내하고 조언하는 시스템이 제공된다면 교사는 이러한 분석결과를 이용하여 학습자에게 개별맞춤형의 조언을 제공할 수 있을 것이다.

2) 컴퓨터 보조 협력학습 활동 및 학습도구 활용 사례

웹과 스마트 기기를 활용한 협력학습 및 학습도구 활용 사례를 살펴보면 다음과 같다.

(1) SNS 기반 클래스팅을 활용한 과제공유 및 토론수업

클래스팅(http://classting.com)은 국내 초등학교 교사가 개발한 것으로 교사 주도로 학생과 상호작용할 수 있으며 학부모의 참여가 가능한 교육용 SNS(Social Network Service)이다. 한 학급 내에서 공지사항, 게시글, 사진, 영상 콘텐츠를 공유할 수 있고 학급을 관리할 수 있는 기능이 제공되어 국내의 초·중등학교에서 활발히 사용되고 있다. 클래스팅을 사용하여 한 반 학생들의 과제물을 공유하거나 토론수업이 가능하다. 교사가 실시간으로 전체에게 과제에 대한 공지를 하고 학생들이 과제물을 올리면 이에 대해 교사와 학생들이 의견을 공유할 수 있다. 또한 토론수업의 경우 한 구성원이 알림기능을 이용하여 토론 주제를 전체에게 공유하고 학생들 간에 답글을 이용하여 즉시적인 의견 교환을 할 수 있다. 학부모의 경우에도 학급 소식 및 교육 프로그램 정보를 볼 수 있으며 직접 게시글이나 답글을 올려 교사의 학급활동을 지원하거나 가정연계수업활동에 참여할 수 있다.

[그림 6-7] 클래스팅 게시판 기능

출처: 클래스팅 웹페이지(http://classting.co.kr)

(2) 구글 문서도구(Google Docs)를 이용한 협력 신문제작 및 기사작성활동

웹 기반 문서도구인 '구글 문서도구(Google Docs, https://docs.google.com)'는 온라인상으로 접속한 여러 사람이 협업하여 문서를 작성하거나 공유할 수 있는 기능을 가진다. 별도의 워드프로그램을 설치하지 않아도 PC와 스마트기기에서 활용이 가능하며, 여러 사람이 동시에 문서를 작성하거나 수정하고 실시간으로 문서 수정과정을 확인할 수 있다. 문서, 스프레드시트, 프레젠테이션 작성이 가능하며, 설문지나 신청서 등의 작성양식을 구성할 수도 있다. 작성한 글에 대해 수정권한을 가진 사람이 검토하거나 즉시 수정할 수 있다. 초등학교에서 구글 문서도구를 활용한 신문제작 사례를 보면 신문을 공동으로 제작하기 위해 참여한 학습자들이 개별적인 기사문을 쓰면서 동시에 협력적으로 글쓰기 활동을 수행할 수 있다(정현선, 2013). 먼저 모둠별로 쓰고 싶은 글의 소재를 찾아 클라우드 저장시스템인 '드롭박스(dropbox)'를 사용하여 공유한다. 이후 모둠별로 신문제작을 위한 계획을 수립하기 위해 토의 활동을 하고 공동으로 계획서를 작성하거나 기사를 쓰는 과정에서 웹기반 문서도구인 구글 문서도구를 사용하며, 모둠원이 개별적으로 작성한 초고에 대해 다른 학습자가 피드백을 한 내용을 서로 확인하면서 하나의 신문을 공동으로 제작한다. 이외에도 구글 스프레드시트와 프레젠테이션 도구를 이용하여 엑셀을 이용하여 과학 탐구조사표를 작성하거나 발표 파워포인트를 공동 제작하는 협력 활동을 수행할 수 있다.

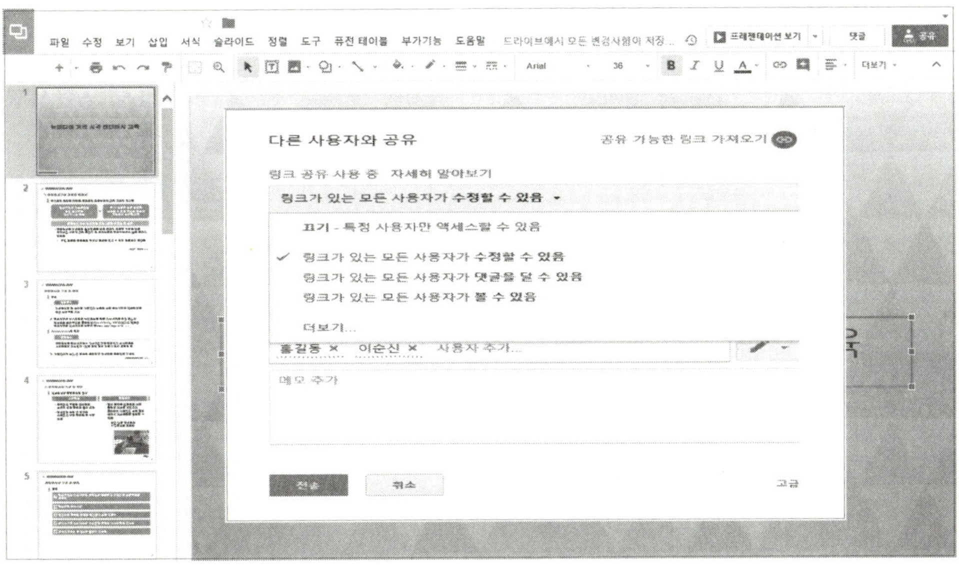

[그림 6-8] 구글 문서도구 공유 기능

(3) 협력적 디지털 스토리텔링 활동

디지털 스토리텔링이란 컴퓨터 환경에서 멀티미디어 툴을 활용해 이야기를 창조하는 행위를 말한다. 멀티미디어 기능을 활용하여 다양한 이야기의 구성과 변형이 용이하다. 또한 독자와 제작자가 따로 구별되어 있지 않고 누구나 상호 교류하며 이야기를 구성할 수 있다(한국기업교육학회, 2010). 협력 디지털 스토리텔링 활동의 과정은 먼저 수행과제를 확인하고 스토리를 설계하며 멀티미디어 도구를 이용하여 스토리를 제작한다. 제작된 스토리를 공유하고 피드백을 통해 스토리를 완성하게 된다. 초등학교 고학년 수학학습 사례를 보면, 수행과제 확인 단계에서 원의 넓이를 구하는 원리와 원주와 원주율의 개념을 배우는 수학적 문제 상황을 이야기형식으로 교사가 제공한다. 둘째, 스토리 설계단계에서 학생들은 이 문제 상황을 해결하면서 스토리텔링 활동을 하게 된다. 학생들은 모둠 친구들과 협력하면서 이야기의 주인공이 되어 학습한 내용을 설명하고, 이를 스마트폰을 이용해 동영상으로 촬영하고 프레지로 최종 스토리텔링 산출물을 공유한다. 수학학습을 위해 GSP(Geometer's SketchPad) 기하 프로그램과 구글 엑셀시트 등을 활용하여 심화학습을 수행한다(김동현, 김현진, 2014).

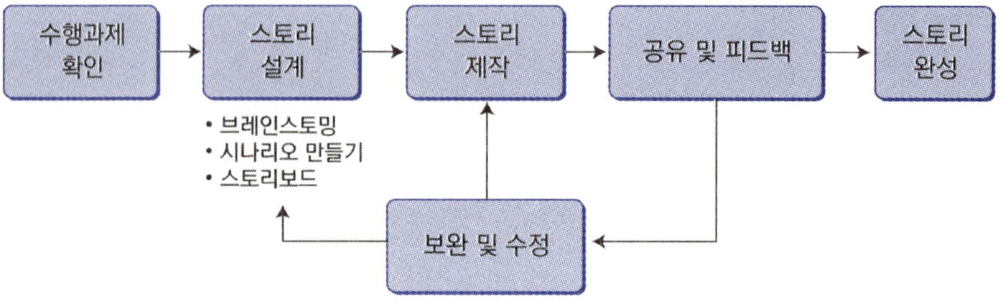

[그림 6-9] 웹기반 협력적 디지털 스토리텔링 제작 활동 절차

출처: 김동현, 김현진(2014)

3) 컴퓨터보조 협력학습의 장점과 단점

컴퓨터보조 협력학습을 효과적으로 운영할 경우 장점으로는 첫째, 테크놀로지를 활용한 공동 작업을 통해 협력과정이 편리하다. 위키나 SNS기반 활용 협력 도구들은 문서를 여러 사람이 같이 작성할 수 있고 피드백을 할 수 있으며 파일 공유 및 저장이 용이하고, 협력과정이 기록되는 장점이 있다.

둘째, 자신의 생각과 아이디어를 공유하고 같은 주제에 대한 동료들의 다른 의견 혹은 해석을 참조할 수 있다. 협력과정이 기록되어 문제해결 방법이나 과제수행 방식 등을 공유하면서 개인의 지식과 경험에서 확장하여 집단 내 사고가 변해가는 과정을 확인할 수 있다. 따라서 개인이 혼자 하는 작업보다 협력 작업을 통해 높은 수준의 산출물을 만들어 내는 경험을 할 수 있다(Stahl et al., 2006).

셋째, 학습에 대한 학생의 흥미와 동기를 유발하여 능동적인 학습을 이끌어낼 수 있다. 이를 위해 협력 글쓰기 도구와 디지털 스토리텔링, 토론게시판 등과 같이 학습자 수준에 적절한 과제와 협력도구를 제공한다면 학생들의 참여와 상호작용을 높일 수 있다(정현선, 2013).

넷째, 협력활동에 학생들이 균등하게 참여할 수 있는 기회를 보장하고 스마트 기기 등 이동성을 기반으로 교실 내 활동과 교실 밖 활동을 연계한 다양한 상호작용 활동을 진행할 수 있다(김현주, 임정훈, 2014).

반면에 컴퓨터보조 협력학습의 단점으로는 다음과 같다.

첫째, 인터넷, 컴퓨터, 모바일기기를 이용해야 한다는 점에서 학생들이 부담을 느낄 수 있고 학습에 활용보다는 다른 사이트를 접근하는 등 학습 외의 활동으로 컴퓨터나 스마트기기를 활용하여 학습에 방해가 될 수 있다.

둘째, 온라인 토론의 경우 비실시간 의사소통 방식으로 진행될 경우, 의견을 교환하는 과정에서 비효율적이거나 불편함이 초래될 수 있다.

셋째, 협력활동에 적극적으로 참여하지 않는 학생들로 인해 팀 내 신뢰감이 형성되지 않으면 효과적인 협력학습이 이루어지기 어렵다.

넷째, 웹 활용 프로젝트 학습이 학교 현장에서 적절하게 수행되기 위해서는 학교의 행정적 지원체제가 필요하다.

Tip! 성공적인 컴퓨터보조 협력학습을 위한 전략

1. 학생들이 과제를 수행하는 과정에서 협력과정에 대해 철저한 시간 계획과 관리할 수 있는 전략이 필요하다.
2. 실시간과 비실시간 상호작용을 할 수 있는 온라인 커뮤니케이션 도구를 지원한다.
3. 팀원 간의 신뢰감 형성을 위한 사전활동을 시행하고 의견 개진, 역할 분배 등에 관한 갈등 대처방법을 미리 교육한다.

4. 플립러닝(Flipped Learning)

1) 플립러닝의 배경 및 개념

플립러닝(Flipped Learning)에서 'Flip'은 사전적 의미로 '뒤집다'라는 뜻으로 '학습(교육)을 뒤집는다'라는 의미를 갖는다. 전통적으로 교실 안에서 이루어지던 수업과 가정에서 수행되던 숙제라는 요소들이 뒤바뀐 상황을 말한다. 기존의 수업이 교실에서 교사주도의 강의 위주의 수업을 하고 교실 밖에서 학생주도의 연습이나 과제해결을 했다면, 플립러닝에서는 교실에서 학생주도의 연습과 과제해결을 하고 가정에서 비디오 강의를 듣는 수업으로의 변화를 의미한다(Lage, Platt, & Treglia, 2000).

플립러닝의 아이디어는 미국의 콜로라도주의 고등학교 교사들인 Bermann과 Sams가 화학수업에 결석한 학생들을 대상으로 파워포인트 슬라이드에 음성과 주석을 포함한 동영상을 온라인상으로 올리고 학생들이 시청할 수 있게 하면서 시작되었다(Bergmann & Sams, 2012). 교사들은 학생들에게 동영상 강의를 수업 전에 미리 보고 오도록 하였고, 수업시간에는 학생들이 문제를 풀거나 실험을 하게 하였다. 교사들은 수업시간에 강의를 하는 대신 학생들의 개인지도에 많은 시간을 할애할 수 있었다. 플립러닝은 Flipping the Classroom, Inverted Learning, Inverted Classroom 등의 용어로도 사용되며, 우리나라에서는 반전 수업, 거꾸로 교실, 거꾸로 수업 등으로도 불린다. 플립러닝은 테크놀로지 발전과 함께 손쉽게 저비용으로 강의를 동영상으로 제작하고 업로드할 수 있게 됨으로써 초·중등뿐 아니라 대학에서도 확산되고 있다.

2) 플립러닝의 절차 및 활용

플립러닝의 절차를 살펴보면 [그림 6-10]과 같다. 먼저 학생들은 수업 전에 미리 교사가 온라인에 게시한 5~10분 분량의 개념강의 동영상이나 디지털 자료를 보고 예습을 한다. 또는 정답이 있는 퀴즈(closed ended quizzes)를 풀며 개별학습을 한다(Bishop & Verleger, 2013).

본 수업에서는 교실에서 문제해결 학습으로 간단한 강의나 토론, 실험실습, 문제해결, 프로젝트, 발표 등을 수행한다. 이때에는 주로 개인이 아닌 집단으로 활동하며 개방형(open ended) 문제해결을 수행하게 된다(Bishop & Verleger, 2013). 사후학습에서는 학생 개인이 학습한 내용을 복습하고 응용/심화연습을 하게 된다. 이때 온라인 시스템을 이용하여 개인복습, 숙제, 퀴즈, 과제에 대한 피드백 활동을 할 수 있다.

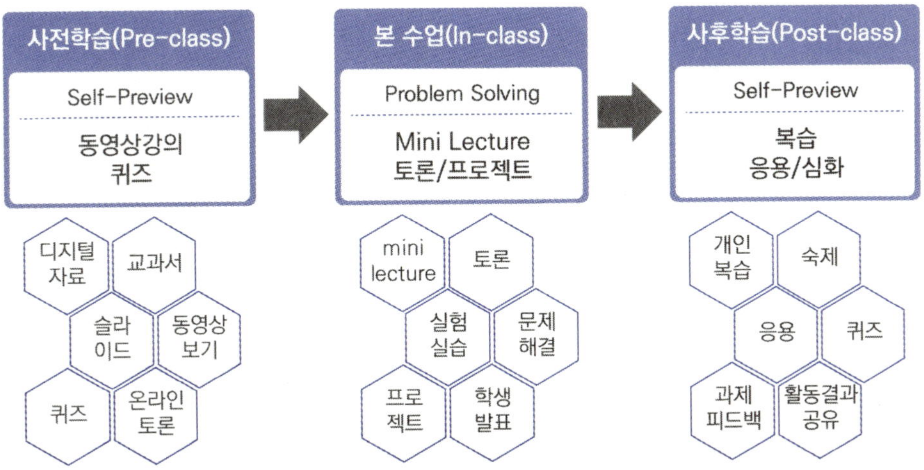

[그림 6-10] 플립러닝 절차(사전학습-본수업-사후학습)

효과적인 플립러닝 구현을 위한 Tip(Bergmann & Sams, 2012)

1. 수업 첫날 플립러닝에 대한 오리엔테이션

   플립러닝에 대한 소개를 통해 학생들 자신이 학습에 스스로 책임지는 것이 얼마나 중요한지 설명하고 플립러닝에 대한 설명과 성공적인 수행을 위한 선배의 조언 등을 담은 동영상을 보여준다. 부모에게도 플립러닝에 대한 이해를 돕기 위해 가정통신문과 홈페이지 등을 통해 안내한다.

2. 사전학습 동영상을 보는 방법을 가르쳐 준다.

   처음에는 교실에서 함께 사전학습 동영상을 보고 속도를 조절하고 멈추는 방법을 알려준다. 또한 중요한 내용을 요점정리하고 질문 만드는 기법을 알려준다.

3. 수업시간에 흥미로운 질문을 하도록 한다.

   사전에 동영상을 본 후 학습 동영상마다 질문을 올리도록 하고 교사와 학생이 함께 답을 찾아 나간다.

4. 플립러닝을 위한 교실환경을 구성한다.

   교실배치를 학습자 활동을 위주로 구성한다. 교사가 있는 강단 쪽에 프로젝트를 배치하기보다는 스마트보드를 교실 옆면에 걸고 학생들이 쉽게 활용하도록 하고 교실 내에서 실습이나 실험을 할 수 있도록 과목이나 과제에 따라 구역을 나누어 체험할 수 있도록 구성한다.

5. 동영상을 보았는지 확인할 때는 필기, 퀴즈, 코멘트, 질문 등을 이용한다.

   학생들이 사전에 동영상을 잘 보고 공부했는지 확인하기 위해서는 동영상을 보면서 필기를 하도록 하거나 온라인 게시판이나 블로그에 코멘트를 올리게 한다. 또는 동영상 내용에 대해 궁금한 질문을 올리도록 하거나 동영상에 대한 퀴즈를 제시하고 퀴즈를 풀도록 할 수도 있다.

6. 교수자들을 위한 플립러닝의 설계와 개발 워크숍이 필요하다.

   교수자들을 위해 비디오 강의 개발 및 온라인 퀴즈 시스템 이용 기술에 대한 워크숍, 학생중심 활동을 설계하기 위한 학습활동 설계 워크숍, 수업 내 학생들 간의 적극적 상호작용을 촉진하기 위한 수업촉진 및 협력기술 워크숍 등의 다양한 워크숍이 제공되어야 한다(이상은 외, 2015).

3) 플립러닝의 수업적용 사례

플립러닝은 수업 전 활동과 교실수업 활동으로 나누기도 하고, 교실 내 활동과 교실 밖 활동으로 나누기도 한다. 플립러닝을 적용한 수업의 형태를 초등학교에서부터 대학에서까지 다양하게 살펴보면 다음과 같다. 사례를 보면 수업 전 활동은 주로 동영상을 사용하였고 읽기자료를 제시한 경우가 있으며 온라인 성찰노트나 게시판을 이용하여 학습내용을 확인하도록 되어 있다. 교실수업 활동으로는 모둠활동, 토론, 글쓰기, 문제중심학습, 학생주도 프로젝트, 퀴즈, 소규모강의, 실험, 실습 등을 활용한 것으로 나타났다(김은영, 이영주, 2015; 배윤희 외, 2015).

〈표 6-5〉 플립러닝 수업적용 사례

대상	과목	교실 밖 학습활동 (수업 전 활동)	교실 내 교수활동 (교실수업 활동)
초등학교	수학	동영상 온라인 성찰노트	전체·모둠·짝 공동학습
초등학교	사회	동영상	개인별 및 팀별 활동 토론, 글쓰기
고등학생	과학	웹동영상, 교과서, 학습자료를 활용한 자기주도적 개별학습	연습문제, 성찰노트, 학습자료 등을 활용한 수준별 학습활동
예비대학생	화학	비디오 및 ppt 강의 자료로 개별학습	문제중심학습활동
대학생	기계공학	비디오, 강의 자료기반 자기조절 학습	개별 또는 협력 문제중심학습, 학습자 중심 학습활동
대학생	화학	비디오 튜토리얼, 숙제로 개별학습	문제기반 학습활동
대학생	공학	Moodle 오픈코스웨어 기반의 PPT 강의	토론 문제해결활동 수행
대학생	컴퓨터 프로그래밍	비디오, 읽기자료	교수자시범 그룹활동 학생주도 프로젝트

대상	과목	교실 밖 학습활동 (수업 전 활동)	교실 내 교수활동 (교실수업 활동)
대학생	교육방법 및 교육공학	강의교재 강의비디오 SNS, 온라인 게시판	퀴즈, 소규모 강의, 질의응답, 사례 공유, PBL, GBS, 프로젝트, 실험, 실습 등 그룹 문제해결에 대한 평가와 피드백
대학생	일반화학, 실무 전산 등 다수	교수 동영상 예습 내용 확인 자가 평가	문제풀이 활동 소그룹 토의 아이패드 활용 요약 강의 등
대학생	수학 및 연습	교수 동영상	질의응답, 그룹 토론, 문제풀이 성찰일지 작성 등

출처: 배윤희 외(2015) 연구에서 재인용

4) 플립러닝의 긍정적 효과 및 제한점

플립러닝을 통해 수업에서는 학습자 중심의 다양한 활동들이 이루어지게 된다. 이를 통해 나타나는 긍정적인 효과는 다음과 같다.

첫째, 교실 내 수업과 교실 밖 수업에서 학습자가 주인의식을 갖고 자신의 학습에 책임감을 갖는다는 것이다(Roehl, Reddy, & Shannon, 2013).

둘째, 플립러닝을 통해 수동적으로 강의를 듣는 방식에서 토론을 통해 자신의 생각을 표현하고 논쟁하고 발표하는 능동적인 학습을 수행하며, 깊이 있게 이해하는 학습태도를 갖추게 된다는 것이다(Bishop & Verleger, 2013).

셋째, 플립러닝을 위한 동영상강의 제작과 학습자 중심 활동을 수행하면서 교사의 수업 역량이 향상된다는 것이다(Prensky, 2010).

반면, 플립러닝의 경우 새로운 방식으로 인한 혼란이나 동영상강의를 제대로 듣지 않거나 수업부담이 많아지는 문제점을 보이기도 한다. 플립러닝의 제한점을 보면 다음과 같다.

첫째, 플립러닝이 모든 교과목이나 모든 학생들에게 적용 가능한 것은 아니다. 협업보다는 혼자 학습하고 암기해야 하는 과목의 경우에는 플립러닝에 참여한 학생들의 만족도가 더 낮았고, 그룹 활동보다 혼자 하는 활동을 선호하는 학생의 경우에는 플립러닝 방식에 부담을 느끼는 것으로 나타났다.

둘째, 일부 학생들은 플립러닝 방식이 기존 수업보다 학습시간이 더 많이 소요되기 때문에 부담스럽다고 여기며, 교실 내 활동과 교실 밖 활동에 대해 혼란을 느끼기도 한다(Lage, Platt, Treglia, 2000).

셋째, 플립러닝을 지원하는 환경과 그에 맞는 학습환경과 방법이 준비되지 않으면 학습효과를 거두기에 어려움이 있다. 예를 들어 가정에 있는 컴퓨터의 성능이 낮아 동영상 강의가 재생이 안 되거나 기능지원이 안 되는 경우가 있을 수 있다. 또는 스마트기기로 동영상강의가 서비스되지만 실제로는 화면 크기가 작아서 학습내용을 제대로 보기가 어려운 경우, 집에서 혼자 동영상 강의를 보며 공부할 때 중도에 학습을 포기하는 경우 등의 문제가 발생할 수 있다(이상은 외, 2015).

넷째, 교사의 경우 플립러닝을 수업에 적용하기 위해 다양한 소프트웨어를 배우고 활용해야 하며, 본 수업 외에도 사전활동과 사후활동을 준비하고 수행해야 하기 때문에 수업에 대한 부담이 많아진다(Prensky, 2010).

〈참고자료〉 플립러닝에 대한 동영상 자료

- KBS 특별기획 거꾸로교실의 마법, 1000개의 교실
  1편 거꾸로교실 바이러스 https://youtu.be/GPNpiPN01yE
- KBS 파노라마 플러스 거꾸로교실 https://youtu.be/a5Q8Ruv4xVc

〈읽기자료〉 문제중심학습의 사례

(1) 문제 예시

제목	장터 운영하기		
역할	교내 장터 운영자	대상	초등학교 5학년
문제	우리 사회는 자유와 경쟁의 사회입니다. 특히, 경제에서는 자유와 경쟁을 통해 수익을 얻고, 그 수익금은 다시 투자하여 발전하게 되는 것이지요. 이러한 경제 체험을 위해 특별히 우리 학교 5학년 학생들 모두에게 장터를 운영해 볼 수 있는 기회를 드리겠습니다. 판매물건은 여러분이 쓰던 것도 좋고, 만든 것도 좋고, 구입을 해 와도 좋지만, 판매가격은 3,000원 이하로 해야 합니다. 그리고 판매대상은 전교 학생들입니다. 판매를 통해 얻은 수익금은 여러분이 유용하게 사용할 수 있습니다. 5학년 학생들의 많은 참여를 바랍니다.		

제목	홍제천, 우리가 살려요		
역할	홍제천 살리기 운동에 참여하는 그 지역 초등학생	대상	초등학교 고학년
문제	"홍제천" 문제를 위한 영상편지 안녕하세요? ○○○구 국회의원 ○○○입니다. 저는 국회의원이 되면서 홍제천을 생태하천으로 만들겠다는 약속을 한 적이 있습니다. 현재 홍제천의 모습은 이렇습니다. (영상자료를 이용하여 홍제천 건천화 모습, 콘크리트 구조물로 직선형으로 된 모습, 삭막한 주변경관 등 제시) 저는 이런 홍제천을 다음과 같은 모습으로 바꾸고 싶습니다. (자연형으로 복원한 하천의 모습 예) 이렇게 아름다운 홍제천을 만들기 위해 앞으로 홍제천의 주인이 될 여러분의 의견을 듣고 싶습니다.		

출처: 조연순(2006)에서 발췌

(2) 문제중심학습 수업지도안 예시

<table>
<tr><td>학습 주제</td><td colspan="5">경기도 지사가 되고 싶어요!</td></tr>
<tr><td>교과</td><td>사회</td><td>학년</td><td>중1</td><td>교수학습 유형</td><td>문제중심학습</td></tr>
<tr><td rowspan="2">내용 영역</td><td colspan="3" rowspan="2">1. 중부지방의 생활
2. 인구와 산업이 집중된 수도권</td><td>환경</td><td>인터넷 가능 교사용 pc 1</td></tr>
<tr><td>자료</td><td>인터넷 가능 교사용 pc 1
인터넷 가능 이동용 pc 30
실물화상기 1, VTR 1, 빔 프로젝트 1
경기도청: http://www.gyeonggi.go.kr</td></tr>
<tr><td>학습 목표</td><td colspan="5">1. 경기도의 도시 분포와 기능 및 토지 이용의 변화를 설명할 수 있다.
2. 공업의 종류에 따라 달라지는 공장입지 선정 조건에 대해 설명할 수 있다.
3. 수도권의 공업발달 배경 및 특성을 확인할 수 있다.
4. 수도권의 지역문제를 알고, 해결방안을 탐색할 수 있다.</td></tr>
<tr><td>시간 계획</td><td colspan="5">◈ 총 6차시
• 교실 면대면 수업: 4차시
– PBL에 대한 안내, 수업 초반부 협동학습 팀 구성과 조직, 문제해결계획서 초안 작성, 학습결과물 발표 및 공유
• 온라인 수업/교실 밖 자율협동학습: 4차시
– 문제분석, 문제해결 계획서 완성, 정보수집 및 토론 · 의사소통, 연설문 및 PPT 작성, 자아성찰 노트 작성 등</td></tr>
<tr><td>수업 의도</td><td colspan="5">• 경기도에 대한 단순한 지식의 전달과 정보탐색이라는 활동을 통하여 도시 분포와 기능 등의 사실적 지식을 학습하는 것은 자칫 학생들에게 흥미를 떨어뜨려 학습의 질을 떨어뜨릴 가능성이 높다. 이에 사실적인 상황(경기도지사 선거)의 제시를 통한 문제해결활동을 통해 자연스럽게 학습하도록 한다.
• 직접 경기도 지사 선거에 출마한다는 상황설정을 통해 자연스럽게 경기도에 대한 도시분포, 기능 등의 사실적 지식을 자신의 문제의 상황으로 받아들임으로써 자기주도적 학습을 도모할 수 있다.
• 문제해결 과정의 전체 활동을 계획하고 조직하는 초반부에 문제해결을 위해 개별학습 및 동료 학습자와의 의사소통을 통하여 고차원적 사고지식을 함양할 수 있으므로 온라인 수업 및 협력적 활동을 조성하여 학습자의 자율성과 공동체 형성을 촉진하도록 한다.</td></tr>
</table>

출처: 임정훈, 임병노, 최성희(2003)에서 발췌

〈읽기자료〉 STEAM 교육

• STEAM 교육의 개념

STEAM 교육이란 과학(science), 기술(technology), 공학(engineering), 예술(arts), 수학(mathematics)의 각 첫 글자를 따서 만든 것으로 우리나라 교육부에서는 STEAM 교육을 융합인재교육으로 명명하고 있다(교육과학기술부, 2011). 융합인재교육(STEAM)은 과학기술에 대한 학생들의 흥미와 이해를 높이고 과학기술 기반의 융합적 사고와 문제해결력을 배양하는 교육을 말한다.

• STEAM 교육의 배경 및 필요성

21세기 국가경쟁력은 창의적 아이디어와 과학기술에 따라 달라질 수 있으므로 STEAM 교육은 학생들의 수학 및 과학에 대한 흥미를 높이고, 융합적 사고와 문제해결력을 배양하기 위한 교육 방안으로 제시되었다. STEAM 교육을 통해 기르고자 하는 창의적 융합인재란 과학기술 지식뿐 아니라 상상력과 예술적 감성을 겸비한 인재를 말한다.

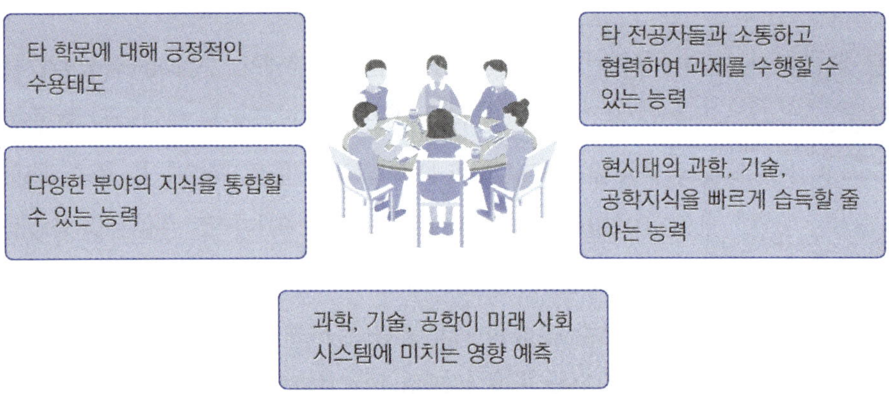

[그림 6-11] 창의적 융합인재의 능력

• STEAM 수업 유형

구 분	내 용
단일 교과 내 STEAM 수업	• 하나의 중심교과에 과학, 기술, 공학, 예술, 수학 요소를 연계하여 진행하는 수업 • 한 교사가 여러 영역을 다루거나 코티칭(co-teaching)으로 진행
교과 연계 STEAM 수업	• 하나의 주제를 선정하여 이 주제와 관련된 여러 교과를 연계하여 진행, 2개 이상 교과협력 • 대부분 STEAM이 교과연계형임
창의적 체험 활동 연계 STEAM 수업	• 학교의 창의적 체험활동인 자율활동, 동아리 활동, 봉사활동, 진로활동에 STEAM 적용 • 주제 중심으로 전체 교육과정 재구성, 특정교과와 창의적 체험활동을 연계한 교과-동아리 활동, 교과-진로활동 STEAM 수업 진행
학교 밖 STEAM 수업	• 지역 교육기관, 과학관, 대학, 기업, 미술관, 박물관 등이 운영하는 STEAM Outreach 프로그램(캠프) 참여

연습 및 탐구문제

1. 문제중심학습의 장점과 단점에 대해 이야기해 봅시다.

2. 문제중심학습에서 문제개발과정을 참고하여 문제 시나리오를 구성해 봅시다.

3. 컴퓨터보조 협력학습을 활용하기 위한 온라인 도구를 찾아 사용해 보고 활용방법을 이야기해 봅시다.

4. 플립러닝 사례를 찾아보고 사전학습용 동영상을 직접 만들어 봅시다.

5. 플립러닝을 적용하여 자신이 가르칠 과목이나 과제를 중심으로 사전학습과 본수업, 사후학습을 설계해 봅시다.

참고문헌

교육과학기술부 (2011). 융합인재교육(STEAM) 추진성과 보고. **융합인재교육(STEAM) 2011SUS 성과발표회 자료집**, 10-25, COEX.

김동현, 김현진 (2014). 초등수학 교과에서 웹기반 협력적 디지털스토리텔링이 학업성취도 및 학업흥미에 미치는 영향. **학습자중심교과교육연구, 14**(4), 23-48.

김영수, 김경자, 조경원, 허희옥, 김현진, 강의성 (2012). 협력 중심의 창의적 지식구성을 위한 융합형 학습환경의 설계 및 효과 분석. **교육정보미디어연구, 18**(1), 95-119.

김은영, 이영주 (2015). 해외 대학의 플립드 수업 사례 분석 연구. **평생학습사회, 11**(1), 115-137.

김현주, 임정훈 (2014). 스마트러닝 기반 협력적 문제해결 수업모형 개발: 설계기반연구. **교육공학연구, 30**(4), 651-677.

배윤희, 차현진, 안미리 (2015). 영재교육을 위한 플립러닝 모형 개발. **한국교육정보미디어학회춘계학술대회 자료집**. 한국교육정보미디어학회.

변영계 (2005). **교수 · 학습 이론의 이해**. 서울: 학지사.

성진희, 전주성 (2012). 소셜러닝을 위한 교수매체 속성 탐색 연구. **평생교육학연구, 18**(3), 31-55.

이상수, 강정찬, 오영범, 이유나 (2011). 소셜 네트워크 사이트 참여 동기 분석에 기초한 소셜 네트워크 기반 학습 설계 원리. **교육방법연구, 23**(4), 729-754.

이상은, 조문흠, 채희엽, 이후정, 이원영 (2015). 효과적 플립러닝을 위한 대학 공학교육 적용 사례. **한국교육정보미디어학회춘계학술대회 자료집**. 한국교육정보미디어학회.

임정훈, 임병노, 최성희 (2003). **교실수업-사이버학습 연계의 커뮤니티기반 교수-학습 모형 개발 연구**. 서울: 한국교육학술정보원.

정현선 (2013). 스마트 교육 환경의 협력적 매체 제작 및 글쓰기 수업에 대한 사례 연구, **한국초등국어교육, 53**, 301-335.

조연순 (2006). **문제중심학습의 이론과 실제**. 서울: 학지사.

최정임, 장경원 (2010). **PBL로 수업하기**. 서울: 학지사.

한국교육학술정보원 (2011). **스마트 교육 추진전략. 교육정보화 백서**. 서울: 한국교육학술정보원.

한국기업교육학회 (2010). HRD 용어사전. 한국기업교육학회.

Barrow, H. (1988). *The Tutorial Process*. Springfield IL: Southern Illinois University Press.

Barrows, H. S. (1996). Problem-based learning in medicine and beyond: A brief overview. In L. Wilkerson & W. Gijselaers (Eds.), *Bringing problem-based learning to higher education: Theory and practice* (pp.3-12). CA: Jossey-Bass Publishers.

Bergmann, J., & Sams, A. (2012). *Flip your classroom: Reach every student in every class every day.* Eugene, OR: International Society for Technology in Education.

Bishop, J. L., & Verleger, M. A. (2013). The flipped classroom: A study of the research. *Proceedings of 120th ASEE Annaul Conference & Exposition,* USA.

Brown, J. Collins, A., & Duguid, P. (1989). Situated cognition and the culture of learning. *Educational Researcher, 18*(1), 32-34.

Duffy, T. M. & Jonassen, D. (1992). *Constructivism and the technology of instruction: A conversation*. Hillsdale, NJ: Lawrence Erlbaum Associates.

Glasersfeld, E. (1989). Cognition, construction of knowledge, and teaching. *Synthese, 80*(1), 121-140.

Hmelo-Silver, C. E. (2004). Problem-Based Learning: What and How Do Students Learn?. *Educational Psychology Review, 16*(3), 235-266.

Lage, M. J., Platt, G. J., & Treglia, M. (2000). Inverting the classroom: A gateway to creating an inclusive learning environment. *Journal of Economic Education, 31*(1), 30-43.

Prensky, M. R. (2010). *Teaching digital natives: Partnering for real learning.* Newbury Park, CA: Corwin.

Roehl, A., Reddy, S. L., & Shannon, G. J. (2013). The flipped classroom: An opportunity to engage millennial students through active learning strategies. *Journal of Family & Consumer Sciences, 105*(2), 44-49.

Scardamalia, M. (2004). CSILE/Knowledge Forum. *In education and Technology: An encyclopedia* (pp. 183-192). Santa Barbara: ABC-CLIO.

Schmidt, H. G., Rotgans, J. I., & Yew, E. H. (2011). The process of problem-based learning: What works and why. *Medical Education, 45*(8), 792-806.

Spiro, R., & Jehng, J. (1990). Cognitive flexibility and hypertext: Theory and technology for the nonlinear and multidimensional traversal of complex subject matter. In D. Nix & R. Spiro (Eds.), *Cognition, education and multimedia: Exploring ideas in high technology* (pp. 163-205). Hillsdale, NJ: Lawrence Erlbaum Associates, Inc.

Stahl, G., Koschmann, T., & Suthers, D. (2006). Computer-supported collaborative learning: An historical perspective. In R. K. Sawyer (Ed.), *Cambridge handbook of the learning sciences* (pp. 409-426). Cambridge, UK: Cambridge University Press.

Vernon, D. T. (1995). Attitudes and opinions of faculty tutors about problem-based learning. *Academic Medicine, 70,* 216-223.

Vygotsky, L. S. (1978). *Mind in society: The development of higher psychological processes*. Cambridge, MA: Harvard University Press.

Wood, D. F. (2003). ABC of learning and teaching in medicine: Problem based learning. *BMJ, 326*, 328-330.

Ⅳ

교수설계이론

제7장

학습이론

학|습|목|표

1. 학습의 개념을 설명할 수 있다.
2. 행동주의 기반 학습의 원리와 주요 이론을 설명할 수 있다.
3. 인지주의 기반 학습의 원리와 주요 이론을 설명할 수 있다.
4. 구성주의 기반 학습의 원리를 설명할 수 있다.
5. 객관주의와 구성주의를 비교하여 설명할 수 있다.

주|요|용|어

- 학습이론
- 구성주의
- 시행착오 학습
- 정보처리모형
- 사회적 구성주의
- 객관주의
- 고전적 조건형성
- 조작적 조건형성
- 인지적 구성주의

이 장에서는 교수설계를 위한 기초로서 심리학적, 철학적 토대 위에 학습의 과정과 원리를 설명하는 다양한 학습이론을 소개하고자 한다. 교수설계는 교육에 필요한 제반 요소를 준비하는 과정으로, 학습자의 학습을 촉진하기 위한 방법과 절차를 계획하는 과정이다. 따라서 학습이 발생하는 과정과 원인에 대한 과학적 원리를 바탕으로 수업을 체계적으로 설계한다면 더 효과적이고 효율적인 수업이 가능하다.

구체적인 교수설계 이론을 제시하기에 앞서 학습의 개념을 먼저 살펴보고자 한다. 교수설계의 목적이 학습을 촉진시키는 것이므로 학습이 무엇인가를 먼저 이해하는 것이 중요하다.

1. 학습과 학습에 관한 관점

1) 학습의 개념

학습을 정확하게 정의를 내리기는 어렵지만, 일반적으로는 전에 할 수 없었던 것을 할 수 있게 되거나 전에는 알지 못했던 것을 알게 되었을 때 학습이 일어났다고 생각한다. 심리학에서는 학습을 '인간 행동의 변화'로 정의한다. 다음의 사례는 우리 생활 속에서 흔히 볼 수 있는 행동이 변화한 모습들이다. 다음 중 '학습'에 해당하는 사례는 무엇일까? 행동이 변화하면 모두 학습이라고 할 수 있을까?

- 누워있던 갓난아기가 몸을 뒤집고 기어 다니다가 일어서고 걷는다.
- 뜨거운 다리미를 만지면 재빠르게 손을 뗀다.
- 감기약을 먹었더니 졸린다.
- 평소에 말이 없던 친구가 술을 마시면 말을 많이 한다.

앞의 예에서 누워있던 갓난아기가 걷거나 뜨거운 것을 만졌을 때 재빨리 손을 떼는 것은 분명 그 전에 없던 능력이며 행동에 변화가 일어난 것이다. 그러나 이는 유기체의 발달·성장에 의한 변화 과정이며, 본능에 의한 반사행동으로 학습의 결과로 보지 않는다. 감기약을 먹은 후 졸음이 오거나 술을 마시면 평소에 하지 않던 행동을 하는 것도 행동의 변화이지만, 이는 유발요인이 제거되면 다시 원래의 모습으로 돌아간다. 이와 같이 약물, 피로, 질병 등으로 인한 일시적인 행동의 변화 또한 학습이라고 하지 않는다. 학습은 '학습자의 경험과 학습자를 둘러싼 환경과의 상호작용의 결과로 발생'(Driscoll, 2000, p. 11)하는 것으로, 인간의 성장이나 성숙, 본능에 의한 행동의 변화나 일시적, 일회적인 변화는 학습과는 구별되어야 한다. 비교적 지속적인 인간 행동의 변화를 수반할 때 우리는 이를 학습이라고 한다.

2) 학습에 관한 두 가지 관점: 객관주의 vs 구성주의

인간이 어떻게 학습하는가는 심리학의 지속적인 관심 분야였다. 19세기 말 Wilhelm Wundt(1832-1920)의 심리학 실험실이나 Hermann Ebbinghaus(1850-1909)의 언어학습 실험 등은 훗날 학습이론에 커다란 영향을 미친 초기 실험적 접근으로 볼 수 있다(Shunk, 2004). 1920년대는 구조주의(예: Titchner), 기능주의(예: Dewey, Angell, James), 행동주의(예: Watson, Holt), 연합주의(예: Pavlov, Bekhterev), 게슈탈트 심리학(예: Wertheimer, Kohler, Koffka) 등 다양한 입장을 지닌 심리학파가 등장한 시기였으며(이명숙, 1998), 1950년대 말 이래 인간의 인지과정에 대한 관심이 지속되면서 인지주의에 입각한 학습의 과정에 대한 탐구가 심리학을 중심으로 활발히 이루어졌다.

이 중에서도 20세기 학습에 관한 심리학적 논쟁은 행동주의(behaviorism)와 인지주의(cognitivism)의 대립에 대부분의 초점이 맞추어져 있었다. 행동주의는 눈에 보이는 외현적인 행동의 변화에 초점을 두는 입장으로 학습을 주로 환경적인 요인들과의 관계에서 발생하는 행동의 비율, 발생빈도, 또는 반응의 변화 등으로 보았다. 따라서 행동주의 학습이론가들은 학습을 설명할 때 인간의 내적 정신상태(예를 들어, 사고, 신념, 감정 등)를 포함하지 않았다. 이와는 달리 인지주의는 지식과 기능의 습득, 정신적 구조의 형성, 정보의 처리 과정 등 눈에 보이지 않는 인간의 인지구조의 변화에 관심을 두고 내적 정신과정을 연구하였다. 이에 대해서는 후속되는 절에서 자세히 다루기로 한다.

이와 같은 학습에 대한 심리학적 접근은 학습의 개념과 학습의 과정을 밝히는 데 지대한 영향을 미쳤으나, 학습은 수 세기 동안 철학자들에게도 깊은 관심 분야였다. 특히 학습은 지식의 습득을 포함하므로 지식을 보는 관점에 따라 학습에 관한 입장에도 차이가 있다. 지식에 관한 논의는 지식의 기원과 본질 등을 탐구하는 인식론(認識論, epistemology)의 측면에서 이루어져왔으며, 크게 객관주의(objectivism)와 구성주의(constructivism) 두 가지로 구분된다. 전통적으로 객관주의에서 지식은 학습자 외부에 존재하는 객관적이고 절대적인 실체이므로 개인의 경험과는 별도로 누구에게나 전달할 수 있고 개인이 암기, 축적할 수 있는 것으로 간주한다. 이와는 달리 구성주의에서 지식이란 개별학습자의 내면에 존재하는 것으로 개인의 경험에 의해 능동적으로 구성되는 것으로 보았다. 지식에 관한 견해로서 객관주의 대 구성주의는 오래된 논쟁이지만, 1990년대 초 학습자 중심의 열린 학습 환경에 대한 논의가 대두되면서 구성주의가 새롭게 주목을 받게 되었으며, 수업과 교수설계 분야를 중심으로 이에 미치는 영향 및 적용 등에 대한 탐구가 이루어지고 있다.

7장에서는 객관주의와 구성주의 두 가지 관점을 기반으로 학습에 관한 이론들을 살펴보고자 한다. 객관주의 관점의 경우 앞서 설명한 학습에 대한 심리학적 접근인 행동주의와 인지주의 기반의 학습이론을 살펴본다. 행동주의와 인지주의 학습이론은 비록 탐구 대상이 인간의 외현적 행동이냐 내적 인지과정이냐의 측면에서 대립적이지만, 인식론적 측면에서는 객관적 실체로서의 지식의 습득을 가정한다는 측면에서 공통적으로 객관주의에 뿌리를 두고 있다. 구성주의는 학습이론이라기보다는 철학적 인식론에 대한 논의가 중심이었으나 구성주의 인식론을 기반으로 학습현상을 설명하려는 다양한 시도가 제안되면서 학습이론으로 자리매김하고 있다.

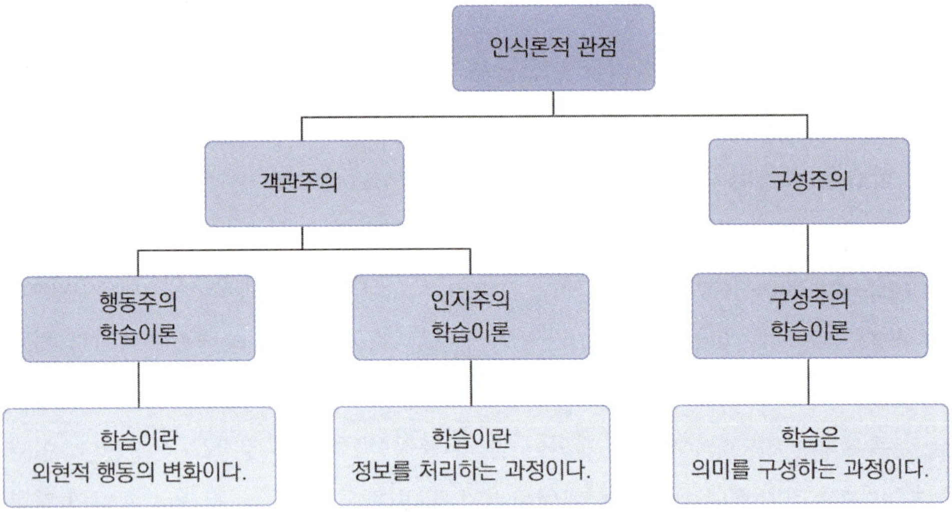

[그림 7-1] 인식론적 관점에 의한 학습이론

2. 객관주의 기반의 학습이론

1) 행동주의

행동주의는 20세기 초반 학습에 관한 개념과 원리를 제시한 대표적인 이론이다. 행동주의 학습이론의 발전에 중요한 공헌을 한 학자인 John, B. Watson은 심리학이 실험과학(experimental science)이 되기 위해서는 관찰 가능한 유기체의 '행동'을 연구의 대상으로 삼을 것을 주장하였다. Watson은 눈으로 보이는 행동을 관찰하여 그 행동을 일으킨 자극을 알아낼 수 있다면 인간의 행동을 설명하고 예측할 수 있으며, 그 자극을 조작함으로써 원하는 행동을 만들어낼 수 있다고 보았다.

행동주의에서는 학습을 '경험에 의해 발생하는 비교적 지속적인 행동의 변화'로 본다. 여기서 행동이란 눈에 보이는 관찰 가능한 외현적 행동을 말한다. 사고나 정서, 동기 등과 같은 내적인 정신 과정은 관찰이나 측정이 불가능하므로 연구대상에서 제외시켰으며, 측정 가능한 과학적 대상인 외현적 행동에 관심을 갖고 행동이 일어나는 과정을 과학적으로 분석하고자 하였다. 외적인 행동과 관찰 가능한 반응에 주로 초점을 둠으로써 인간의 내적 과정을 설명하지 못한다는 점이 비판을 받기는 하였으나, 행동주의 학습이론에서 제시하는 여러 가지 기법들은 학교 현장뿐 아니라 생활 속 장면에서 여전히 적용되고 있다. 행동주의의 대표적 이론을 살펴보면 다음과 같다.

(1) 고전적 조건형성

고전적 조건형성은 러시아의 생리학자인 Ivan Pavlov(1849-1936)에 의해 발전된 이론이다. Pavlov는 침이 소화에 미치는 영향을 연구하기 위해 개를 대상으로 실험을 하던 중, 지나가는 연구자의 흰 실험가운을 보거나 발소리만 듣고도 먹이를 먹기도 전에 침을 흘리는 개를 우연히 관찰하면서 학습의 원리를 발견하게 되었다.

Pavlov는 이 관찰을 바탕으로 실험을 실시하여 학습에 관한 고전적 조건형성 이론을 체계화시켰다. Pavlov는 [그림 7－2]와 같이 개의 침샘에 관을 삽입하여 분비된 침이 관을 통해 빈 통에 담기도록 실험장치를 마련하였다. 실험은 종소리를 울린 후 30초 후에 개에게 먹이를 주는 과정을 몇 차례 반복한 후, 먹이를 주지 않고 종소리만 울렸다. 처음에는 먹이로 인해 침이 분비되었으나, 실험을 반복하면서 종소리만 들어도 침을 분비하게 된 것이다.

[그림 7-2] Pavlov의 개 실험 장치

이 과정을 도식화하면 [그림 7-3]과 같다. 개는 원래 음식물을 보면 침을 흘린다. 즉 처음에 음식물은 개의 본능적, 반사적인 반응으로 침을 유발하는 무조건자극(unconditioned stimulus; UCS)이며, 유기체의 의지와 관계없이 무조건자극에 의해서 자동적으로 침을 흘리는 무조건반응(unconditioned response; UCR)이다. 자연 상태에서 종소리는 개가 침을 흘리는 반응과는 무관하므로 중성자극(neutral stimulus; NS)이라 한다.

그러나 실험이 지속되면서 종소리와 음식물을 같이 지속적으로 개에게 제공하면 나중에 개는 종소리만 들어도 침을 흘리게 된다. 즉 중성자극인 종소리가 무조건 자극인 음식물과 연합하면 특정한 반응을 일으키는 조건자극(conditioned stimulus; CS)이 되며, 조건자극인 종소리에 반응하여 침을 흘릴 경우 이 반응은 조건반응(conditioned response; CR)이 된다. Pavlov는 이 과정을 조건화(conditioning)라고 명명하고 고전적 조건형성 이론을 체계화시켰다. 앞에 '고전적(classical)'이라는 단어가 붙여진 이유는 이후 Skinner의 '조작적' 조건형성과 구별하기 위한 것이다.

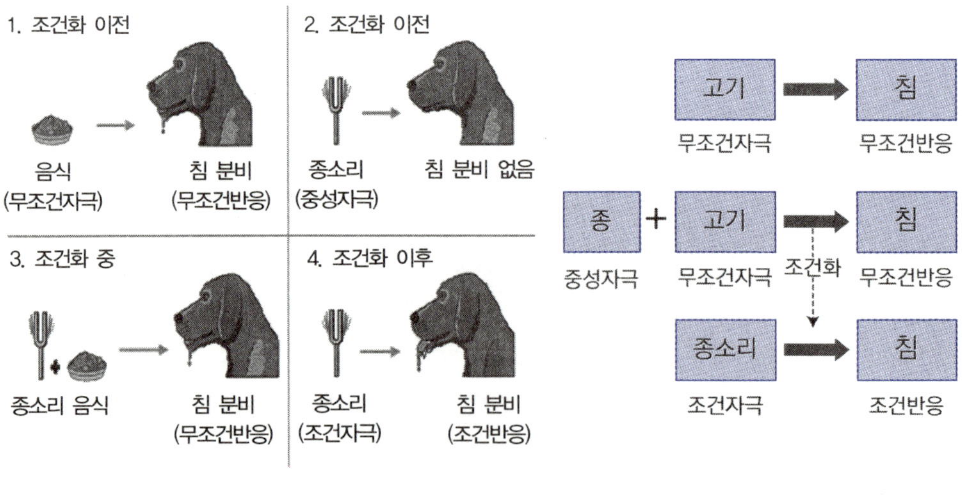

[그림 7-3] Pavlov의 조건형성의 과정

고전적 조건형성 이론에서 주요하게 다뤄지는 몇 가지 개념을 살펴보도록 하자. 이 실험에서 조건형성이 이루어진 후에 음식물(UCS)은 주지 않고 종소리(CS)만 반복하여 들려주면 개는 더 이상 침을 흘리는 반응(CR)을 보이지 않게 되는데, 이를 소거(extinction)라고 한다. 그러나 소거가 이루어진 후 어느 정도 시간이 지나더라도 음식물과 종소리를 연합시키는 연습을 반복하면 다시 종소리에 침을 흘리는 반응을 보이는데 이를 자발적 회복(spontaneous recovery)이라고 한다. 한번 학습된 행동은 소거해도 동일한 자극을 제시하면 행동이 재생됨을 의미한다.

일단 주어진 자극에 대한 특정한 반응이 형성되면, 유사한 자극에도 동일하게 반응하게 되는데 이를 일반화(generalization)라고 하며, 반면에 원래 주어진 특정 자극에만 반응하고 다른 자극에는 반응하지 않을 경우 변별(discrimination)이라고 한다. 예컨대, 일반화는 위 실험에서 제시된 종소리와 유사한 종소리에도 개가 침을 흘리는 반응을 보이는 경우이며, 변별은 원래 제시된 종소리에만 침을 흘리고 다른 종소리에는 침을 흘리지 않는 경우이다.

종소리에 침을 흘리는 조건형성이 이루어진 개에게 이번에는 종소리가 아닌 불빛을 보고도 침을 분비하게 할 수 있을까? 종소리와 불빛(NS)을 짝지어 반복적으로 연습을 시키면 불빛이 또 다른 조건자극이 되어 침을 흘리게 된다. 이와 같이 첫 번째 조건자극이 두 번째, 세 번째 조건자극과 연합하는 현상을 고차적 조건형성(higher-order conditioning)이라고 한다.

고전적 조건형성 이론은 학습자의 정서적 측면의 행동을 설명하는 데 유용하다. 예를 들어 시험에 대한 두려움, 불안이 있는 어린 학생을 가정해보자. 본래 어린 학생에게 처음에 시험은 두려움, 불안과는 무관한 중성자극이다. 반면 체벌은 두려움을 유발하는 무조건자극이다. 시험에서 점수가 낮아서 부모님이나 선생님께 반복적으로 체벌을 받을 경우 시험(NS)과 체벌(UCS)이 연합하게 되면서 아동은 시험(CS)에 대한 두려움(CR)이 생기게 될 것이다. 이 외에도 특정 향수 냄새를 맡으면 헤어진 연인이 생각난다든지, 흰 쥐를 무서워하는 아이가 토끼의 흰 털, 털 코트 등을 무서워하는 경우도 중성자극이 조건화되어 반응을 일으킨 사례라고 할 수 있다. 이와 같이 고전적 조건화 이론은 실제 생활이나 학교 상황에서 일어나는 다양한 행동들을 설명할 수 있다.

(2) 시행착오 학습

Edward L. Thorndike(1874-1949)는 1900년대 초반 연합설을 체계화시킨 미국의 심리학자로 동물실험을 학습 연구에 과학적으로 적용한 선구자이다. Thorndike는 이 시기의 심리학자들과는 달리 학생의 능동적 학습과 전이, 개인차, 지능 등에 관심을 두었으며, 현대 교육심리학을 과학적 토대 위에 올려놓은 학자이다.

Thorndike의 대표적인 실험은 문제상자(puzzle box) 속의 고양이가 어떻게 탈출하는가에 관한 것이다. Thorndike는 동물지능이 존재하는지 알아보기 위해 발판을 누르거나 입으로 줄을 잡아당기면 문이 열려 그곳을 탈출할 수 있는 문제상자를 설계하고([그림 7-4] 참조), 상자 안에 굶주린 고양이를 넣었다. 실험이 시작되자 문제상자 속의 고양이는 상자 밖에 놓인 음식을 얻기 위해 상자의 창살과 문을 긁거나 물어뜯는 등 다양한 행동을 수없이 반복하였다. 그러던 중 우연히 발판을 누르거나 줄을 잡아당겨 상자 문이 열리고 밖으로 나오게 되어 먹이를 먹을 수 있었다. 고양이를 다시 문제상자에 넣고 실험을 반복한 결과 고양이가 문을 열고 나와서 먹이를 먹는 시간이 점점 빨라졌다. 즉, 고양이는 여러 번 시행착오를 겪은 끝에 문을 열고 나오는 것을 학습한 것이다.

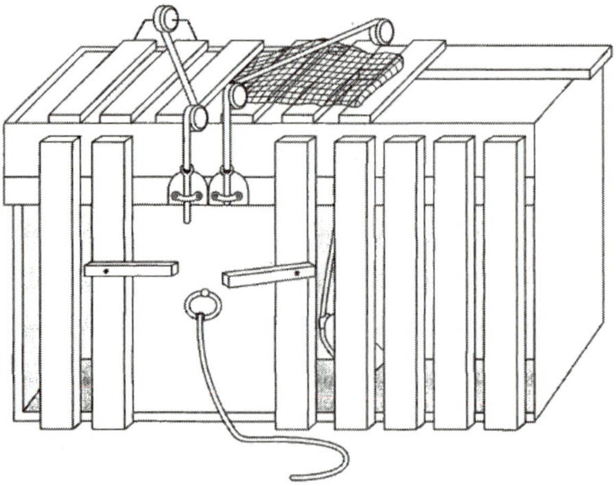

[그림 7-4] Thorndike의 문제상자

Thorndike는 학습이란 시행착오(trial-and-error)의 과정에 의해 일어나는 것으로 보았다. 즉 주어진 환경에서 고양이는 상자 밖 먹이를 먹기 위해 다양한 반응을 하면서 시행착오를 겪는다. 실험이 되풀이되면서 다양한 반응 중 탈출에 불필요한 반응은 점차 약화되어 없어지는 반면, 탈출에 필요한 반응은 즉각적으로 뒤따르는 먹이 덕분에 점차 강화된다. 이런 과정을 통해 특정 상황에서 자극(S)과 행동 반응(R)이 연결 또는 연합된다. Thorndike는 이러한 특정한 자극과 자발적인 행동 사이의 연결과정을 다음과 같은 학습법칙을 사용하여 설명하였다.

첫째, 준비도의 법칙(law of readiness)이다. 어떤 행위를 수행할 준비가 되어 있을 때 그 행위를 하는 것은 만족스럽지만, 준비가 되어 있지 않을 때 수행을 강요당하거나 준비가 되어 있는데도 수행의 기회를 주지 않아 불만족을 경험한 적이 있을 것이다. 학습이 효과적으로 이루어지려면 인지적, 정서적으로 학습할 준비가 되어 있어야 함을 강조한 법칙이다.

둘째, 연습의 법칙(law of exercise)이다. 학습이 이루어지기 위해서는 반복연습이 필요하다. 즉 연습(반복된 사용)은 자극과 반응 간의 연합을 강화시켜 정확한 반응이 일어날 가능성을 증가시키지만, 연습하지 않으면 연합이 약화된다. 그러나 학습이란 단순한 반복연습만으로는 강화되지 않는다는 사실이 밝혀지면서 1930년 이후 연습의 법칙을 폐기하였다.

셋째, 효과의 법칙(law of effect)이다. 다른 조건이 동일한 경우 만족스러운 결과를 동반할 때 자극과 반응의 연합이 강화된다. 다시 말하면, 특정 반응은 그 반응에 뒤따르는 결과에 의해 결정된다는 것으로 이 법칙을 결과의 법칙이라고도 한다.

이상에서 살펴본 바와 같이, Thorndike는 시행착오에 의한 학습을 제시하였으나, 동물을 대상으로 한 시행착오의 과정으로 인간의 학습을 설명하기는 어렵다는 것이 일반적인 견해이다. 인간은 동물과는 달리 새로운 행동을 학습할 때 전략을 세우거나 사고하는 능력이 있기 때문에 동물과 같이 우연적이고 맹목적인 시행과 착오는 거의 없다는 것이다. Thorndike의 이론은 학습의 과정을 이해하는 데 도움은 되지만 일반적인 학습 장면에서의 유용성은 극히 제한적이다. 그러나 향후 Skinner의 연구에 토대가 되었다.

(3) 조작적 조건형성

조작적 조건형성 이론을 체계화시킨 B. F. Skinner(1904-1990)는 학습과 행동에 관한 이해의 폭을 넓힌 20세기 가장 영향력 있는 심리학자 중 한 명이다. Skinner는 Pavlov와 Watson의 저서를 읽고 심리학에 관심을 갖게 되었으며, 행동주의 원리를 적용하여 건설한 이상적인 공동체를 그린 『Walden Two』(1948)를 펴내기도 했다. 교육문제에도 관심을 두고 교수기계(teaching machines)와 프로그램 교수(programmed instruction)를 개발하기도 하였으며, 교수학습, 동기, 창의성 등에 관심을 갖고 『Technology of Teaching』(1968)이라는 저서를 내기도 했다.

Skinner 또한 동물 실험을 통해 조작적 조건형성에 관한 원리를 설명하였다. Skinner는 Skinner 상자(Skinner Box)라는 실험장치를 고안하여 흰 쥐를 대상으로 실험을 하였다([그림 7-5] 참조). 상자 속에 놓인 흰 쥐는 왔다 갔다 하면서 벽에 부딪히는 등 처음에는 상자 속에서 이리저리 움직였다. 그러다가 우연히 지렛대를 누르자 먹이가 나와 먹이를 먹을 수 있었다. 이러한 과정을 여러 번 반복하게 되면 흰 쥐는 지렛대를 누르는 행동과 먹이와의 연관성을 학습하게 된다. 여기서 흰 쥐가 지렛대를 누르는 행동은 먹이와 같은 결과를 만들어내는 쥐의 능동적, 자발적 행동이다. 이를 조작적(operant) 행동이라고 한다. 이때 이 행동의 빈도에 핵심적인 역할을 하는 것은 행동에 대한 보상으로 나오는 먹이이며, 행동 발생의 빈도를 높이는 강화물(reinforcement)의 역할을 한 것이다.

여기서 전구에 불이 켜져 있을 때 지렛대를 누르면 먹이가 나오지만 불이 꺼져 있을 때는 먹이가 나오지 않게 장치를 조작한 후 위의 실험을 반복하면, 흰 쥐는 불이 켜져 있는 동안에만 지렛대를 누르는 행동을 하여 먹이를 먹게 되는데, 이때 불빛을 변별자극(discriminative stimulus)이라고 한다.

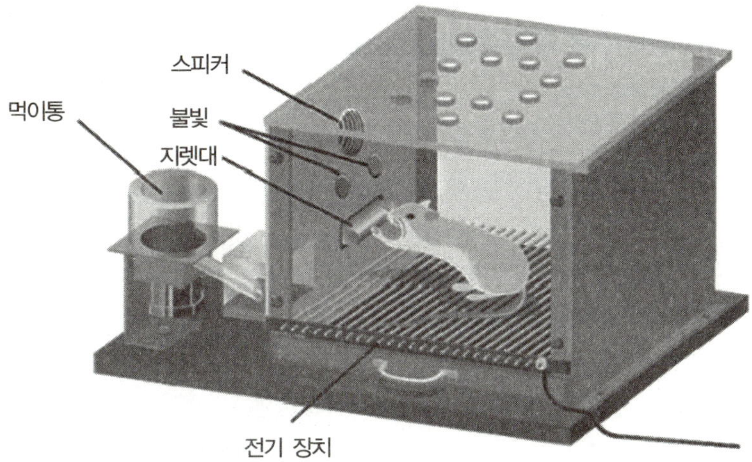

[그림 7-5] Skinner가 고안해 낸 실험장치(Skinner Box)

여기서 조작적 조건형성과 고전적 조건형성의 차이를 생각해 볼 수 있다. 고전적 조건형성에서의 반응이란 음식을 보면 침을 흘리는 것과 같은 비자발적이고 무의식적인 행동인 반면, 조작적 조건형성에서의 반응은 지렛대를 누르는 자발적, 의도적인 행동에 관심이 있다. 또한 고전적 조건형성에서는 중성자극을 무조건자극과 반복적으로 연합시켜 반응(행동)을 유도하였으나, 조작적 조건형성에서는 반응(행동)을 강화시킴으로써 반응이 일어날 확률을 증가시켰다.

이와 같이 조작적 조건형성 이론의 핵심은 강화(reinforcement)이다. 따라서 학습자에게 학습시키려고 하는 반응(행동)은 보상 또는 강화를 수반해야 된다. 강화에는 정적강화와 부적강화가 있다. 정적강화(positive reinforcement)는 어떤 행동 후에 행위자가 만족스러워하는 긍정적인 자극을 줌으로써 그 행동이 일어날 발생 빈도를 증가시키는 것을 말한다. 수업 시간에 발표를 잘 한 학생에게 칭찬을 함으로써 계속 발표를 잘 하도록 하는 것이 정적강화의 예이다. 반면에 부적강화(negative reinforcement)는 어떤 행동 후에 행위자가 싫어하거나 혐오스러워하는 자극을 없애 줌으로써 그 행동이 발생할 빈도를 증가시키는 것을 말한다. 지각을 할 경우 화장실 청소를 해 왔다면, 지각을 하지 않으면 화장실 청소를 면제해 주는 경우이다.

부적강화와 벌(punishment)은 구별되는 개념이다. 벌은 어떤 행동이 일어나는 빈도를 감소시키거나 억제하려는 목적에서 제공하는 것으로, 특정 행동 후에 부정적인 자극을 제공하는 수여성 벌(presentation punishment)과 행동 후 긍정적인 자극을 제거하는 제거성 벌(removal punishment)로 나뉜다. 거짓말을 한 경우 꾸중이나 체벌을 했다면 수여성 벌, 좋아하는 TV프로그램을 보지 못하게 하거나 장난감을 가지고 놀지 못하게 했다면 제거성 벌을 활용한 것이다.

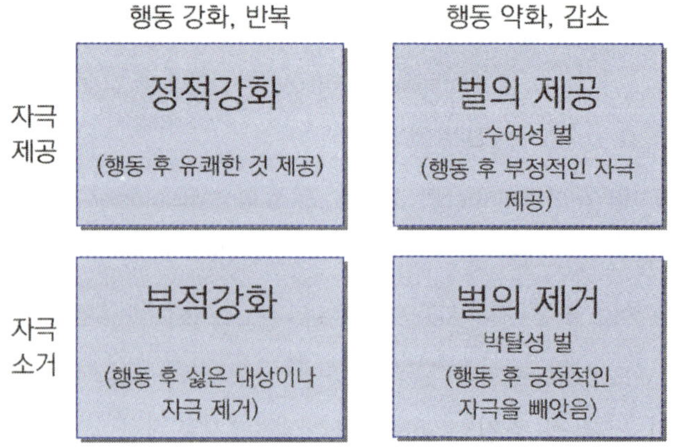

[그림 7-6] 강화와 벌

2) 인지주의: 정보처리 관점

행동주의는 외현적으로 드러나는 행동에 관심을 갖고 있었으므로 학습자의 머릿속에서 일어나는 내적인 정신과정은 연구의 대상이 아니었다. 반면에 인지주의 이론가들은 학습자 내부에서 발생하는 정신과정에 관심을 가졌다. 행동주의자들이 학습은 자극과 반응의 연합에 의해 형성된다는 입장이라면, 인지주의자들은 자극과 반응 사이를 중재하는 내적인 정신과정에 더 초점을 두고, 학습자 내부에서 인지상태가 변화하였다면 학습이 일어난 것으로 보았다. 따라서 행동주의가 자극(S)과 반응(R)의 연합인 S→R 이론이라면, 인지주의는 행동주의에서 간과한 내면적 정신과정(O)을 포함하는 S→O→R 이론으로 표현할 수 있다.

인지주의 학습이론이 본격적으로 주목을 받게 된 것은 인지적 정보처리이론이 등장하면서부터이다. 정보처리이론에서는 정보를 받아들여 기억에 저장해 놓았다가 필요할 때 인출하는 인간의 정보처리 과정이 컴퓨터의 정보처리 과정과 유사하다고 보았다. 또한 정보처리의 과정에 지각, 시연, 문제해결, 기억, 망각 등 인간의 모든 인지활동이 포함되어 있는 것으로 가정함으로써 행동주의의 조건형성 이론에서 축소시켰던 인간의 학습 영역을 확대하는 데 기여하였다.

인간의 정보처리 과정을 Atkinson & Shriffrin 모형(1968, 1971)에 근거하여 그림으로 나타내면 [그림 7-7]과 같다. 정보처리 관점에서 인간의 학습과 기억을 설명하는 모형은 다양하지만, 대부분 Atkinson & Shriffrin 모형에 토대를 두고 있다. 이 모형은 특히 작업기억(단기기억)과 장기기억의 역할을 강조하기 때문에 이중기억모형(dual memory model)이라고도 한다.

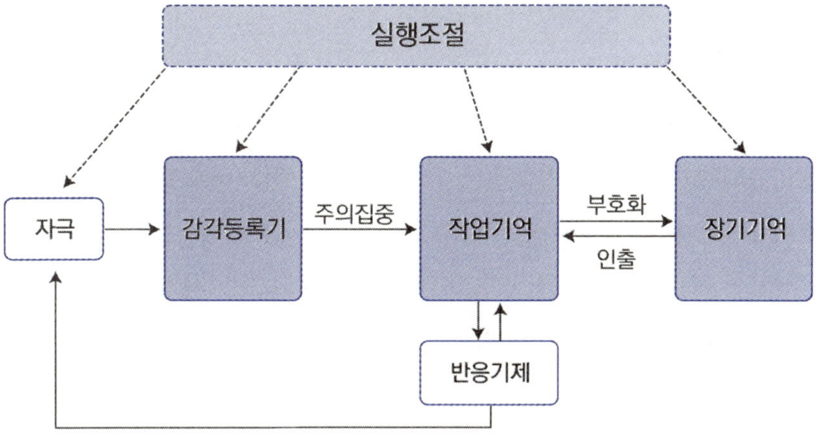

[그림 7-7] 정보처리모형

[그림 7-7]에 제시한 바와 같이, 무수히 많은 자극들이 환경으로부터 유입되어 들어오면, 이 자극들은 시각, 청각, 후각, 촉각, 미각 등과 같은 감각적인 형태로 가장 먼저 감각등록기(sensory register)에 들어온다. 감각등록기는 정보를 수용할 수 있는 양에는 제한이 없지만 저장시간이 매우 짧아서 즉시 처리되지 않은 정보는 곧 사라진다. 시각정보는 약 1초, 청각정보는 약 2~4초 정도 지속되는 것으로 알려져 있다. 감각등록기의 정보를 계속 처리하기 위해서는 해당 정보에 주의(attention)를

기울여야 한다. 하지만 모든 감각적 정보를 무한정으로 처리할 수 없기 때문에 특정 정보에 대해서만 선택적으로 주의집중을 해야 한다. 선택적 주의집중 여부는 해당 정보가 자신에게 얼마나 의미 있는가, 얼마나 복잡하고 난이도가 있는가, 주의통제력이나 집중력이 얼마나 있는가 등에 영향을 받는다.

감각등록기에 들어온 정보 중 선택적 주의집중을 거친 정보는 작업기억(working memory)으로 들어오게 되며, 여기서 비로소 의식적인 정신작업이 이루어진다. 그러나 작업기억은 정보를 저장할 수 있는 용량과 시간이 매우 제한적이어서 한 번에 약 7±2개의 정보를 유지할 수 있으며 저장 시간도 약 10~20초 정도이므로, 단기기억(short-term-memory)이라고도 불린다. 작업기억에서는 용량이 제한되어 있기 때문에 여러 가지 과제를 동시에 수행하기 어려우며, 특별한 기억전략을 쓰지 않으면 작업기억 내의 정보는 쉽게 유실된다. 대표적 기억전략으로 낱낱의 정보를 의미 있는 정보단위로 묶는 청킹전략(chunking)이 있다. 자, 지금부터 'FBICIANASAAIDS'라는 글자를 암기해보자. 이 글자를 그대로 기억하려면 낱글자 14개를 기억해야 하므로 작동기억의 저장용량을 넘어가게 된다. 이번에는 이 글자를 'FBI / CIA / NASA / AIDS'라는 의미 단위로 묶어보자. 14개의 낱개의 정보가 4개의 정보단위가 되어 작업기억의 저장 용량 내에서 쉽게 암기할 수 있다.

어떤 정보를 작업기억으로 보냈다고 해서 그 정보가 반드시 장기기억에 저장되는 것은 아니다. 정보를 장기기억에 저장하기 위해서는 부호화(encoding) 과정이 필요하다. 장기기억 내의 기존 정보와 새로운 정보를 통합하는 과정이 필요한데 이 과정이 부호화의 과정이다. 새로운 정보를 장기기억에 저장하기 위해 준비하는 과정으로도 해석된다. 부호화는 정교화, 조직화, 활성화 전략을 통해 촉진될 수 있다. 정교화(elaboration)는 사전 경험에 근거하여 새로 들어온 정보를 장기기억에 있는 기존 정보와 연결하고 의미를 부여하는 과정이다. 조직화(organization)는 범주나 유형을 구성하여 새로운 정보와 기존 정보를 연결하는 전략이며, 활성화(activation)는 새로 들어온 지식을 실제 상황에 적용해 보는 전략이다.

부호화 과정을 거친 작업기억의 정보는 드디어 장기기억(long-term-memory)에 저장된다. 작업기억이 저장 용량과 시간에 제한이 있다면, 장기기억은 저장할 수 있는 용량이 무제한이며 지속기간도 영구적이다. 장기기억은 마치 도서관 서고에 정리되어 있는 책과 같아서, 필요할 때 꺼내서 작업기억에서 처리한 후 다시 서고에 저장해 둘 수 있다. 장기기억은 용량이 무제한이고 영구히 저장할 수 있는데 우리는 왜 망각하는 것일까? 망각이란 이전에 경험했거나 학습했던 것에 대한 기억을 일시적 또는 영구적으로 떠올리지 못하는 것으로, 장기기억에서의 망각은 간섭(interfere)과 인출실패(retrival failure)로 인해 일어난다. 과거에 학습했거나 또는 최근에 학습한 지식이 정보의 인출을 방해하거나, 장기기억에 저장된 정보를 작업기억으로 이동시키는 과정에서 인출실패가 일어나면 망각하게 된다.

정보처리 내에서 모든 정보의 흐름은 실행조절 과정에 의해 관장된다. 실행조절 과정은 초인지(metacognition) 또는 메타인지로 불리는데, 자신의 인지과정을 알고 통제하는 것을 의미한다. 정보처리 과정에서 주의집중을 해야 할 정보가 무엇인지 알고, 정보를 지속시키기 위해 다양한 기억 전략을 사용하며, 정교화, 조직화, 활성화 전략을 활용하여 정보를 부호화시키고 저장하기 위해 노력한다. 동일한 정보처리 과정을 거친다고 해도 정보를 기억하는 정도에서 개인차가 나는 이유는 이와 같은 실행조절 능력에 차이가 있기 때문이다.

3. 구성주의 기반의 학습이론

구성주의는 철학, 심리학, 두뇌공학 등 다양한 학문 분야에 뿌리를 두고 발전한 지식과 앎의 문제를 다루는 이론으로 20세기 후반부터 최근 20여 년 동안 사회학, 인류학, 인지심리학, 교육학 등 다양한 분야에서 널리 논의되고 있다. 구성주의는 행동주의, 인지주의와 같이 학습 현상에 관심을 두고 있으나, 학습의 과정이나 원리를 설명하려는 심리학적 접근이라기보다는 지식의 형성과 습득을 설명하려는 인식론적 측면에서 논의가 시작되었다. 여기서 인식론이란 '지식은 무엇인가, 지식은 어떻게 습득되는가, 우리가 무엇인가를 아는 것을 어떻게 알게 되는가'와 같은 지식의 형성과 습득을 탐구하는 철학의 한 분야이다. 인식론적인 측면에서 구성주의는 지식은 인식하는 주체가 능동적으로 구성하는 것이며, 개인의 경험을 기초로 의미를 해석하고 구성해간다는 가정에서 출발한다.

구성주의를 이해하기 위해 지식에 관한 객관적, 절대주의적 입장을 취하는 객관주의를 함께 살펴보자. 객관주의(objectivism)는 지식을 개인의 외부에 독립적으로 존재하는 고정된 하나의 객체(object)로 보는 입장이다. 즉 모든 사람이 시·공간을 초월하여 동일하게 인식할 수 있고, 모든 상황에 동일하게 적용할 수 있는 절대적인 진리로서의 지식을 가정한다. 반면, 구성주의(constructivism)는 지식에 관해 주관적, 상대주의적 입장을 취한다. 즉 지식은 개인을 둘러싼 환경과 경험을 바탕으로 개인에 의해 능동적으로 구성된다고 가정한다. 지식은 외부에 객관적으로 존재하는 실체를 그대로 반영하는 것이 아니라 개인의 경험에 의해 구성되고 존재하는 것이므로, 외부환경으로부터 수동적으로 받아들이는 것이 아니라 인식 주체가 능동적으로 구성, 재구성해 가는 과정으로 보았다(강인애, 1997; 김정겸, 2000; Gredler, 2005; Jonassen, 1991). 지식에 대한 객관주의와 구성주의의 입장을 비교하면 〈표 7-1〉과 같다.

〈표 7-1〉 객관주의와 구성주의 비교

구분	객관주의	구성주의
지식의 정의	• 고정적이고 확인할 수 있는 대상, 객체	• 개인의 경험을 바탕으로 개인이 능동적으로 구성, 재구성한 것
지식의 특징	• 시, 공간 초월	• 특정 사회, 문화, 역사, 상황적 성격의 반영
현실	• 인식주체의 외부에 존재 • 규칙으로 규명 가능하며 통제와 예측이 가능	• 인식주체에 의해 결정 • 불확실하고 복잡하며 예측 불가능
최종목표	• 모든 상황적, 역사적, 문화적인 것을 초월해 적용할 수 있는 절대적 진리, 지식 추구	• 개인에게 의미 있고 타당하고 적합한 것이면 모두 진리, 지식
주요용어	• 발견, 일치	• 창조, 구성

구성주의는 지금으로부터 100여 년 전에 논의된 Piaget와 Vygotsky의 이론에 대한 재해석으로부터 본격적으로 출현하였다. 1990년대에 들어오면서 인지적 구성주의, 사회적 구성주의, 사회-문화적 구성주의, 진화적 구성주의, 포스트모던 구성주의, 사이버네틱스 등 다양한 이름으로 구성주의 이론이 연구되고 있으나, Piaget의 이론에 기반한 인지적(개인적) 구성주의와 Vygotsky의 이론에 기반한 사회적 구성주의를 살펴봄으로써 구성주의 관점의 학습 원리를 이해할 수 있다.

인지적 구성주의와 사회적 구성주의를 구분하는 근거는 지식을 습득하는 요인으로 개인의 인지적 작용을 강조하느냐 혹은 개인이 속해 있는 사회, 문화, 역사적 맥락을 강조하느냐에 있다(박승호, 2004). 다시 말하면 개인의 인지적 발달 과정에서 사회적 상호작용을 얼마나 강조하느냐에 따라 인지적 또는 사회적 구성주의로 구분한다.

먼저, 인지적 구성주의(cognitive constructivism)는 지식 구성의 주요한 요인을 개인의 내면적 인지작용에 두는 입장으로 Piaget의 인지발달이론을 기반으로 한다. 인지적 구성주의는 사회적 구성주의와 비교해서 개인적 구성주의로 불리는데, 지식 구성에 있어서 사회, 문화적 요인보다는 개개인의 인지적 구조 변화와 활동에 관심을 두는 입장이다.

인지적 구성주의에서는 지식의 구성적 특성을 설명하기 위해 Piaget의 동화와 조절의 개념을 차용하였다. Piaget에 의하면 인간의 인지구조는 생득적으로 결정된 발달 과정에서 동화와 조절이라는 인지작용에 의해 능동적으로 구성된다고 보았다. 동화(assimilation)란 새로운 정보를 접할 때, 기존에 개인에게 구성되어 있는 인지도식(schema)에 맞춰 정보를 적용하려는 경향성이다. 조절(accommodation)은 새로운 정보를 받아들이기 위해 기존의 도식을 수정하거나 도식을 새롭게 형성하는 것을 의미한다. 인간은 인지상태의 평형(equilibrium)을 유지하려는 본능을 지니고 있는데, 인간이 새로운 환경과 경험에 끊임없이 노출되면서 인지적 갈등(cognitive conflict) 상태인 불평형(disequilibrium) 상태에 이르게 된다. 이때 기존의 인지구조에 모순이 없는 새로운 지식은 동화시키고 기존의 도식에 적절하지 않은 지식은 조절의 과정을 통해 도식을 변경시키면서 인지적 평형 상태를 유지하게 된다. 이 과정에서 인지적 도식을 끊임없이 확장시키게 되며 이전보다 더 높은 인지수준에 도달하게 된다. 즉 인지 불평형 상태에서 평형 상태로 최적화시키는 과정에서 인지 발달이 이루어지며 이 과정을 지식구성의 과정, 즉 학습의 과정으로 보았다.

Piaget에 있어서 인지발달은 단순히 지식을 수용하거나 현실 세계를 그대로 모사(표상)하는 데 있는 것이 아니라 동화와 조절이라는 두 가지 인지행동이 상호 보완적으로 반복되면서 적극적으로 외부의 정보를 선택, 해석, 변형하고 재조직하는 능동적인 과정인 것이다. 특히 이 과정에서 사람들 간의 사회적, 문화적 상호작용보다는 오히려 환경과의 상호작용에 강조점을 두었으며 사회적 상호작용은 개인의 인지적 작용과 발전을 촉진시키는 부수적 요인으로 보았다(방선욱, 2005).

사회적 구성주의(social constructivism)는 Vygotsky의 사회문화적 심리발달 이론에 기초를 두고, 학습에 영향을 미치는 사회적인 요소에 관심을 가졌다. 사회적 구성주의에서는 인간의 인지발달을 사회적 상호작용의 내면화 과정으로 설명한다. Vygotsky는 인간이 다른 동물보다 고등한 사고를 가능하게 하는 기초로 고등정신기능의 내면화(internalization) 과정을 제시하였다. 즉 아동의 문화 발달에서 기능은 두 번 혹은 두 차원에서 나타난다. 처음은 사회적 차원에서 나타나고, 그 다음은 심리적 차원에서 나타난다. 구체적으로 먼저 개인 간 심리적 영역으로서 사람들 사이에서 나타나고(상호작용), 그 다음은 개인 내적 심리적 영역으로 아동 내부(정신내부)에서 나타난다는 것이다.

예컨대, 특정 사물이나 사상에 대해 주변 사람과 대화(상호작용)하는 경우를 생각해 보자. 처음에는 사물이나 사상에 대해 서로 다른 의미(지식)를 가지고 있을 것이며, 지식은 개인이 주체적으로 구성한 것이므로 주관적일 수밖에 없다. 그러나 주변 사람과 계속적으로 그 대상에 대해 대화를 나누게 되면 각자의 말에 긍정 또는 부정하거나 어떤 감정을 나타내 보이면서 기존에 가지고 있던 지식은 계속 유지 또는 수정되거나 내용이 덧붙여질 것이다(허경조, 2007). 주관적이던 지식은 점차로 객관적 지식이 되고, 각자의 지식은 재구성되고 발전하게 되며, 이 과정이 학습인 것이다.

이 과정에서 언어적 상징은 핵심적 역할을 한다. 언어를 통해 개인의 의사를 상대방에게 전달하고 상대방의 의사를 언어로 반응하므로 언어의 사용은 대인 간 상호작용을 위한 수단이며 개인 내 학습과 인지작용을 스스로 이끄는 중요한 매개가 된다(허경조, 2007).

Vygotsky는 사회적 상호작용에 의한 인지발달을 설명하기 위해 근접발달영역(ZPD; Zone of proximal development)의 개념을 도입하였다. 근접발달영역이란 아동이 혼자서는 문제를 해결할 수 없으나 성인의 안내나 더 능력 있는 또래들이 도와줄 경우 도달할 수 있는 인지적 발달수준의 영역을 말한다. 이 근접발달영역 내에서 주변의 적절한 도움을 받는다면 아동은 이전 시기보다 더 나은 수준의 인지 발달이 가능하며 사람들과 서로 영향을 주고받으면서 발달이 촉진될 수 있음을 주장하였다. 이러한 Vygotsky의 이론은 지식의 사회적 구성을 강조하고 있으며, 협동학습의 가능성을 제시하였다. 인지적 구성주의와 사회적 구성주의를 비교하면 〈표 7-2〉와 같다(강인애, 1997; 이종일, 1998).

〈표 7-2〉 인지적 구성주의와 사회적 구성주의의 비교

구분	인지적 구성주의	사회적 구성주의
지식	마음의 산물로 인식 주체자에 의해 상이하게 구성됨	
지식목표	개인 각자의 맥락에 적합한 의미 구성	
핵심관심	개인의 인지적 구성 과정	사회, 문화적 동화
인지적 발달 기원	개인의 머릿속	사회 관계에 참여하는 개인
학습	개인의 주관적 경험에 의한 의미 구성	사회적 상호작용을 통한 의미구성
학습자 역할	의미의 능동적 구성자, 산출자, 해석자	
주요이론가	Piaget, von Glasersfeld, Fosnot, Cobb	Vygotsky, Wertsch, Gergen, Rogoff

이상을 바탕으로 구성주의에서 강조하는 주요 학습원리를 설명하면 다음과 같다(조영남, 1998; Savery & Duffy, 1996; Duffy & Cunningham, 1996).

첫째, 학습은 발달의 결과가 아니라 학습이 곧 발달이다. 학습은 학습자 스스로의

발명과 자기조직을 요한다. 따라서 교사는 학생이 스스로 자신이 해결해야 할 문제를 생성하고, 이에 대한 대안으로 자신의 가설과 모형을 산출하고 이들의 적합성 여부를 검증할 수 있도록 뒷받침해 주어야 한다.

둘째, 학습은 구성적, 능동적 과정이다. 지식은 경험으로부터 구성되며 학습은 학습자가 지식을 내적으로 표상하는 구성적 과정이자 경험에 기초하여 의미를 해석하고 개발하는 능동적인 과정이다.

셋째, 인지적 불균형이 학습을 촉진한다. 인지적 갈등과 혼란은 학습을 위한 자극이며 이것이 학습될 내용의 조직과 본질을 결정한다. 따라서 실제적이고 유의미한 맥락에서의 도전감 있고 개방적인 탐구가 강조되어야 하며, 긍정과 모순이 되는 다양한 대안을 탐구, 산출하도록 해야 한다.

넷째, 학습은 사회적, 대화적 활동이다. 공동체 구성원들 간의 대화가 깊이 있는 사고를 촉진한다. 교실은 다양한 활동과 반성적 사고, 대화가 이루어지는 하나의 공동체이다.

다섯째, 학습은 상황에 기초하여 일어난다. 학습이 진정한 의미를 갖기 위해서는 풍부한 맥락, 실제 상황을 기반으로 해야 한다.

여섯째, 학습은 도구와 상징을 통해 촉진된다. 학습은 의미를 구성하는 것이다. 의미의 구성은 도구(물리적 수단과 기능)와 상징(언어, 수, 지도 등과 같은 기호)의 활용을 통해 촉진된다.

일곱째, 인간의 궁극적인 성취는 앎의 방법을 아는 것이다. 앎과 학습의 과정을 스스로 점검하고 통제할 수 있는 능력, 즉 반성적 사고야말로 인간이 지녀야 할 중요한 능력이다. 반성적 사고는 우리가 더불어 살고 있는 세상을 새롭게 이해하고 창조할 수 있는 핵심 요인이다.

연습 및 탐구문제

1. 학습의 기본적인 요소에 대해 설명하시오.

2. 행동주의와 인지주의 학습이론을 비교하시오.

3. 행동주의, 인지주의, 구성주의를 학습이론과 인식론적 측면에서 구분하고 설명해보시오.

4. 교사의 인식론적 신념에 따라(객관주의 VS 구성주의) 수업의 모습이 어떻게 달라질지 논의해보시오.

참고문헌

강인애 (1997). **왜 구성주의인가?** 서울: 문음사.

김정겸 (2000). 구성주의적 교육을 위한 교수·학습 설계 방안. **교육연구**, 16, 195-210.

박승호 (2004). 학습에 대한 인지적 구성주의와 사회적 구성주의의 이론적 검토. **서울여자대학교 사회과학논총**, 11, 141-153.

방선욱 (2005). 인지적 구성주의와 사회적 구성주의에 대한 비교고찰. **한국사회과학연구: 일반**, 27(3), 181-198.

조영남 (1998). 구성주의 교수-학습. **대구교육대학교 초등교육연구 논총**, 12, 93-122.

이명숙 (1998). 구성주의 심리학. **대구교육대학교 초등교육연구 논총**, 12, 29-52.

허경조 (2007). 구성주의 학습이론의 한계. **충북대학교 교육연구논총**, 28(3), 103-131.

Driscoll, M. P. (2000). *Psychology of learning for instruction*(2nd ed.). Boston: Allyn and Bacon.

Duffy, T. M., & Cunningham, D. J. (1996). Constructivism: Implication for the design and delivery of instruction. In D. H. Jonassen(Ed.), *Handbook of research for educational communication and technology*. New York: Macmillan.

Gredler, M. (2005). *Learning and instruction: Theory into practice*(6th Ed.). Upper Saddler River, NJ: Pearson Prentice Hall.

Jonassen, D. H. (1991). Objectivism versus constructivism: Do we need a new philosophical paradigm?. *ETR&D, 39*(3), 5-14.

Savery, J. R., & Duffy, T. M. (1996). Problem based learning: an introductional model and its constructivist framework. In B. Wilson, *Constructivist learning environments: Case studies in instructional design*. New Jersey: Educational Technology Publications.

Schunk, D. H. (2004). *Learning theories: An educational perspective*(4th Ed.). Upper Saddler River, NJ: Pearson Prentice Hall.

Simpson, T. L. (2002). Dare I oppose constructivist theory? *The educational Forum, 66*, 347-354.

제8장

객관주의 교수설계이론

학|습|목|표

1. 수업설계이론을 학습이론과 비교하여 설명할 수 있다.
2. 객관주의 수업설계이론의 특징을 설명할 수 있다.
3. 가네의 수업설계이론을 적용하여 수업을 설계할 수 있다.
4. 켈러의 ARCS 이론을 적용하여 수업을 설계할 수 있다.

주|요|용|어

- 수업설계
- 학습 결과의 유형
- 9가지 수업 사태
- 주의집중
- 관련성
- 자신감
- 만족감

1. 교수설계이론과 교수설계모형

교수설계이론은 교수설계모형과 혼동되어 사용된다. 교수설계이론은 인간의 학습과 발달을 효과적으로 지원하기 위한 명시적 원리와 방법으로 구성된 이론이다. 따라서 교수설계이론은 어떻게 수업을 준비하고 학습 환경을 설정할 것인가를 안내한다. 이와 달리 교수설계모형은 이론을 실제 활용하는 데 필요한 과정과 절차에 대한 기술이며, 과제 수행 순서를 단계 혹은 행위로 구분하여 제시한 것이다. 교수설계 모형은 교수자가 교수설계를 체계적으로 할 수 있도록 실천적 지침을 제공한다. 따라서 교수설계자는 교수설계 모형을 통해 교수 상황의 문제를 이해하며, 문제를 단계별로 분석하여 효과적 교수처방을 제시할 수 있다. 교수설계 모형은 교수설계 모형이 적용되는 조건, 교수전략 및 방법, 그리고 교수 결과로서 달성하고자 하는 바람직한 결과를 포함한다(Reigeluth, 1999). 교수설계 모형은 교수설계 전체 과정을 중요한 단계로 구분하여 단계별 수행 내용과 방법을 제시함으로써 교수설계 활동을 보다 효과적, 효율적으로 수행하여 마지막 산출물을 만들어 내는 데 초점을 둔다(정인성, 나일주, 2004). 8장과 9장에서는 교수학습 과정의 주요 요소들에 대한 효과적 설계를 지향하는 이론으로 어떤 방법을 교수설계에 사용할 것인가라는 교수방법과 언제 사용할 것인가라는 교수 상황을 통합하는 명제로서의 이론과 원리를 다루는 교수설계이론을 다양한 교수설계 모형을 포함하는 광범위한 의미로 사용하고자 한다.

2. 객관주의 수업설계이론

1) 수업설계이론

앎의 원리를 밝히고자 하는 학습 이론은 현장교사에게 자신이 맡은 교과적 특성과 대상에 적합한 수업을 구현하기 위해 어떻게 수업을 설계해야 하는지 구체적인 지침을 제공하는 데에 한계가 있다. 교육심리학자들은 학습자의 정신적 활동인 주의집중, 기억, 회상 등을 규명하는 연구를 통해 학습과정에 대한 원리를 기술적(descriptive)으로 설명하고자 한다. 한편 교육공학자들은 이처럼 검증된 학습이론에 기초하여 학습을 효과적으로 촉진하기 위하여 어떻게 수업 활동이 이루어져야 하는지 처방적(prescriptive)으로 제시하고자 한다. 수업설계는 수업자료를 선택하고, 학생들의 준비도를 파악하고, 수업 시간을 관리하고, 수업활동을 모니터링하고 내용을 제시하며 학습을 촉진하는 등 교사가 학생을 학습시키기 위해 수행해야 하는 총괄적인 모든 활동을 포함한다(Gagné et al., 2005).

한편, 수업설계이론이 인간의 학습을 촉진하기 위하여 보다 나은 방법에 대한 구체적인 지침을 제공하는 이론으로 수업설계와 관련하여 특정 범위나 수준, 영역에 관심을 두는 미시적 이론인 반면에 교수 프로그램을 개발하는 과정과 절차의 방법론에 초점을 두는 교수체제설계(ISD: Instructional Systems Design)이론은 일반적이고 거시적이며 절차적이라고 볼 수 있다.

2) 객관주의 수업설계이론

객관주의자들은 지식이 학습자와 별개로 존재한다고 믿으며 객관주의 수업설계이론은 학습 목표와 대상에 따라 이러한 지식을 효과적으로 전달하기 위해 수업을 어떻게 구성해야 하는가에 초점을 맞춘다. 객관주의 수업설계이론은 학습이 발생할 수 있는 조건을 세심하게 배열하기 위해 학습 내용(결과 혹은 과제)의 특성에 따라 내용을 적정하게 조직하여 학습자의 기존의 지식과 잘 연결되도록 하는 것에 관심을 둔다.

3. 가네의 수업설계이론

가네(R. M. Gagné)는 행동주의에서 출발하여 인지주의로 발전하는 주요 학습이론의 아이디어를 체계화하여 수업이론으로 제시하였다. 그는 특히 정보처리이론에 기초하여 학습을 위한 내적 조건과 외적 조건, 교사가 수업 활동을 설계할 때 고려해야 하는 주요 9단계를 제시하였다.

1) 학습 결과의 분류

가네의 이론에서 학습을 위한 내적 조건과 관련된 세부 이론인 '학습 결과의 분류'는 학습자가 학습하기 전에는 없었지만 학습 후에 생기는 학습된 능력을 5가지로 구분하고 이에 따른 학습의 필요 조건을 규명한 이론이다. 가네는 학습결과의 유형을 언어정보, 지적 기능, 인지전략, 태도, 운동기능으로 구분하였으며, 그 설명과 정의 및 예시는 〈표 8-1〉과 같다(Driscoll, 2005).

〈표 8-1〉 가네의 학습결과 분류

<table>
<tr><th colspan="2">학습결과</th><th>설명</th><th>정의</th><th>예시</th></tr>
<tr><td colspan="2">언어정보</td><td>방대한 양의 선언적 지식</td><td>학습자 기억 속에 저장된 사실이나 조직화된 지식</td><td>개의 이름을 말하기</td></tr>
<tr><td rowspan="5">지적 기능</td><td>변별</td><td rowspan="5">단순암기 이상의 고차적 학습 기능으로서 연습과 적용이 필요한 절차적 지식으로서 서로 간의 학습을 지원함. 절차적 지식에 해당하는 하위의 5가지 범주는 위계적이어서 하위의 변별학습부터 먼저 학습되어야 상위의 학습이 가능</td><td>대상, 특징, 상징의 지각적 특성에 의한 구별</td><td>개와 늑대의 구분</td></tr>
<tr><td>구체적 개념</td><td>구체적인 대상, 특징, 사상의 개념적 특성에 의한 분류</td><td>개 중에서 꼬리가 짧은 견종을 구분함</td></tr>
<tr><td>정의된 개념</td><td>대상, 특징, 사상을 정의나 사례를 활용하여 분류</td><td>'순종견'의 정의에 따른 코커스패니얼의 특징을 구별함</td></tr>
<tr><td>규칙 (원리)</td><td>문제해결을 위해 정해진 방식으로 단순한 규칙 적용</td><td>개를 훈련하기 위해 '강화이론'을 활용하기</td></tr>
<tr><td>고차적 규칙 (문제해결)</td><td>복잡한 문제 해결을 위해 여러 가지 규칙을 새롭게 조합적 활용</td><td>견종과 질병을 고려한 노령견의 적절한 식단 조절</td></tr>
<tr><td colspan="2">인지전략</td><td>일종의 조건적 지식으로서 정보처리과정의 통제 기능</td><td>학습, 사고, 행위, 감정을 조절하는 개인적 방법의 활용</td><td>노령견의 공통적 특성을 파악하기 위해 조사 계획표를 작성</td></tr>
<tr><td colspan="2">태도</td><td>가치와 관련된 정의적 영역</td><td>대상, 특징, 사상에 대한 개인적 행위의 선택에 영향을 주는 개인의 내적 상태</td><td>공공장소에 개 동반 산책 시 적절한 예절 지키기</td></tr>
<tr><td colspan="2">운동기능</td><td>심동적 영역</td><td>근육 활용을 포함하는 수행</td><td>견종에 적합한 간식 만드는 법</td></tr>
</table>

2) 학습을 위한 조건

가네는 학습이란 학습자의 행동으로 나타날 수 있는 학습자의 기질과 능력의 변화라고 하였다. 그는 학습자의 기억과 같은 내부적인 학습의 조건이 갖추어지려면 이와 연계된 학습 환경과 학습 자원 및 활동과 같은 외부적인 조건이 세심하게 연계되어야 함을 강조하였다.

가네는 학습 결과의 유형에 따라 학습의 내적 조건과 외적 조건이 다르다고 보았으며, 구체적인 유형별 조건은 〈표 8-2〉와 같다(Driscoll, 2005).

〈표 8-2〉 학습 결과의 유형에 따른 학습의 내적 조건과 외적 조건

		내적 조건	외적 조건
언어정보	명칭	언어 연쇄들을 기억함	명칭을 영상이나 의미 있는 문장에 연결하여 기호화함. 뚜렷한 특징에 주의집중
	사실	정보의 의미 있는 맥락을 기억함	보다 큰 정보의 의미 있는 맥락 속에서 사실을 귀속함
	지식	관련된 정보들의 맥락을 기억함	새로운 지식을 관련 정보의 맥락에 귀속함
지적기능	변별	자극 반응의 결합을 기억함	동일한 자극과 상이한 자극에 피드백을 차별화하여 제공
	구체적 개념	관련 대상의 특징 분류를 기억함	관련 없는 특징을 바꾸어 가며 여러 가지 예를 제시함
	정의된 개념	구성 개념들을 기억함	개념의 구성요소를 제시하여 언어적으로 나타냄
	규칙	하위원리를 기억함	원리를 적용해 보도록 함
	고차원적 규칙	관련된 하위원리들의 연쇄를 기억함	새로운 문제해결에 하위원리들을 적용하도록 함
인지전략		관련된 전략을 기억함	전략을 기술하거나 시범 보이며, 전략을 활용할 기회를 제공
운동기능		운동기능의 연쇄들을 기억함	실행을 암시하는 언어 및 기타 안내 제공, 연습 기회 제공
태도		의도된 개인행동에 영향을 주는 정보 및 기술을 기억함	바람직한 태도에 따른 성공의 기대 확립. 존경하는 모델의 동일시 시범의 여건 제시, 적절한 피드백

3) 가네의 수업의 9가지 사태

가네는 Atkinson과 Shiffrin(1968)이 제안한 정보처리이론에 기초하여 학습의 내적 정보 처리 과정과 이 과정을 촉진하기 위해 수업에서 지원해야 하는 외적인 사태를 배열한 9가지 수업사태(events of instruction) 이론을 제시하였다. 그가 제시한 학습내적 과정과 연계된 수업사태는 〈표 8-3〉과 같다(Gagné et al., 2005).

〈표 8-3〉 학습 내적 과정에 따른 수업 사태

단계		학습 내적 과정	수업 사태
1	주의집중	수용기관에 의한 자극의 수용	자극의 수용을 확실히 하기 위한 주의 집중 자극
2	목표제시	감각등록기에 의한 정보의 등록	적절한 기대감을 형성하기 위한 학습목표 제시
3	선수학습회상	작동기억에서의 선택적 지각	장기기억으로부터 인출을 위한 과거 학습내용 회상
4	자극제시	작동기억에서의 리허설	선택적 주의 집중을 위한 분명한 내용 제시
5	학습안내	장기기억으로의 의미적 부호화	적절한 의미적 부호화를 통한 학습 안내
6	수행유도	장기기억으로부터 작동기억으로의 인출	반응 발생을 포함한 수행의 도출
7	피드백	반응기관을 통한 반응 생성	수행에 대한 피드백
8	수행평가	학습자 환경에서의 수행	추가적인 반응과 피드백을 포함하여 수행 평가하기
9	파지와 전이	집행 전략을 통한 통제 과정	집행 전략을 통한 통제 과정

가네는 정보처리과정에 따라 수업의 과정이 설계되어야 한다고 보았다. 수업의 9가지 사태의 내용은 다음과 같다.

① 주의집중: 수업에서는 우선 학습자의 주의를 획득하는 것이 필요하다. 정보처

리과정에 따른 감각등록기의 선택적 주의집중의 특성에 맞게 수업에서 정보를 제시하기 위해서는 시청각적 자극이나 흥미를 유발하는 자극을 활용한다.

② 목표제시: 새로운 학습에 대한 기대감을 높여주기 위해 학습이 끝났을 때 학습자가 성취해야 할 능력이 무엇인지 제시한다. 학습 내용이 목표와 어떤 관련성이 있는지 알려주어 목표 달성을 위해 학습자가 더욱 노력할 수 있도록 돕는다.

③ 선수학습회상: 학습자에게 제시할 새로운 정보를 학습자가 장기기억에 잘 저장하도록 돕기 위해 이미 장기기억에 있는 관련된 정보를 작동기억으로 불러와 새로운 정보와 연결시킬 수 있도록 준비하는 활동이다.

④ 자극제시: 학습자에게 새로운 내용을 제시하는 활동으로 학습 결과 유형에 따라 적합한 자극제시의 형태를 결정하는 것이 요구된다. 선택적 지각을 결정하는 특징을 반영하기 위해서 핵심정보를 강조하거나 물리적 배열을 활용할 수 있으며, 연역적 접근과 귀납적 접근을 모두 활용할 수 있다.

⑤ 학습안내: 새로운 정보들을 이미 알고 있는 지식들과 연결하도록 학습자의 약호화를 돕는 스캐폴딩 활동이다. 조직화와 정교화를 돕기 위해 심화된 의사소통이나 다른 표상을 활용하여 상이한 방식으로 정보를 제공할 수 있으며, 직접적이거나 간접적인 조언, 힌트나 질문을 활용할 수 있다.

⑥ 수행유도: 기존의 지식과 새로운 정보가 통합되면 학습과제를 수행하도록 하여 작동기억의 내용이 장기기억으로 넘어갔음을 확인하는 활동이다.

⑦ 피드백: 수행의 정확성을 확인하고 즉각적으로 수행을 교정할 수 있도록 정확한 피드백을 제공해야 한다.

⑧ 수행평가: 학습 결과로서의 평가와 수업의 효과성을 평가하기 위한 활동으로 수행평가는 정확하게 수업의 목표를 반영하여 이루어져야 한다.

⑨ 파지와 전이: 새로이 배운 지식과 기술의 망각을 방지하고 필요한 때 재생을 돕기 위한 활동으로서 유의미한 맥락이나 지식의 관계망을 제공할 수 있으며 체계적인 복습과 다양한 과제를 제공할 수 있다.

가네는 5가지 학습 결과의 유형에 따라 9가지 수업 사태가 다르게 제시되어야 한다고 하였다. 다음 표는 가네가 제시한 학습 결과의 유형에 따른 9가지 수업 사태이다. 그의 이론은 학습 영역에 따른 수업 설계에 있어 체계성이 다소 부족하다는 한계가 있어, 라이겔루스(Reigeluth)와 메릴(Merrill)은 그의 이론을 발전시켜 더욱 정교화한 수업설계이론을 개발한다(Driscoll, 2005).

〈표 8-4〉 학습 결과 유형에 따른 9가지 수업 사태

수업사태	학습 결과의 유형				
	지적 기능	인지전략	언어정보	태도	운동기능
주의집중	감각 양식의 다양한 변화를 포함하여 여러 가지 멀티미디어 자극을 다양하게 제시				
목표제시	기대하는 성취수행을 설명하고 예를 제시	기대하는 해결방안의 일반적 특성을 명료화	해답해야 할 언어적 질문의 종류를 명시	의도하는 행동 선택의 종류를 제시	기대하는 성취수행의 시범을 제공
선수학습 회상	선행요건이 되는 하위개념과 원리의 상기를 자극	인지전략 및 관련 지적 기능의 상기를 자극	조직된 정보의 맥락을 상기하도록 자극	관련 정보와 기능 및 동일시하고자 하는 인간모델의 상기를 자극	실행의 하위절차와 부분기능의 상기를 자극
자극제시	개념 또는 원리의 예를 제시	신기하고 참신한 새로운 문제를 제시	정보를 명제의 형태로 제시	인간모델을 제시하고 개인적 행위의 선택을 실증	성취수행을 위한 도구 또는 실행을 포함한 외적 자극을 제공
학습안내	문제해결을 돕는 언어적 단서를 제공	참신하고 새로운 해답을 위한 힌트나 단서를 제시	보다 큰 유의미 맥락에 언어적 관련성을 제공	모델의 선택행위와 모델로 인한 강화의 관찰을 제공	수행행동의 성취에 대한 피드백과 함께 연습기회를 제공
수행유도	학습자에게 새로운 예를 제시하고 규칙과 개념을 적용하도록 요구	문제에 대한 해결안을 요구	학습자에게 정보를 부연 설명하거나 자기 자신의 말로 진술하도록 요구	학습자에게 실제 또는 모의 상황에서 행위 선택을 하도록 요구	성취수행의 실행을 요구

수업사태	학습 결과의 유형				
	지적 기능	인지전략	언어정보	태도	운동기능
피드백	규칙 또는 개념적 용어 정확성 여부를 확증	문제해결의 독창성 여부를 확인	정보의 정확성 여부를 확인	행위선택에 대한 직접적인 또는 간접적인 강화를 제공	성취수행의 정확성과 타이밍의 정도에 대한 피드백을 제공
수행평가	학습자에게 개념이나 원리의 적용 여부를 실증하도록 요구	학습자에게 새로운 해답을 창출하도록 요구	학습자에게 정보를 부연설명 형태로 재진술하도록 요구	실제 및 모의 상황에서 개인적 행위의 바람직한 선택을 요구	학습자에게 전체 기능의 수행을 실행하도록 요구
파지와 전이	여러 가지 다양한 예를 가지고 분산적 복습의 기회를 제공	다양하고 참신한 문제해결의 기회를 제공	정보의 부가적 복잡성에 대한 언어적 연결을 제공	대안적 행위선택에 대한 부가적인 여러 상황을 제공	학습자에게 지속적인 기능 연습을 제공

4. 켈러의 교수설계이론

켈러(J. M. Keller)는 학습과 동기에 관한 행동주의, 인지주의 이론들을 통합하여 효과적으로 수업에 적용할 수 있는 동기 모형인 ARCS 모형을 개발하였다. ARCS는 주의집중(Attention), 관련성(Relevance), 자신감(Confidence), 만족감(Satisfaction)의 영어 두음을 조합한 모형의 명칭이다.

켈러가 제시한 ARCS 4가지 요소에 따른 구체적인 주요 수업 전략과 전술은 다음과 같다.

1) 주의집중(Attention)

주의집중(Attention)을 유발하고 이를 유지시키기 위한 동기 전략은 각성이론, 호기심, 지루함, 감각적인 추구 등의 연구에 기초하여 개발되었는데, 대상자의 특성에 따라 각 조건에 따른 동기의 효과가 매우 다양한 경향이 있으므로 학습자의 특성을 세심하게 분석하여 동기 전략을 설계해야 한다. '지각적 주의환기', '탐구적 주의환기', '다양성'의 세부 전략이 있으며 켈러와 송상호(1999)가 제시한 구체적인 주의집중 설계 시 고려사항은 다음과 같다.

〈표 8-5〉 주의집중의 동기 설계 고려사항

구성요소	과정 질문	주요 전술	방법의 실례
1. 지각적 주의환기	흥미를 끌기 위해 무엇을 할 수 있을까?	새로운 접근을 사용하거나 개인적, 감각적 내용을 넣어 호기심과 놀라움을 만들기	• 추상적인 용어보다 특정한 사람을 언급하기 • 구체적인 실례나 생생한 교재를 가지고 추상적인 내용을 설명하기 • 복잡한 개념이나 개념들 간의 관계를 구체적인 은유나 비유를 사용하기 • 문단형식보다 목록형식으로 제시하기 • 단계나 관계를 흐름도, 다이어그램, 만화, 시각적 보충교재를 사용하여 구체화하기
2. 탐구적 주의환기	탐구하는 태도를 어떻게 유발할 수 있을까?	질문, 역설, 탐구, 도전적 사고를 양성함으로써 호기심을 증진시키기	• 과제를 '문젯거리'로 제시하거나 소개하기(새로운 지식이나 기능을 사용해야만 해결할 수 있는 문제를 제시하여 탐구심 유발하기) • 지적 갈등을 유발하여 호기심 자극하기(모순되는 과거 경험, 역설적 실례, 대립하는 원리나 사실, 예기치 못했던 의견 제시) • 해결책이 있을 수도 있고 없을 수도 있는 문제 사용하여 신비감 불러일으키기
3. 다양성	그들의 주의집중을 어떻게 지속시킬 수 있을까?	자료제시 형식, 구체적 비유, 흥미 있는 인간적인 실례, 예기치 못했던 사건들의 변화를 통해 흥미를 지속하기	• 정보를 분리하기 위해 종이나 여백 활용하기 • 다양한 글씨체 사용하되 일관성 유지하기 • 정보배치 변화 주기 • 제시내용유형(글, 그림, 표, 사진) 변화 주기 • 진술형식(설명, 기술, 화술, 설득) 변화 주기 • 진술속성(진지하게, 재미있게, 교훈적으로) 변화 주기 • 수업계열(소개, 자료제시, 실례, 연습) 순서 바꾸고 필요시 추가 • 능동적 반응이 필요한 수업활동(질문, 문제, 연습, 퍼즐)

2) 관련성(Relevance)

관련성(Relevance)을 높여 동기를 촉진하고 유지하기 위한 전략은 기대・가치이론, 충동이론, 목적지향적 행동이론, 욕구위계이론, 의사소통이론, 지각이론을 바탕으로 개발되었다. 학습자의 동기를 유지시키기 위해서는 새로운 정보를 학습자의 선행지식이나 인지구조와 연결되도록 관련성을 맺게 하는 것이 중요하다. 이를 위해 '목적지향성', '필요의 부합성', '친밀성'의 세부 관련성 전략을 활용할 수 있으며 켈러와 송상호(1999)가 제시한 구체적인 수업 설계 시 고려사항은 다음과 같다.

〈표 8-6〉 관련성의 동기 설계 고려사항

구성요소	과정 질문	주요 전술	방법의 실례
1. 목적 지향성	학습자의 요구를 어떻게 최적으로 충족시켜 줄 수 있겠는가?(내가 그들의 요구를 아는가?)	수업의 유용성에 대한 진술문이나 실례를 제공하고 목적을 제시하거나 학습자들에게 목적을 정의하게 하기	• 자명하지 않다면, 수업의 이점 말하기 • 수업내용의 내재적인 만족감을 강조하는 말, 일화, 실례를 포함하기 • 학습한 후에 학습자가 할 수 있는 것이 무엇인지 기술하기 • 미래에 필요할 지식, 기능과 분명하게 관련이 있는 실례와 연습활동 넣기 • 수업의 성공의 미래의 목적달성과 어떤 관련이 있는지 말하기 • 일상적인 기술이 얼마나 향상되었는지 말하기 • 수업이 앞으로 연구하고 개발하기에 내재적으로 흥미 있는 영역이라고 생각하도록 격려하기
2. 필요의 부합성	수업을 학습자의 학습양식과 개인적인 흥미에 언제 어떻게 연결시킬까?	개인적인 성공기회, 협동학습, 지도자적 책임감, 긍정적인 역할 모델 등의 제공을 통해 학습자 동기와 가치에 민감하게 반응하는 수업 만들기	• 한 개인으로 대접받고 있음을 느끼도록 개별적인 언어 사용하기 • 성취 노력과 목적달성을 나타내는 실례 제공하기 • 성취와 관련된 감정을 나타내는 진술문이나 실례를 포함하기 • 성취와 성공의 과정, 그와 관련된 감정을 시각화하도록 격려하기 • 개인적인 목표설정, 기록유지, 피드백 제공할 수 있는 연습 포함

구성요소	과정 질문	주요 전술	방법의 실례
			• 협력학습 요구하는 연습 포함 • 문제해결이나 성취행동을 유발하는 퍼즐, 게임, 모의상황 포함 • 연습상황에서 서로, 자신과 경쟁하도록 격려하기 • 학습 내용 분야에서 직면하는 장애, 성취, 결과에서 주목할 만한 사람의 일화 소개 • 수행 후 한 단계 높은 목적을 획득한 사람들로부터 실례, 증언 사용하기 • 이점에 대한 신뢰 있는 사람의 언급이나 인용 포함하기
3. 친밀성	수업과 학습자의 경험을 어떻게 연결시킬까?	구체적인 실례와 학습자의 학습이나 환경과 관련된 비유를 제공하여 교재와 개념들을 친밀하게 만들기	• 수업이 학습자의 이전 경험이나 지식에 어떠한 근거를 두고 있는지 명백하게 진술하기 • 학습자들에게 친밀한 과정, 개념, 기능과 현재 내용을 연결하기 위한 비유, 은유 사용하기 • 개별적인 흥미를 느끼는 과제 내용에 대한 실례, 주제를 선택하도록 하기 • 과제 유형에 대한 선택권 주기(다양한 수단을 선택할 수 있도록 하기)

3) 자신감(Confidence)

자신감은 동기를 지속해 주는 중요한 요소로서 행동주의에서는 학습을 단위화하여 복잡하고 어려운 것을 쉽고 단순화한 것으로 만들어 성공의 가능성을 높여주는 것을 강조한다. 자신감(Confidence)을 높여주기 위한 전략은 통제의 소재 이론, 귀인 이론, 자기 효능감 이론 등에 기초하고 있다. 자신감을 높여주기 위한 세부 전략은 '학습요건', '성공기회', '개인적 통제'를 활용하는 것이다. 켈러와 송상호(1999)가 제시한 구체적인 수업 설계 시 고려사항은 다음과 같다.

〈표 8-7〉 자신감의 동기 설계 고려사항

구성요소	과정 질문	주요 전술	방법의 실례
1. 학습 요건	성공에 대한 긍정적인 기대감을 어떻게 깨워줄 수 있을까?	성공요건과 평가준거에 대해 설명하여 믿음과 긍정적 기대감을 확립하기	• 성공적인 학습의 증거로서 학습자들에게 기대되는 관찰 가능한 행동에 대한 분명한 진술문을 제공하기 • 가능할 때마다, 학습자들이 자신의 학습 목적이나 목표들을 적어보도록 하는 기회 제공하기
2. 성공 기회	자신의 역량에 대한 믿음을 향상시킬 수 있는 학습 경험을 어떻게 제공할까?	학습의 성공을 증가시키는 많은 다양한 도전적인 경험을 제공하여 역량에 대한 신념을 증가시켜주기	• 명확하고 따라 하기 쉬운 계열로 내용을 조직하기 • 교재의 각 부분마다 단순한 과제에서 어려운 과제로 계열화하기 • 적절한 도전수준을 만들어주기 • 함정이나 지나치게 어려운 질문이나 문제가 없도록 하기 • 목표, 내용, 실례와 일치하는 연습문제 제시하기 • 해답이나 자기평가를 위한 방법 포함하기 • 반응을 확인하는 피드백 제공하고 준거에 일치하지 않는 반응에 교정적 피드백 제공하기
3. 개인적 통제	학습자가 자신의 성공이 스스로의 노력과 능력에 의한 것이라고 어떻게 알 수 있을까?	개인적인 통제를 제공하는 기법을 사용하고 개인적 노력 때문에 성공했다는 것에 대해 피드백을 제공하기	• 계열성에 있어서 학습자들에게 선택권 주기 • 학습자들이 자신의 속도에 맞추어 학습할 수 있도록 하기 • 학습자들이 자신의 능력을 증명하는 방법에 있어서 선택권 부여하기 • 자신만의 연습 방법을 고안하도록 기회 제공하기 • 학습 환경에 대해 학습자들에게 선택권 부여하기

4) 만족감(Satisfaction)

학습자는 학습의 결과가 자신의 노력에 부합했다고 느낄 때 만족감이 높아진다. 만족감(Satisfaction)은 내재적 동기와 외재적 강화의 관계 이론, 공정성 이론, 인지평가이론 등을 기초로 개발되었다. 만족감을 높여주기 위한 세부 전략은 '내재적 강화', '외재적 보상', '공정성'으로서 켈러와 송상호(1999)가 제시한 구체적인 수업 설계 시 고려사항은 다음과 같다.

〈표 8-8〉 만족감의 동기 설계 고려사항

구성요소	과정 질문	주요 전술	방법의 실례
1. 내재적 강화	학습경험에 대한 학습자들의 내재적 즐거움을 어떻게 격려하고 지원할까?	개인적 노력과 성취에 대한 긍정적 느낌을 제공할 수 있는 피드백이나 정보를 제공하기	• 가능하면 새롭게 획득한 기능을 현실적인 상황에서 곧바로 사용할 수 있는 기회 제공 • 어려운 과제를 달성할 때 학습자의 내재적 자존심에 대한 언어적 강화를 제공 • 목적달성에 대한 긍정적인 감정을 갖도록 긍정적이고 열정적인 말을 교재나 피드백에 제공 • 성공에 필수적인 행동이나 특성에 대한 칭찬 제공 • 관련 있는 다른 영역에 대한 정보 제공 • 관심을 계속적으로 추구하는 방법 질문, 정보제공 • 새로운 적용 영역 알려주기
2. 외재적 보상	학습자의 성공에 대한 보상으로 무엇을 제공할까?	언어적 칭찬, 실제적이거나 추상적인 보상, 인센티브를 사용하거나, 학습자들로 하여금 그들의 성공에 대한 보상을 제시하도록 하기	• 반복 연습과 같은 지겨운 과제를 위해 점수제도, 게임 적용 • 예기치 못한 방법으로 외재적으로 보상하기 • 정확한 반응에 대한 칭찬 • 새로운 기능 숙달을 위해 노력할 때 강화 사용 • 과제에 능숙해지면 간헐적 강화 제공 • 과제 수행 수단으로 위협이나 감시 활용하지 말기 • 경쟁 시, 또는 수업이 끝날 때 증명서나 상징적 보상 사용하기
3. 공정성	공정한 처리에 대한 학습자들의 지각을 어떻게 만들어 줄까?	진술된 기대와 수행요건을 일치시키고, 모든 학습자의 과제와 성취에 있어서 일관성 있는 측정 기준을 사용하기	• 최종 평가 내용과 유형이 수업이나 교재의 지식, 기술, 연습문제와 일치하는 것을 보장하기 • 최종 평가의 난이도 수준이 이전의 연습문제와 일치한다는 것을 보장하기

연습 및 탐구문제

1. 사범대학 학생인 A예비교사는 교생실습 기간 중에 플립러닝으로 연구수업을 준비하였다. 나름 스마트기기에 익숙하기 때문에 사전학습용 동영상 강좌를 만들어 학습자들에게 미리 제공하고 학습자 참여를 높이기 위하여 협동학습으로 교실수업을 진행하였다. 그러나 사전학습을 제대로 이해하지 못한 학습자들은 교실 협동학습에 적극적으로 참여하지 못하였고, 사전학습 내용을 잘 이해한 학습자들도 교실수업에서 진행한 활동이 왜 필요한지 모르겠다는 반응이 나타났다. 사전학습과 교실수업의 연계성을 높이기 위한 방안으로 가네의 9가지 수업사태 이론에 기초하여 A예비교사가 사전학습용 동영상 강좌에서 활용할 수 있는 수업의 전개 단계 2가지 활동과 연계된 교실수업에서 활용할 수 있는 나머지 2가지 활동에 대하여 구체적으로 제시하라.

2. 사범대학 학생인 A예비교사는 올해 대학생 멘토링 프로그램에 멘토로 뽑혀 인근 중학교의 2학년 B학생을 지도할 기회를 가지게 되었다. 학습부진아인 B학생은 공부에 전혀 흥미가 없었다. 관찰을 해보니 학습 태도가 너무 소극적인 이유가 지속적인 학습 부진으로 자신감이 너무 없는 것이 문제였다. B학생의 자신감을 높여주기 위해 적용해 볼 수 있는 주요한 수업 전략을 켈러의 ARCS모형에 기초하여 구체적으로 제시하라.

참고자료 및 관련 사이트

정인성, 나일주 (2004). **원격교육의 이해(제2판)**. 서울: 교육과학사.

켈러, 송상호 (1999). **매력적인 수업설계**. 서울: 교육과학사.

Atkinson, R. C., & Shiffrin, R. M. (1968). Human memory: A proposed system and its control processes. *Psychology of learning and motivation, 2*, 89-195.

Driscoll, M. P. (2005). *Psychology of learning for instruction(3th ed.)*. MA: Allyn & Bacon. 양용칠 (역) (2006). 수업설계를 위한 학습심리학. 서울: 교육과학사.

Gagné, R. M., Wager, W. W., Golas, K. C., & Keller, J. M. (2005). *Principles of Instructional Design. Thomson Learning.* 송상호, 박인우, 엄우용, 이상수 (역) (2007). 수업설계의 원리. 서울: 아카데미프레스.

Reigeluth, C. M. (1999). *Instructional design theories and models: A new paradigm of instructional theory*. Mahwah, NJ: Lawrence Erlbaum Associates.

제9장

구성주의 교수설계이론

학|습|목|표

1. 구성주의 교수설계 특징을 설명할 수 있다.
2. 구성주의 교수설계 모형인 구성주의 학습환경(CLEs)의 지원요소를 설명할 수 있다.
3. 구성주의 교수설계 모형인 목표기반 시나리오(Goal Based Scenario)의 구성요소를 설명할 수 있다.
4. 구성주의 교수설계 모형인 인지적 유연성 이론(Cognitive Flexibility Theory)에서 학습환경 설계 요소를 설명할 수 있다.

주|요|용|어

- 구성주의 교수설계
- 구성주의 학습환경(CLEs)
- 목표기반 시나리오(Goal Based Scenario)
- 인지적 유연성 이론(Cognitive Flexibility Theory)

9장에서는 앞 장에서 다룬 객관주의와는 다른 접근을 취하고 있는 구성주의에 대해 구성주의 교수학습과 교수설계와의 관계를 살펴보고 구성주의 교수학습 지원을 위한 구성주의 교수설계이론을 제시하고자 한다.

1. 구성주의 교수학습과 교수설계

1) 구성주의 교수학습의 특징

구성주의 교수학습은 학습에서 학습자의 주도적 역할을 강조한다. 따라서 실제 교수학습에서 학습자의 역할을 정하고, 학습자의 주도성을 어떻게 드러낼 수 있도록 학습 환경을 설계할 것인가는 구성주의 교수학습의 중요한 과제가 된다. 또한 구성주의는 복잡하고 비구조화된 학습과제 및 문제 영역에서 상황맥락적 특성을 지니는 실제적 과제를 통한 학습자의 능동적 지식 구성을 강조하기 때문에 학습자가 문제상황 해결에 참여할 수 있도록 학습환경을 설계하도록 한다. 구성주의 교수학습의 특징을 제시하면 다음과 같다(박성익, 임철일, 이재경, 최정임, 2007; 유영만, 1994; Driscoll, 2005; Duffy & Jonassen, 1991; Jonassen, 2011).

(1) 학습자 중심의 교수학습

구성주의 교수학습에서 학습의 주체는 학습자이다. 학습은 전문가에 의한 지식 전달이 아니라 지식을 구성하는 학습자의 능동적 참여에 의해 이루어진다. 학습자는 빈 그릇이 아니라 의미를 추구하는 능동적 존재이다. 학습자는 세상에 대한 지식을 구성하고 의미를 부여하는 과정에서 자신의 외적 표상을 구성한다. 학습자는 기존의 지식이 새로운 정보와의 불일치를 경험하게 되면 지속적으로 지식 구조를 재구성하게 되고 이 과정에서 학습이 이루어진다.

구성주의 교수학습에서 학습자 스스로 학습목표를 설정하고 학습활동을 주도해 나갈 수 있을 때 학습자의 주도성이 강화된다. 교수자는 학습자가 문제 상황에서 문제의 상황맥락적 지식을 활용하여 문제를 스스로 해결할 수 있도록 유의미한 실제적 과제를 제시해 주고 선택의 자유권을 부여해 주어야 한다. 또한 학습 활동에 대해 학습자가 자기 평가 기회를 제공받고 자신이 어떻게 학습하고 있으며 어떻게 평가받을 수 있는지에 대해 교수자와 협의할 수 있도록 해야 한다. 왜냐하면 학습자가 지식을 사용하고 그것을 적용하는 방법과 자신의 학습에 지식을 활용하는 방법을 인식하도록 하는 것이 학습에서 학습자의 주도성을 강화시켜주기 때문이다.

구성주의 교수학습에서 교수자는 촉진자, 조장자, 코치, 안내자의 역할을 수행한다(Collins, 1990; Jonassen, 1999). 교수자는 학습환경을 구성하고 학습방법을 안내하며 학습자가 잘 이해하지 못하거나 혹은 알지 못하는 것에 대해 조언을 하는 역할을 수행한다. 교수자는 구조화된 학습 내용을 설명, 주의집중, 피드백제공 등의 외현적 교수전략을 통해 학습자에게 직접 사용하기보다 학습자와 상황맥락적 지식 혹은 학습자 동료들 간의 상호작용을 통해 학습할 수 있는 환경을 조성해 주어야 한다. 또한 교수자는 학습자에게 자신의 학습과정을 성찰할 수 있는 기회를 제공해 줌으로써 학습자가 학습과정뿐 아니라 학습전략에 대해 메타인지적으로 사고할 수 있도록 도와주어야 한다.

(2) 문제 중심의 교수학습

학습은 현실 세계에서 상황 또는 맥락에서 발생한다. 따라서 학습은 실제 세계의 복잡성과 비구조성을 반영한다. 즉 학습을 통해 달성하고자 하는 학습 결과로서의 지식은 실제 적용되는 세계의 복잡성을 그대로 반영하면서 다양한 맥락 속에서 구성된다. 학습자는 학습과정에서 실세계의 맥락 속에서 비구조화된 문제를 해결하기 위해 의미 있는 방법을 탐색할 때 문제와 관련된 지식과 기술뿐 아니라 문제해결 전략을 학습한다. 따라서 구성주의 교수학습은 학습자가 해결해야 할 문제를 찾고 유의미한 문제 해결 활동에 참여할 수 있도록 관련 사례와 환경을 제공해 주어야 한다.

문제(problem)는 목표 상태와 현재 상태 사이의 차이(gap)로 알려지지 않은 실재이자, 해결을 위한 노력이 사회적, 문화적, 지적으로 가치 있는 것이다. 문제는 다양하고 많은 속성을 지니고 있는데 조나센(Jonassen, 2011)은 문제의 특성을 구조성, 복잡성, 역동성, 영역 특수성의 네 가지 틀로 구분하여 제시하고 있다. 즉 문제의 구조를 교과서 단원 정리 혹은 시험 문제에서 흔히 접하게 되는 구조화된 문제(well-structured problem)와 일상생활과 직장의 업무 추진 과정에서 자주 만나게 되는 비구조 문제(ill-structured problem)로 구분한다. 또한 문제의 복잡성 측면에서 문제에 수반된 이슈나 기능 혹은 변수의 수가 단순한 것부터 문제를 조직하고 해결하는 데 여러 변수를 조작하도록 함으로써 인지적 부담감을 제공하는 복잡한 문제가 있다. 시간이 흘러도 고정적 문제 해결 전략이 유효한 문제와 문제를 둘러싼 환경과 요인이 자주 바뀌면서 문제 해결을 위한 전략 사용이 변화해야 하는 역동적 문제가 있다. 문제해결은 상황 맥락적이어서 문제 맥락의 본질이나 영역 지식에 의존한다. 수학자, 공학자, 정치학자 모두 문제가 발생하는 상황 맥락이 다르기 때문에 서로 다르게 문제를 해결한다.

이처럼 상이한 문제를 해결하기 위해 학습자는 문제와 문제 맥락에 대한 정신모형을 구성하게 된다. 학습자는 문제의 구조에 대한 지식, 다른 문제해결 활동을 수행하는 방법에 대한 지식, 문제와 그 구성요소의 환경, 그리고 지식 활용 방법 및 절차에 대한 지식으로 구성된 정신모형을 구성해야 한다. 또한 학습자는 실제 세계에서 문제에 대한 해결안을 적용하기 전에 자신의 정신모형 속에 해결안을 만들고 적용해봄으로써 자신의 모형을 조작하고 검증한다(Jonassen, 2011). 따라서 학습자가 문제해결 과정에서 문제 유형에 따라 문제를 표상하고 해결안을 탐색하고 평가할 수 있도록 지원하는 맞춤형 교수학습 환경 설계가 필요하다.

구성주의 교수학습에서 학습자는 문제로부터 학습을 시작하고 문제를 해결하는 과정에서 맥락적 지식과 기능을 학습하며, 협력적이고 자기주도적인 학습 능력뿐 아니라 인지전략을 학습하게 된다. 학습자에게 제시되는 문제의 특성과 유형을 설계하는 것이 교수자의 역할이다. 교수자는 학습자에게 실생활과 관련되며, 학습 동기를 유발시키며, 다양한 해결방안을 탐색하도록 학습자의 사고를 촉진시킬 수 있는 문제를 제시해 주어야 한다(Jonassen, 2011).

(3) 사회적 경험을 통한 교수학습

학습은 학습자가 속한 조직 또는 사회구성체의 일원으로 동료들과의 다양한 상호작용을 통해 지식의 의미를 구성하는 과정에서 이루어진다. 학습자는 동료 또는 전문가와 다양한 상호작용을 하며 자신이 부여한 지식의 의미를 공유, 심화, 발전시키고 오류 혹은 편견을 검증하기도 한다. 즉 학습자는 사회구성원으로 지식을 구성하기 위해 사회적 경험과정에 적극적으로 참여한다. 학습자는 실제 세계에서 경험하게 되는 문제를 혼자서 해결하기보다 동료 학습자와 다양한 시각 및 문제 해결에 필요한 관련 사례를 공유하고 토론하며, 그 결과 자신의 학습 과정을 성찰하고 고등정신기능을 발달시키게 된다(Vygotsky, 1978).

구성주의 교수학습에서 학습자는 사회적으로 공유된 지식을 협력적으로 구성할 수 있도록 다양한 도구 및 자원이 필요하다. 학습자가 전자우편, 게시판, 채팅, 컴퓨터 화상회의 같은 도구를 활용하여 학습공동체를 구성하고 학습자 간 상호작용을 촉진시킬 수 있는 환경이 마련되어야 한다. 또한 학습자가 실제 사회적, 문화적 맥락을 고려한 학습 활동에 참여할 수 있도록 교수자는 학습자에게 문제 해결에 필요한 다양한 전문가 또는 관련 집단의 관점을 제시해주어야 한다.

2) 구성주의 교수설계의 특징

구성주의 교수설계이론은 학습자가 교수자로부터 객관적 지식을 전수받는 것이 불가능하다고 본다. 구성주의 교수설계이론에서는 의도된 목적을 달성하기 위해 학습조건을 세부적으로 분석하고 계열적 내용을 배열하기보다 학습자의 주관적 경험에 근거한 개인적 의미생성을 도와주는 학습환경 설계를 강조한다. 학습자가 실제 삶의 상황과 맥락을 경험하는 것이 중요하기 때문에 실제적 과제와 문제를 제공하고 동료들과 활발한 협력적 학습 활동을 할 수 있는 환경 제공이 중요하다. 따라서 구성주의 교수설계이론에서는 '교수'보다 '학습'이라는 용어를, 교수자 중심이 아닌 학습자 중심으로 교수학습을 설계하기 위해 '교수설계'보다 '학습환경 설계'라는 용어를 더 선호하기도 한다(조규락, 김선연, 2006). 이 절에서는 교수학습의 문제를 하나의 체제로 보고 이를 해결하기 위해 교수학습 관련 제반 요소들 간의 상호 관련성을 총체적으로 분석, 실행, 평가하는 과정인 교수설계가 학습환경 설계의 의미를 포괄한다고 보고 구성주의 교수설계이론을 다루기 전에 구성주의 교수설계의 특징을 제시하고자 한다(Bednar, Cunningham, Duffy & Perry, 1991; Jonassen, 1991; Hannafin & Hill, 2007; Willis, 1995).

(1) 학습자의 주관성

지식은 객체가 아니라 인간의 주관적 경험에 의해 달라질 수 있다. 학습자는 주관성을 중심으로 지식을 구성한다. 따라서 학습활동은 학습자가 세계를 주관적으로 인식하고 해석하는 능동적 활동이다. 수업목적이나 목표가 학습자에게 외부에서 부과되어서는 안 된다. 그렇지만 수업의 의도성은 존재한다. 교수설계자는 학습자 스스로 지식을 구성해 갈 수 있도록 인지적, 사회적 발달수준, 선행 경험을 고려할 수 있는 포괄성과 통합성을 가진 수업목표를 설계해야 한다. 수업목표는 학습자마다 다르게 형성될 수 있기 때문에 교수설계자는 미리 규정되어 있는 실재를 학습자에게 전달하기보다 학습자와의 협의를 통해 학습자가 결정할 수 있도록 기회를 제공해야 한다(Bednar, Cunningham, Duffy & Perry, 1991).

(2) 고차적 학습 목표의 맥락

인식 주체와 독립적인 지식과 지식구조가 존재하기보다 학습자에 의해 지식이 다르게 구성된다면 객관주의 접근에서 강조하는 학습목표를 달성하기 위한 최상의 유일한 절차를 찾는 과제 혹은 내용분석에 대한 강조가 의미가 없어진다. 구성주의에서 과제분석은 학습자에게 적절하게 지식을 해석하고 구성할 수 있도록 환경을 조성하는 데 초점을 두어야 한다. 그렇다고 구성주의가 학습 과제분석을 완전히 무시하는 것은 아니다. 구성주의 교수학습을 설계할 때에는 고차적 목표의 맥락에 관심을 기울이고 세밀한 학습과제 분석을 통해 목표의 본질이나 전체적 특징에서 벗어난 탈맥락화가 일어나지 않도록 주의를 기울여야 한다(Jonassen, 1991).

(3) 다양한 수업전략의 통합적 활용

객관주의 인식론에서 강조하는 구체적인 학습목표를 달성하기 위해 필요한 수업전략 처방과는 달리 구성주의에서는 다른 접근이 필요하다. 객관주의에서는 외재적 실재를 습득하기 위한 학습자의 학습활동을 외부의 학습촉진전략에 의한 결과라 보고 학습자 외부의 조건을 조작하려는 수업전략 개발과 선정에 초점을 두는데, 구성주의에서는 지식은 학습자의 정신적 조작에 의해 획득되는 만큼 외부의 수업 처방이 아닌 학습환경에 내재되어 있는 지적 도구 제공이 강조된다. 따라서 구성주의 교수설계자는 풍부한 수업 전략 아이디어와 예를 자료로 활용할 뿐 아니라 학습자가 지식에 대한 표상과 이해를 구성하는 데 필요한 자원, 도구, 조언을 제공하는 학습환경을 설계해야 한다(Jonassen, 1991).

(4) 학습과정과 통합된 학습 평가

학습의 평가는 준거지향 평가에서 벗어나야 한다. 객관주의 교수설계에서는 사전에 규정된 분명한 행동목표를 준거로 학습결과를 평가하지만, 구성주의 교수설계에서는 학습자 모두가 동일하게 인정하는 실재가 존재하지 않기 때문에 탈목표 평가를 지향한다. 평가는 강화나 통제의 수단이 아닌 자기 분석 도구로서 학습자의 학습 성장과 학습 과정 성찰을 위한 역할을 수행한다. 평가의 대상이 사전에 명시된 성취목표가 아니라 학습자가 구성한 지식이며, 평가의 핵심은 개별 지식 획득 여부보다 학습자의 사고과정이다. 따라서 주관적 평가, 질적 평가를 실시하고 학습과정과 통합되어 다양하게 이루어져야 한다(Herman, Aschbache, & Winters, 1992; Jonassen, 1991).

구성주의에서 학습은 개인이 자신의 이해를 증진시키기 위해 의미를 구성하는 과정이다. 따라서 구성주의 교수설계는 학습자의 지식 표상과 이해를 구성하도록 돕는 환경을 만드는 과정이다. 구성주의 교수설계는 학습자가 의미를 명료화하고, 개인적 의미를 만들어 나갈 수 있도록 학습 목표를 만들고, 다양한 자원과 도구를 제공하며, 학습자의 이해를 돕기 위한 코칭, 스캐폴딩, 모델링 등을 제공해 주어야 한다. 학습자는 교수설계자가 미리 만들어 놓은 콘텐츠를 수동적으로 사용하기보다 스스로 학습목표를 설정하고, 학습과정에 대한 주도권을 갖고 참여하며 자원을 해석하고 평가하고, 자신의 학습활동 과정을 평가할 수 있어야 한다(Hannafin & Hill, 2007).

2. 구성주의 교수설계이론

구성주의 교수설계이론은 다음과 같은 특징을 가진다(Willis, 1995). 첫째, 교수설계 과정이 반복적이고 비선형적이다. 따라서 학습자 분석, 교수목적 설정, 과제 분석 등이 단계에 따라 이루어지기보다 분석 활동 상황에 따라 반복적이고 비선형적인 순환 과정을 거친다. 둘째, 설계 과정은 유기적이고 반성적이며 협력적이다. 셋째, 목표는 협력적 개발과정을 통해 점차 명료화된다. 목표를 달성하기 위해 학습과제 및 전략이 개발되기보다 교수설계자 및 학습자 간의 협의 과정을 통해 목표가 조정되고 개발된다. 넷째, 교수학습은 유의미한 맥락에서 이루어지는 학습을 강조한다. 이 절에서는 구성주의 교수설계이론 중 구성주의 학습환경(CLES), 목표기반 시나리오(Goal Based Scenario), 인지적 유연성 이론(Cognitive Flexibiity Theory)을 소개하고자 한다.

1) 구성주의 학습환경

구성주의 학습환경(Constructivist Learning Environments: CLEs)은 조나센(Jonassen, 1999)이 개발하였다. 조나센은 학습자의 지식은 경험과 상호작용을 통해 구성되기 때문에 지식 구성을 촉진하는 환경 설계가 교수학습 설계의 핵심이라고 보았다.

구성주의 학습환경은 학습자가 학습활동을 경험하면서 지식을 구성하기 위한 학습환경으로 이를 그림으로 제시하면 [그림 9-1]과 같다. 조나센의 구성주의 학습환경은 학습자가 스스로 학습의 필요성과 문제점을 인식하고 학습 목표를 구성할 수 있도록 학습 관련 문제와 프로젝트를 제시하고 있다. 따라서 구성주의 학습환경을 설계하기 위해서는 문제와 프로젝트를 중심으로 각 동심원으로 표현되고 있는 각종 요소들이 포함되어야 하며, 학습자의 학습 활동을 촉진시키기 위한 교수자의 모델링, 코칭, 스캐폴딩 등의 교수활동 또한 고려해야 한다.

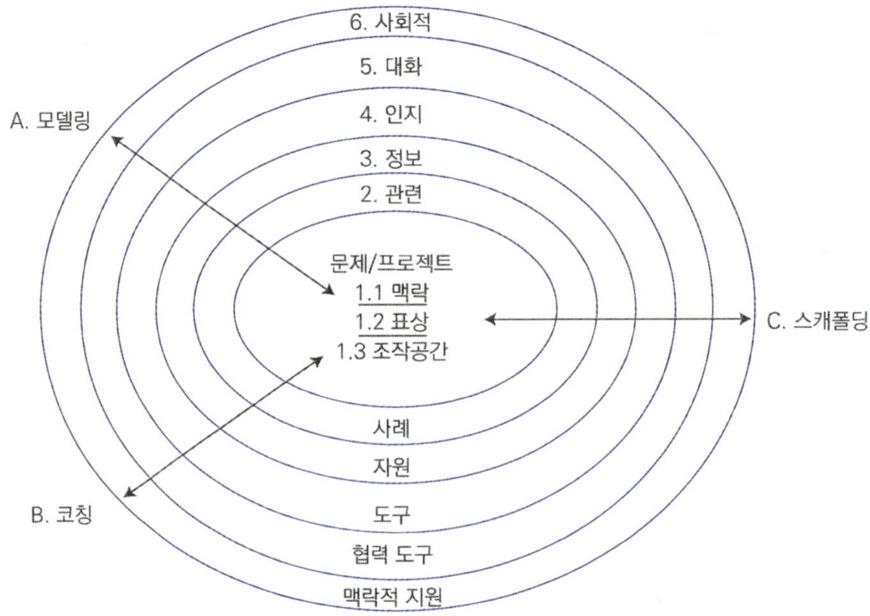

[그림 9-1] 조나센(Jonassen)의 구성주의 학습환경 설계

출처: Jonassen, D. H. (1999).

(1) 구성주의 학습환경의 구성 요소

구성주의 학습환경을 설계할 때 고려해야 할 요소들은 문제/프로젝트, 관련 사례, 정보자원, 인지도구, 대화 및 협력 도구, 사회적 및 맥락적 지원 등 6가지이다.

① 문제/프로젝트

구성주의 학습환경에서 문제는 학습을 주도한다. 학습자들은 학습한 내용을 적용하기 위해 문제를 해결하는 것이 아니다. 학습자들은 문제를 해결하기 위해 영역 내용을 학습하며 문제해결 과정에서 맥락적 지식을 통합적으로 구성한다. 문제를 학습자에게 제시할 때에는 문제 상황 및 맥락, 문제 표상 방법, 그리고 문제해결을 위한 조작공간을 갖도록 학습환경을 설계해야 한다.

㉠ 문제 맥락 제공

구성주의 학습환경에서 문제에 대한 기술은 문제를 둘러싼 맥락적 요소를 포함한다. 문제의 사회적 맥락에 따라 학습자에게 문제가 다르게 인식될 수 있기 때문이다. 따라서 문제가 발생한 시간, 장소, 이유, 특성, 역사적 배경 등을 학습자에게 충분히 제공해 주어야 한다. 또한 문제는 문제를 둘러싼 주변 인물들의 영향을 받기 때문에 문제 관련 인물들의 신념, 가치, 기대, 습관 등에 대해서도 자세하게 기술해 주어야 한다.

㉡ 문제 표상

학습자가 문제에 대한 내면적 모형을 만드는 데 있어서 문제가 어떻게 표상되는가가 중요하다. 학습자가 문제에 흥미를 느끼고 문제 해결에 몰입할 수 있도록 문제를 제시할 수 있어야 한다. 따라서 학습자가 현실 세계의 문제를 해결하기 위해 인지적 도전을 수행하는 것처럼 인식할 수 있도록 현실과 유사한 방식으로 문제를 제시해야 한다. 이를 위해 비디오 시나리오, 가상현실, 증강현실, 스토리, 시뮬레이션 등 다양한 방식으로 학습자가 실제 문제해결에 참여하는 것과 같은 경험을 제공해야 한다.

㉢ 문제 조작공간

문제 조작공간은 학습자가 유의미한 학습 활동을 경험할 수 있도록 문제를 능동적으로 조작하여 실제 환경에 적용이 가능한 공간이다. 따라서 학습자에게 문제 조작이 가능하도록 문제를 적용시킬 수 있는 대상, 상징, 도구 등을 제공한다. 문제 조작공간은 학습자가 문제 해결 과정에서 자신의 조작 활동을 통해 문제 상황에 영향을 주도록 함으로써 학습자가 학습을 주도하면서 유의미한 경험을 할 수 있도록 도와준다.

② 관련 사례

학습자가 문제를 해결하는 데 어려움을 겪는 것은 해결하고자 하는 문제와 관련된 유사 문제 해결 경험을 충분히 갖고 있지 않기 때문이다. 일반적으로 문제 해결 과정에서 사람들은 자신이 해결하고자 하는 문제와 유사한 과거 사례를 기억 속에서 혹은 관련 자료를 통해 찾는다. 즉 유사한 문제를 해결한 경험이 실제 문제를 해결하는 데 유용한 도구로 사용된다. 따라서 구성주의 학습환경에서 제시되는 문제는 해결하고자 하는 문제를 비교할 수 있는 경험을 제공하는 기능을 담당한다. 관련 사례는 당면한 문제와 동일하지 않기 때문에 학습자가 문제를 다른 시각과 관점에서 해석하고 이해할 수 있도록 도와준다.

구성주의 학습환경에서 관련 사례는 인지적 유연성 이론에서 제시하고 있는 설계 원리에 맞게 개발되어 제시될 수 있다. 다양한 형태로 관련 사례를 설계하고 문제와 관련된 여러 관점, 주제, 해석을 제공하여 학습자가 관련 사례를 비교함으로써 학습자 자신의 해석을 재구성할 수 있도록 도와줄 수 있다(Jonassen, 2011).

③ 정보자원

구성주의 학습환경은 학습자에게 문제를 해결하는 데 필요한 정보를 충분히 제공해야 한다. 학습자들은 정보를 활용하여 문제해결을 위한 가설을 세우고 검증하는 과정에서 자신들의 지식구조를 정교화해 나간다.

④ 인지도구

구성주의 학습환경은 학습자들이 주어진 문제를 해결하는 과정에서 겪는 인지적 부담을 줄이고 인지활동을 활성화시킬 수 있는 학습지원 도구인 인지도구를 제공한다. 인지도구에는 시각화 도구, 지식모델링 도구, 수행지원 도구, 정보수집 도구 등이 있다. 시각화 도구는 학습자가 현상에 대한 자신만의 심상(mental image)을 구성하고 활동을 시각적으로 표현하도록 도와준다. 지식모델링 도구는 학습자가 현상에 대해 사고하고 분석하고 조직하는 방식을 통제할 수 있도록 하는 지식 표상 형식을 제공한다. 지식모델링 도구는 학습 과정에서 학습자가 문제에 대한 이해를 명료화하는 데 도움을 준다. 수행지원 도구는 학습자가 학습 활동에서 경험하게 되는 일상적이고 규칙적인 과제를 수행하는 데 요구되는 인지적 부담을 줄여주는 기능을 담당한다. 정보수집 도구는 학습자가 필요한 정보를 용이하게 수집하도록 도와줌으로써 해결하고자 하는 문제에 집중할 수 있도록 한다.

⑤ 대화 및 협력 도구

구성주의 학습환경은 학습자가 학습공동체 속에서 대화와 협력을 통해 문제를 해결할 수 있도록 지원한다. 학습자들은 학습공동체에서 대화 및 협력 도구를 활용하여 다양한 상호작용을 통해 동료 학습자와 교수자로부터 모델링, 코칭, 스캐폴딩 등을 제공받는다.

⑥ 사회적 및 맥락적 지원

구성주의 학습환경은 학습자의 학습 과정과 관련된 학습의 사회적 맥락적 요인을 강조한다. 구성주의 학습환경은 특정 맥락 속에 내재된 학습 내용 관련 과제와 문제를 제시하고, 학습공동체 등 사회적 지원을 포함하는 실제적(authentic) 학습환경을 갖추어야 한다.

(2) 구성주의 학습환경의 학습 지원 활동

구성주의 학습환경에서 학습자는 학습을 진행하면서 탐색(exploration), 명료화(articulation), 성찰(reflection) 활동에 참여한다. 학습자가 제시된 문제를 해결하는 데 어려움을 겪을 때 또는 학습 활동 촉진이 필요할 때 교수자는 모델링(modeling), 코칭(coaching), 스캐폴딩(scaffolding)을 제공한다.

① 탐색과 모델링

학습자는 학습 활동의 목표를 세우고 자신의 수행을 관리하기 위해 다양한 활동을 탐색한다. 학습자는 문제 해결에 필요한 가설을 설정하고, 자료를 수집하고, 설정된 가설 검증을 통해 잠정적 결론을 도출한다. 이 과정에서 학습자가 해결하고자 하는 문제 수행에 필요한 활동에 대한 방법과 전략을 교수자의 전문적 수행을 통해 보여줄 수 있다. 모델링은 학습자가 기대되는 수행을 외현적 행동으로 보여주는 행동모델링(behavioral modeling)과 문제 해결 과정에서 나타나는 학습자 내면의 인지적 추론과정을 보여주는 인지모델링(cognitive modeling)이 있다. 행동모델링은 학습자의 학습 활동에서 활동을 어떻게 수행할 것인지를 시연을 통해 보여 주며, 인지모델링은 학습 활동에서 학습자가 경험하는 생각이나 사고과정을 언어 혹은 외적 표상 도구로 표현하도록 지원하는 교수 활동이다.

② 명료화와 코칭

학습자는 학습 활동과 관련된 학습 내용에 대해 자신이 이미 알고 있거나 새로 학습한 내용을 명확하게 할 필요가 있다. 학습자가 학습환경에서 수행하는 활동과 학습 과정에서 사용한 전략을 점검해 보고 왜 그런 활동을 수행했는지를 설명하도록 함으로써 학습자의 지식 구성과 메타인지 전략을 활성화시킬 수 있다. 학습자의 학습 활동 명료화를 지원하기 위한 교수자의 코칭은 학습자 동기부여, 학습자 수행 수준 분석, 수행 및 수행을 통해 학습한 내용에 대한 피드백 및 조언 제공, 학습한 내용에 대한 성찰을 포함한다.

구성주의 학습환경에서 제공되는 교수자의 코칭은 학습자의 수행을 점검하고 조절할 수 있어야 한다. 교수자는 학습과정에서 학습자가 기능과 기술을 발달시킬 수 있도록 지속적으로 점검하고, 분석하며 조절하는 역할을 수행해야 한다. 이를 위해 교수자는 힌트와 도움말을 제공하며, 적절하게 학습자의 사고 과정을 활성화시키며, 협력 활동 참여를 촉진시키고, 문제 해결과 관련된 유사 사례 및 정보 자원 사용을 도와주고, 인지 도구 사용과 학습자 수행의 효과성과 정확성뿐 아니라 학습 활동 및 사고에 대한 피드백을 제공해 줄 필요가 있다.

교수자는 학습자가 자신의 수행을 성찰할 수 있도록 해야 한다. 구성주의 학습 환경에서 교수자는 학습자가 학습 활동에 필요한 인지 전략을 이해하고 적절하게 사용할 수 있도록 촉진 질문을 다양하게 제시해 줄 필요가 있다. 교수자는 또한 학습자가 문제 해결과정에서 형성된 정신모형에 대해 점검할 수 있도록 촉진 질문 또는 문제에 대한 다양한 관점과 해석을 제공해 줄 수도 있다.

③ 성찰과 스캐폴딩

학습자가 자신의 학습 과정에서 한발 떨어져 자신의 수행을 분석하고 실천 행위에 대해 확인하는 성찰은 학습에서 중요하다. 모델링이 전문가의 수행, 코칭이 학습자의 수행에 초점을 두고 있다면 스캐폴딩은 수행 과제, 환경, 교수자 및 학습자에 초점을 맞춰 학습자를 지원하는 체계적 접근이다. 스캐폴딩은 학습자의 현재 능력을 뛰어넘는 학습 과제를 지원하기 위한 임시적 도움판을 제공한다. 스캐폴딩은 아동과 성인이 과제를 함께 수행할 때 성인이 제공하는 모든 종류의 인지적 활동을 의미한다. 문제 해결과정에서 스캐폴딩은 아동의 흥미를 유발하고, 과제를 단순화시키며, 아동에게 동기를 부여하며, 정확한 수행을 시연하도록 한다(Wood, Bruner, & Ross, 1976, Jonassen, 1999에서 재인용). 구성주의 학습환경에서 스캐폴딩은 과제 난이도 조절, 과제 재구조화, 대안적 평가 제공 등이 있다.

과제 난이도 조절은 쉬운 과제로 시작하여 학습자 수준에 맞는 과제를 제시한 후 점차적으로 난이도가 높은 과제를 제시하여 결국 해결하기 어려운 과제에 학습자가 도달하도록 하는 것이다. 구성주의 학습환경에서 학습자가 학습 활동에 참여하는 동안 스캐폴딩은 점차적으로 사라지지 않고 학습자가 인지하지 못하지만 지속적으로 학습자의 수행을 지원한다. 과제 재구조화는 학습자가 부족한 지식을 보충하기 위해 과제를 조정하는 것으로 학습자가 인지도구를 활용하여 문제를 표상하거나 조작하도록 지원해주는 것이다. 과제 재구조화 관련된 스캐폴딩은 일정 정도 학습자의 인지적 부담감을 줄이는 데 기여하게 되면 사라지게 된다. 대안적 평가는 학습자에게 노트정리나 문제은행 등을 통해 교사가 자신에게 기대하는 것을 모방하거나 암기하도록 하지 않는다. 구성주의 학습환경에서 학습자는 학습과제의 복잡한 특성과 과제의 의미를 파악하고 학습과제를 수행하기 위해 메타인지 전략을 활용하여 자신의 주의, 노력, 사고 전략을 조절한다. 또한 구성주의 학습환경에서 학습자는 프로젝트 또는 문제가 요구하는 것을 명확하게 전달받고 학습자가 수행해야 할 활동을 충분히 이해할 수 있어야 한다(Jonassen, 1999).

(3) 구성주의 학습환경 예시

대학에서 교직과정을 이수하는 학생들이 졸업 후 학교 교실에서 경험하게 될 학급 내 학생의 문제행동에 효과적으로 대처할 수 있는 구성주의 학습 환경을 예시하면 다음과 같다.

1. 문제 상황
   학급 내 학생의 다양한 문제행동 사례를 문제행동 발생 맥락 및 정보와 함께 제시한다. 예를 들면 각 문제행동 사례를 분석한 후 사례를 하위 문제로 구분하여 학습자가 문제 사례를 충분히 이해할 수 있도록 실제 이야기 형태로 구현한다.

2. 문제 표상
   학습자가 문제행동 사례를 이해한 후 각각의 하위 문제를 명료화할 수 있도록 동영상 또는 이야기 형태로 제시한다.

3. 문제 조작 공간
   학습자가 문제활동에 참여할수록 문제에 대한 학습자의 주도권은 유의미하게 강화된다. 학습자에게 문제를 정의하고, 문제 상황에서 학습자가 문제 해결을 위해 활용할 수 있는 대안을 도출하고, 선택한 대안의 타당성을 검증하거나 정당화의 논리를 세울 수 있도록 탐색 질문을 제시한다.

4. 관련 사례 제공
   학습자는 문제 사례별로 학습이론 전문가 및 학교 내외 다양한 집단의 전문가들이 제공하는 문제 해결 관련 조언을 제공받을 뿐 아니라 유사 문제 해결 사례를 활용할 수 있다.

5. 인지도구 제공
   소집단으로 팀을 구성하여 상호 협력하면서 문제를 해결할 수 있도록 온라인 게시판을 제공한다. 문제 분석, 가설 설정, 해결안 도출, 문제 해결 과정 성찰 및 평가 과정에 대해 집단 구성원뿐 아니라 집단 간 정보를 공유할 수 있도록 한다.

6. 성찰
   학습자가 자신의 문제 해결 과정 및 결과를 다양한 전문가 집단 및 동료 학습자의 의견을 반영하여 수정하거나 성찰할 수 있도록 한다.

7. 코칭

학습자가 문제 해결 과정에서 겪는 어려움에 대해 도움 혹은 조언을 구할 수 있도록 온라인 튜터와 연락하도록 하며, 유사한 도움 요청에 대해 자동적으로 응답할 수 있도록 문제해결 도움 메뉴를 생성한다.

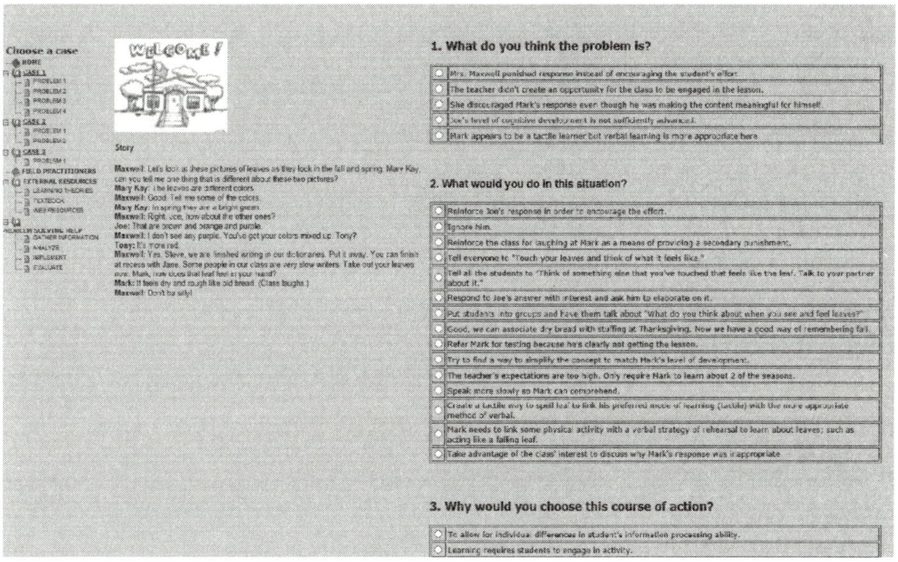

[그림 9-2] 구성주의 학습환경 예시

2) 목표기반 시나리오

학습은 실제 생활 맥락 속에서 실천을 통해 이루어진다(Schank & Cleary, 1995). 따라서 학습이 제대로 이루어지려면 학습자들과 관련되며, 유의미하고, 흥미 있는 목표를 제시해야 하며 학습자들이 참여하게 될 과제를 실제 맥락에 맞게 구성해야 한다. 또한 학습자가 실제 생활 속에서는 여러 가지 이유로 경험하지 못하게 되는 상황을 제시하여 다양한 활동을 경험하고 조작할 수 있도록 해야 한다. 학습자는 실제 경험을 통해 지식과 기술을 습득하며, 향후 경험하게 되는 문제 또는 유사한 맥락에 직면했을 때 다양한 상황과 제한 요인 등을 고려하여 학습한 내용을 효과적으로 활용할 수 있다(Campbell & Monson, 1994).

목표기반 시나리오(Goal Based Scenario)는 학습자에게 실제적 과제를 제시하여 학습자의 목표 의식을 자극하고, 과제를 수행하는 과정에서 다양한 도구와 정보를 활용하여 지식, 기술, 태도 등을 학습할 수 있도록 하는 실천학습 시뮬레이션이다(Schank, Berman, & Macpherson, 1999). 목표기반 시나리오는 학습자들에게 정해진 목표를 통해 역할을 부여하고 실제적 과제를 수행하는 임무를 제시하여 임무 수행 과정에서 요구되는 지식과 기술을 스스로 학습할 수 있도록 학습자원, 활동, 피드백 등을 구조화하여 제시하는 경험학습 기반 시뮬레이션 모형이다(전연홍, 정현미, 2014; 조규락, 조영환, 김미경, 성봉식, 2004).

(1) 목표기반 시나리오의 기저 이론으로서 사례기반추론

목표기반 시나리오의 이론적 토대는 사례기반추론(Case Based Reasoning: CBR)이다. 사례기반추론은 이치나 논리에 따라 사고하고 결론을 이끌어 내는 추론 과정에 과거의 경험 또는 사례를 이용하는 것이다. 즉 개인이 새로운 문제 상황에 직면했을 때 문제를 해결하기 위해 자신의 과거 경험 속에서 그 문제 상황과 동일하거나 유사한 상황을 어떻게 해결하였는지에 대한 경험 또는 사례를 이용하여 문제를 해결하는 방법이다. 그렇다고 반드시 자신이 경험한 사례만으로 추론하는 것은 아니다. 자신이 알고 있는 다른 사람이 경험한 사례를 새로운 문제 상황에 적용하여 문제를 해결하는 데 활용할 수도 있다(조규락, 2002). 사례기반추론은 과거의 사례를 단순히 기억하는 것이 아니라 과거의 경험으로부터 새로운 문제를 해결하기 위해 추론하는 것이다(Kolodner, 1993).

사례기반추론은 인출, 적용, 저장의 과정을 거친다. 새로운 문제 상황에 직면하게 되었을 때 인출은 기억 속에서 문제 상황과 유사한 사례를 찾는 과정이다. 적용은 발견된 사례 속에 저장된 정보를 새로운 상황에 응용하여 현재 상황과 과거 상황 간의 유사점 또는 차이점을 설명하는 과정이다. 저장은 새로 적용된 사례를 기존의 지식 기반에 축적하는 과정이다(Riesbeck, 1996). 이를 도식화하면 [그림 9-3]과 같다.

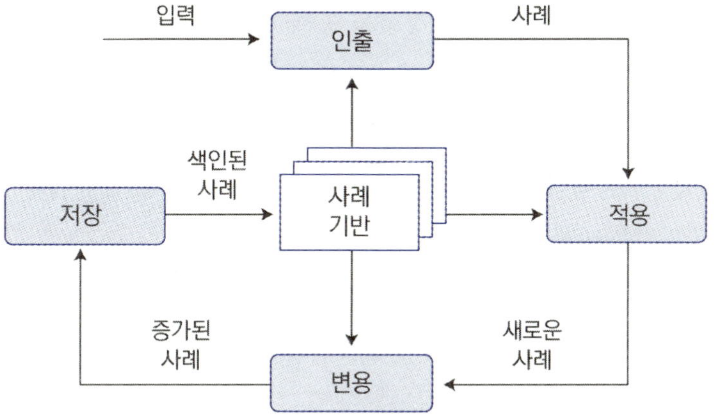

[그림 9-3] 사례기반추론의 기본 구조

출처: Riesbeck, C. K.(1996).

사례기반추론을 활용하여 학습자의 학습을 촉진시키기 위한 요소를 제시하면 다음과 같다(김성완, 이명근, 2005; Reiesbeck, 1996).

첫째, 학습자가 사례를 충분히 학습할 수 있도록 실제 세계에서 경험할 수 있는 다양하고 광범위한 실제 사례 기반을 제공한다.

둘째, 학습자가 사례를 회상하고, 재사용할 수 있도록 사례를 색인화하여 학습자의 명확한 역할과 과제를 제시한다.

셋째, 반복적 주기로 학습자에게 기대와 어긋나는 실패를 경험할 수 있는 과제를 제시하고, 그 실패를 설명하고 다시 시도해 보도록 한다.

넷째, 추론을 위해 효과적으로 사례를 활용하는 것을 학습하도록 한다.

사례기반추론을 통해 효과적인 학습환경을 설계할 때 다음과 같은 사항을 고려할 수 있다(Kolodner, J., Dorn, B., Thomas, J. O., & Guzdial, M., 2014).

첫째, 사례기반추론은 학습 과정에서 실패의 역할을 강조함으로써 학습자가 부족한 지식을 확인하고 보충 학습을 하기 위해 필요한 목표 설정에 대해 피드백을 제공해 준다.

둘째, 사례기반추론은 학습자가 예측하는 것과 설명하는 것 모두를 독려하고 도와준다.

셋째, 사례기반추론은 학습자가 경험을 통해 학습할 내용을 제시하고 학습 결과를 상황에 적절하게 적용할 수 있도록 경험에 대해 성찰하고 평가하도록 한다.

넷째, 사례기반추론은 학습자가 자신의 아이디어를 다양한 상황에 적용해 보고 적용한 후 피드백을 해석하며 다시금 학습 내용 관련 개념을 설명하고 자신의 이해를 점검하는 과정을 반복적으로 수행하도록 한다.

다섯째, 사례기반추론은 학습자가 해결했던 기존의 문제 해결 경험을 활용하도록 할 뿐 아니라 다른 사람들의 사례와 경험에 쉽게 접근할 수 있도록 도와준다.

(2) 목표기반 시나리오 구성 요소

사례기반추론을 적용한 목표기반 시나리오는 학습자를 구성된 시나리오 속에 넣고 학습자가 맡은 역할을 수행하면서 만나게 되는 경험을 통해 학습내용을 자연스럽게 배울 수 있도록 만드는 것이다. 목표기반 시나리오를 구성하는 주요 요소를 제시하면 다음과 같다.

① 목표

학습자들이 시나리오를 통해 도달하게 되는 것이 목표이다. 목표기반 시나리오의 구성 요소들은 학습자들이 목표를 획득할 수 있도록 구성되어 있다. 목표(Goal)는 목표 성취에 필요한 기술을 연습하는 것과 관련된 과정지식과 목표 성취를 위해 발견해야 하는 내용지식으로 구성된다(Schank, Berman, & Macpherson, 1999).

② 임무

학습자들이 설정된 목표를 성취하기 위해 수행해야 하는 과제가 임무(mission)다. 임무는 학습자들이 목표 달성을 위해 지속적으로 수행할 수 있도록 유의미한 과제 제시를 통해 동기를 유발하고 목표 의식을 자극할 수 있어야 한다. 따라서 학습자의 실제 상황과 맞는 유의미하고 실제적인 과제를 임무로 제시해야 한다. 임무가 정해지면 학습자가 수행할 활동 유형을 정하고 과제를 조직하기 위해 임무의 초점을 분명히 해야 한다. 학습자가 초점을 두어야 할 과제는 설계, 진단, 발견, 통제가 있으며, 각 단계를 거치면서 학습자는 문제해결 기능을 향상시킬 수 있는 기회를 가지며, 임무에 대한 책임감을 느끼게 된다.

③ 표지이야기

표지이야기(cover story)는 임무의 당위성과 실체성을 나타내기 위한 이야기이다. 표지이야기를 통해 학습자에게 학습의 필요성을 제시하며 학습자가 수행해야 할 활동을 상황으로 제시함으로써 임무를 보다 정교화하게 된다. 표지이야기는 학습자에게 임무를 충분히 이해하게 하며 임무 수행에 필요한 정보를 제공하고 사실적이고 흥미로운 이야기에 대한 기대감을 높이는 역할을 한다(조일현, 임규연, 이현우, 2002).

④ 역할

학습자가 표지이야기에서 맡게 되는 인물에 대한 정의가 역할(role)이다. 인물은 학습 목표 달성에 가장 적합하게 설계되고 제시되어야 한다. 학습자는 이야기 속에서 자신의 역할에 따라 임무를 수행하며 임무 수행 과정에서 목표 달성에 중요한 역할인지를 파악하게 된다. 학습자가 수행하게 되는 역할은 흥미로워야 하며 임무에 맞게 실제적이어야 한다.

⑤ 시나리오 운영

시나리오 운영(scenario operation)은 학습자가 임무 달성을 위해 학습활동을 예측하고 이를 시나리오의 이야기를 구성하는 데 배치하는 것이다. 시나리오는 학습자들이 목표 달성을 위해 수행해야 할 임무와 관련된 모든 활동으로 구성된다. 여기에는 전문가 자문, 이전 사용자의 보고서 읽기, 신문기사 자료, 학습자 의견 제시 등 학습자의 다양한 참여 활동이 포함된다.

⑥ 자원

자원(resources)은 목표 달성에 필요한 정보와 도구로서 학습자의 임무 수행에 필요한 자료나 내용을 의미한다. 자원은 학습자의 임무 수행에 적절하게 활용될 수 있도록 조직되어야 하며, 쉽게 접근할 수 있어야 한다. 다양한 형태의 자원이 가능하지만 대체로 이야기 형식이 많다. 과정지식 및 내용지식을 습득하는 데 필요한 정보가 적절하게 제공되어야 한다.

⑦ **피드백**

학습자가 임무 수행과정에서 발생하는 활동에 대해 교수적 도움을 제공하는 것이 피드백(feedback)이다. 피드백은 학습자의 임무 수행 맥락에서 제공되며, 학습자가 피드백을 받고 새롭게 수행에 활용할 수 있도록 적절하게 제공되어야 한다. 피드백은 학습자의 임무 수행 결과에 대한 지적, 학습자를 돕기 위한 조언이나 권고, 전문가들의 실천적 경험에 바탕을 둔 이야기 등의 형태로 제시될 수 있다.

(3) 목표기반 시나리오 설계

목표기반 시나리오를 설계할 때 고려사항을 제시하면 다음과 같다(Schank, Berman, & Macpherson, 1999).

첫째, 목표를 설정할 때 내용지식과 과정지식의 목표를 각각 구분하여 제시한다.

둘째, 내용지식과 과정지식을 모두 포함한 실제 사례를 바탕으로 가상의 시나리오를 작성한다.

셋째, 학습자들 자신의 지식과 기술을 활용하여 과제를 수행할 수 있는 임무를 만들기 위해 실제 사례 현장에서 발생했던 주요 쟁점을 분석한다.

넷째, 학습자들이 수행해야 할 활동과 절차를 설계한다.

다섯째, 학습자들이 수행 과정에서 경험하게 될 활동에 대한 피드백을 절차에 맞게 구성하고 설계한다.

여섯째, 학습자들이 수행하는 주요 활동을 각 절차 및 단계에서 기록하고 사례로 색인하여 향후 임무 수행에 적용할 수 있도록 지원한다.

일곱째, 학습자들이 개별적이고 질적인 평가를 받을 수 있도록 한다.

목표기반 시나리오가 제안하는 교수설계 요소로는 목표기능 설정, 임무 설정, 초점 선택, 표지이야기 개발, 학습 활동 설계, 학습 자원 개발 등이 있다(Schank,

1999; Schank & Cleary, 1995).

첫 번째 단계는 목표기능을 설정한다. 즉 학습자가 학습을 통해 달성해야 할 학습목표를 제시하는 것이다. 학습목표를 제시함으로써 학습자가 수행하게 되는 학습활동에 의미를 두게 하고, 향후 교수설계자가 임무 설정 등 다음 단계의 수행을 설계할 때 중요한 근거를 제공한다. 목표기능을 설정하기 위해서는 해당 분야 전문가에게 요구되는 핵심 역량을 전문가 면담 또는 수행 분석을 통해 도출해야 한다.

두 번째 단계는 임무를 설정한다. 학습자가 목표기능을 달성하는 데 필요한 지식과 기술을 갖출 수 있도록 임무를 분석하고 제시해야 한다.

세 번째 단계는 초점 선택이다. 초점은 학습과제를 의미하며 이 단계에서 수행될 행동 유형을 결정하고 과제에 대한 조직적 틀을 제공한다.

네 번째 단계는 표지이야기 개발이다. 표지이야기는 목표기능을 달성하기 위한 임무를 수행하기 위해 만들어진 과제 수행 맥락이다. 학습자가 과제 수행에 필요한 기능을 회상할 수 있는 맥락을 제공해 줌으로써 해결하고자 하는 과제와 유사한 사례를 통해 문제를 해결할 수 있는 학습자의 유사 추론(analogical reasoning) 기능을 향상시켜줄 수 있다.

다섯 번째 단계는 학습자 활동 설계이다. 학습자 활동에는 목표기능 및 임무 달성에 요구되는 모든 활동이 포함된다. 이 단계에서는 학습자들이 목표기반 시나리오와 어떤 상호 작용을 수행할 것인지를 설계하게 된다.

여섯 번째 단계는 학습 자원 개발이다. 학습자에게 목표기능 및 임무 달성에 필요한 정보를 어떤 형태로 어느 정도 수준까지 제공할 것인지를 결정하게 된다. 학습자원으로는 신문 기사, 비디오 동영상 파일, 음성 파일, 이미지 파일 등 다양하게 제시될 수 있다.

(4) 목표기반 시나리오 예시

구성주의 학습환경 예시와 유사하게 대학 교직과정에서 예비교사가 학급 운영 관련 주요 문제와 쟁점에 대처할 수 있는 역량을 강화하기 위한 목표기반 시나리오 학습환경 설계의 예를 제시하면 다음과 같다.

1. 상황
   미국 ○○도시 △△교육청에서는 이○○라는 신규 과학 교사를 채용하였다.

2. 임무
   이○○ 교사는 신규 초임 교사로서 학급 운영에 어려움을 겪고 있다. 특히 정서 및 행동적 문제로 수업 중 문제 행동을 일으키는 학생들을 효과적으로 대처하기 위한 지식 및 전략이 부족함을 인식하고 있다. 이○○ 교사의 임무는 학생 특성별 문제행동 대처 전략과 문제 상황에 맞게 단기/장기적으로 활용할 수 있는 전략을 개발하는 것이다.

3. 표지이야기
   4주차에, 이○○ 교사는 중학교 2학년 과학 시간에 시행한 시험 답안을 채점하는 과정에서 문제를 발견하였다. 어려운 문항에 대해 A학생의 답안은 모두 정답이었는데, 단순 지식을 묻는 문항에 대한 답은 모두 틀린 것이었다. 이○○ 교사는 B학생의 답안을 채점하다가 B학생이 어려운 문항에 대해 답한 것이 A학생의 답안과 거의 유사하다는 사실을 발견하였다.

4. 자원
   - 문제행동 관련 사례 동영상
   - 전문가의 문제 사례 분석
   - 온라인 사례 토론 게시판
   - 문제 해결 활동에 활용 가능한 도구(예: 전문가 면담, 사례도서관, 도움게시판, 참고서, 사례작성 도구 등)

5. 역할
   학습자들은 목표기반 시나리오 학습환경 내에서 이○○ 교사의 역할을 수행하게 된다. 사례 도서관에서 표지이야기와 관련된 사례를 선택하고 해결 방안을 탐색할 수 있다. 전문가들은 학습자들의 문제 해결 관련 질문에 즉각적으로 피드백을 제공해주며, 참고자료 등을 활용하여 학습자들은 관련 문제 해결에 필요한 전략 및 전문 지식을 얻을 수 있다. 사례작성 도구를 활용하여 학습자들이 이전에 알고 있었던 문제 사례와 유사한 사례를 색인하고 목록화할 수 있다.

Class Home

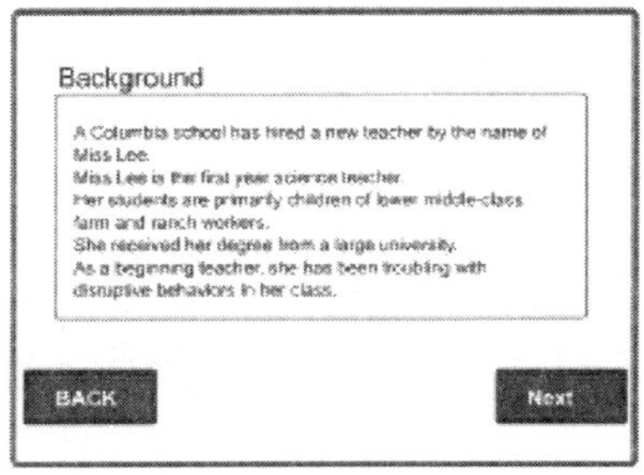

Background Information-Cover story

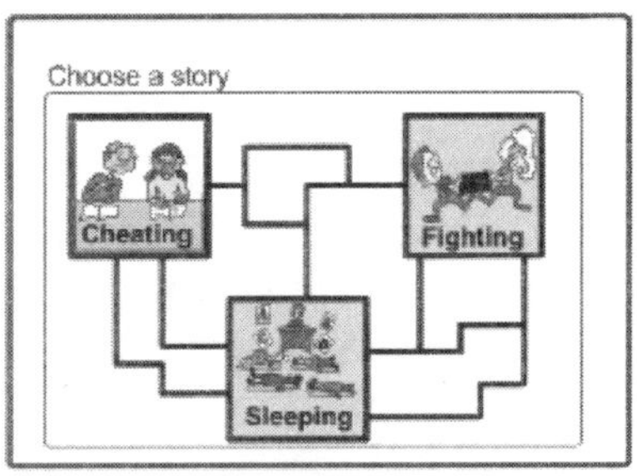

Choose a story

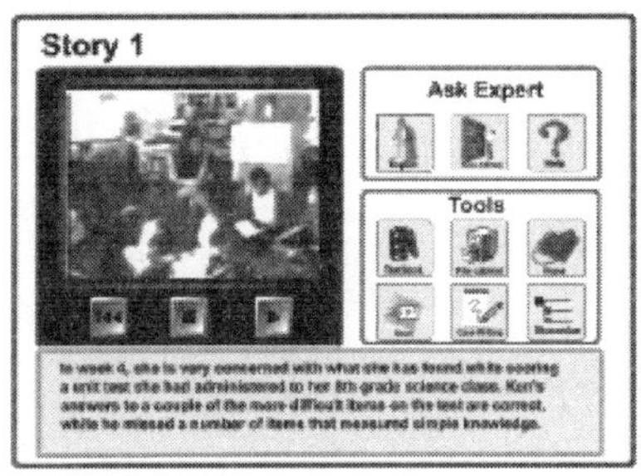

Problem presentation-Video case story

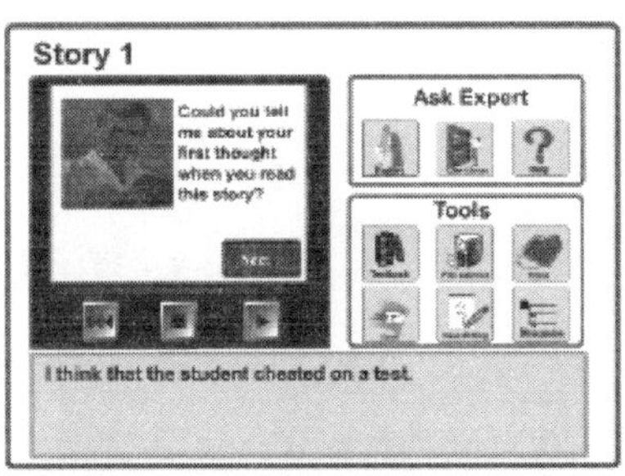

Personal Case Indexing

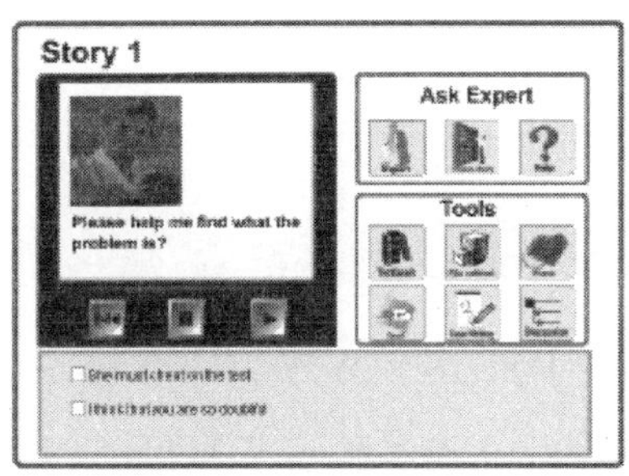

Problem Identification

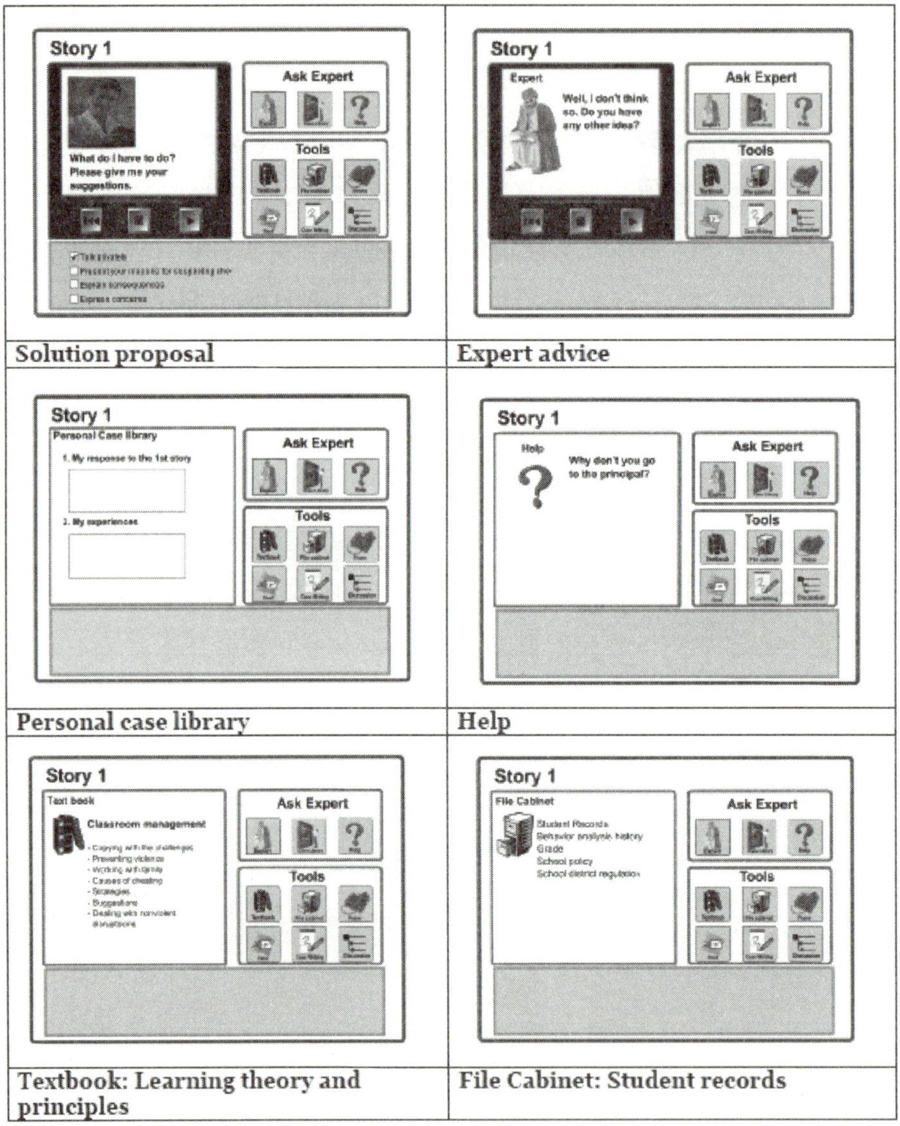

[그림 9-4] 목표기반 시나리오 예시

3) 인지적 유연성 이론

사회가 복잡하고 비구조화된 지식의 특성을 강조함에 따라 지식을 단순화하거나 단일 의미로 해석하는 것은 새로운 상황에서 발생하는 문제 해결에 효과적으로 지식을 전이하지 못할 뿐 아니라 지식에 대한 오개념을 형성하기도 한다(Spiro, Feltovich, Jacobson, & Coulson, 1992). 현대 사회에서 학습자에게 필요한 능력은 단편적 지식에 대한 기억이 아니라 지식을 상황에 맞게 유연하게 재구성하는 능력인 인지적 유연성(cognitive flexibility)이다. 따라서 학습자의 지식 전이를 촉진시키기 위해 지식이 적용되는 맥락과 유사한 사례들을 제시해 주고 다양한 관점에서 다양한 형태의 지식을 경험할 수 있도록 해 줄 필요가 있다.

인지적 유연성 이론은 복잡하고 비구조화된 영역에서 이루어지는 학습의 본성을 탐구하는 데 관심을 둔다. 인지적 유연성이란 "여러 지식의 범주를 넘나들면서 상호 연결지으면서 급변하게 변화하는 상황적 요구에 다양한 방식으로 적응적 반응을 하기 위해 자신의 지식을 동시적으로 재구조화할 수 있는 능력으로, 지식 표상 및 정신 표상에서 작동하는 과정에서 주요한 역할을 담당한다"(Spiro & Jehng, 1990, p. 165). 인지적 유연성은 그냥 얻어지는 것이 아니다. 학습자가 비정형화된 지식 구조를 지닌 지식 영역 내에서 복잡하고 비구조화된 지식을 지속적으로 경험함으로써 비순차적이고 다원적인 지식 구조를 자연스럽게 형성하게 되고 그 결과 의도하지는 않았지만 임의적 접근을 통한 학습이 이루어진다. 복잡하고 다차원적 특성을 지니는 지식을 학습자가 다양한 상황에서 지식의 필요에 맞게 재구성하고 표상하기 위해서는 상황 의존적 스키마 연합체(situation dependent schema assembly)를 형성하는 것이 중요하다. 학습자가 상황 의존적 스키마 연합체를 형성할 수 있도록 인지적 유연성 이론은 실생활과 관련된 사례 기반 수업, 주제 중심 학습, 지식에 대한 임의적 접근을 가능하게 하는 하이퍼미디어 활용 학습환경 설계가 이루어져야 한다. 이를 위해 인지적 유연성 이론을 활용한 수업의 경우 복잡한 학습 과제를 학습자들이 충분히 다룰 수 있을 정도로 작게 세분화하고, 실생활 관련 사례를 주제 중심으로 학습할 수 있도록 구조화하며, 다양한 소규모의 예들을 제시해 줄 필요가 있다.

(1) 인지적 유연성 이론의 주요 원리

인지적 유연성 이론을 학습에 활용할 때 주요 원리를 제시하면 다양한 학습활동, 상황에 따른 학습 자료 제공, 사례 기반 지식 구성, 지식 구성 요소의 통합적 활용이다.

① 다양한 학습활동

학습자의 인지적 융통성을 기르기 위한 방법인 임의적 접근은 학습자가 특정 학습 과제를 학습할 때 그것을 다양한 맥락과 관점에서 접근해 보고, 학습하는 순서를 재배열해보며, 학습 과제와 관련해서 가능한 많은 사례들을 다루도록 하는 방법이다. 따라서 학습자는 여러 학습 경로를 통해 다양한 학습활동에 참여함으로써 다양한 상황에서 학습 과제와 관련된 지식의 비구조적 특성을 학습할 수 있다.

② 상황에 따른 학습 자료 제공

학습자의 능동적 학습 참여를 이끌어 내기 위해서는 단순한 학습 과제보다 상황에 따른 지식을 얻을 수 있는 학습 과제를 제시해야 한다. 이를 위해 학습 자료는 학습 내용 영역을 세부 요소 및 하위 단계로 지나치게 단순화 혹은 구획화하기보다 상황에 의존하는 실제 지식을 학습할 수 있도록 상황 맥락에 맞게 학습 자료를 설계해야 한다.

③ 사례 기반 지식 구성

학습자에게 정보를 전달하기보다 학습자가 사례를 근거로 학습 활동에서 지식을 구성할 수 있도록 해야 한다. 따라서 학습 과정은 작은 사례들을 중심으로 이루어지며 각 내용 영역별로 복잡성을 지닐 수 있도록 충분한 정보를 제공해야 한다. 작은 사례들은 주제와 관련된 개념, 그리고 주제 관련 개념들이 활용되는 복잡한 맥락을 포함해야 한다.

④ 지식 구성 요소의 통합적 활용

학습자가 지식을 유의미하게 구성하기 위해서는 지식을 이루는 요소들이 단편적 혹은 분절적이지 않고 고도로 통합적이어야 한다. 학습 과정에서 단순화된 지식은 실제 맥락에서 활용하는 데 별도의 인지적 처리 과정이 필요할 뿐 아니라 각각의 지식 간 유의미한 연결이 통합적으로 이루어질 때 학습 및 실제 문제 해결에 도움이 된다. 즉 지식 구성 요소들이 보다 복잡한 개념들과의 상호 관련성이 증대될 때 실제 세계의 복잡하고 비구조화된 문제 상황에서 학습한 지식을 적용할 수 있을 것이다.

(2) 인지적 유연성 이론 활용 학습 환경 설계

학습자의 인지적 유연성을 향상시키기 위한 학습 환경 설계 원리를 제시하면 다음과 같다(강인애, 1996; 조규락, 김선연, 2006; Spiro, Vispoel, Schmitz, Samarapungavan, & Boerger, 1987; Spiro et al., 1992).

① 소사례(mini cases) 제시

복잡한 전체 사례를 이해할 수 있도록 사례에 대한 구체적인 예를 소사례로 제시해 줄 필요가 있다. 왜냐하면 비구조화된 실생활 영역에서 발생하는 사례의 경우 너무 복잡하고 많은 정보를 포함하고 있기 때문에 학습자가 학습한 지식을 적용하는 데 어려움을 겪을 수도 있다. 따라서 전체 사례를 지식의 구조에 따라 개념적으로 쪼개기보다 '전쟁 시작 후 3시간', '영화 속 몇 번째 장면' 등과 같이 전체 사례가 지니고 있는 특성을 포함하고 있는 소사례를 제시해 주는 것이 학습자의 지식 적용 및 전이에 효과적이다(Spiro, & Jehng, 1990).

② 다양한 지식 표상

복잡하고 비구조적인 지식을 이해하고자 할 때 지식 표상을 단일한 형태로 하는 것은 해당 지식의 특성을 제대로 반영하지 못한다. 특히 비구조화된 영역에서 발생하는 다양한 사례의 경우 복잡할 뿐 아니라 수시로 변하기 때문에 해당 사례를 활용한 수업을 설계할 때 다양한 이론적, 개념적 관점에 의한 사례의 표상이 이루어져야 한다. 다양한 지식 표상은 학습자가 실제 문제 상황에 직면했을 때 문제를 다양하게 표상함으로써 문제에 대한 이해 및 해결 능력을 향상시킬 수 있다.

③ 반복 학습 기회 제공

반복 학습은 교수학습 과정에서 제시된 정보를 그대로 반복해서 사용하는 것과 다른 개념이다. 전통적으로 교수학습 과정에서 반복 전략을 사용하는 것은 동일한 과제를 동일한 시간에 연속적으로 제시해 주고 학습자에게 과제 수행을 아무런 변화 없이 반복적으로 연습하도록 하는 것이다. 그러나 반복 학습은 동일한 과제를 여러 번 수행하면서 과제 속 다양한 정보를 탐색하도록 하는 활동이다. 과제를 반복할 때마다 이전과 다른 관점으로 과제를 수행하고 과제 수행 결과를 해석하고 통찰력을 기를 수 있도록 한다.

④ 다원적 조망 교차 제공

다원적 조망 교차(multidimensional landscape criss-crossing)는 특정 문제 또는 사례를 서로 다른 주제에 따라 다른 방향에서 바라보면서 다양한 맥락과 관점에서 해석하는 것을 의미한다. 이를 위해 학습자가 다양한 맥락과 관점에서 학습 과제에 접근하고, 학습 순서도 비선형적으로 학습자가 정할 수 있도록 학습 과제를 제시하고, 특정 과제와 연결하여 가능한 많은 소사례들을 다룰 수 있도록 설계할 필요가 있다. 학습자가 특정 과제 또는 주제와 연결된 소사례를 통해 다양한 관점과 쟁점을 이해하면서 인지적 유연성을 기를 수 있게 된다.

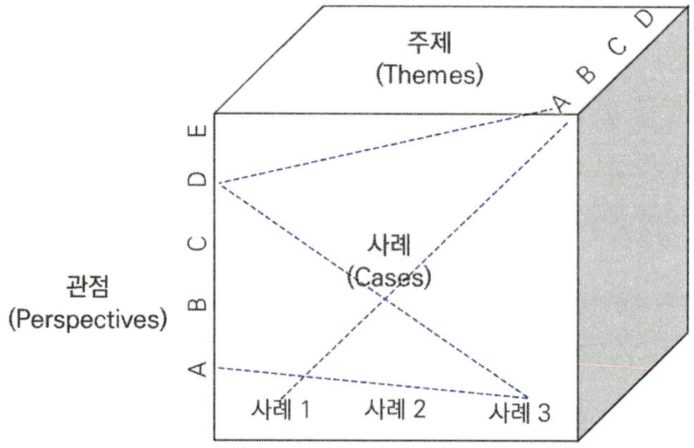

[그림 9-5] 다원적 조망 교차(사례, 관점, 주제)

출처: Jonassen, D. H. (2011).

⑤ 상호 관련성

사례를 제시할 때에는 사례를 관련된 개념과 분리시키거나 밀착시키지 말아야 한다. 동일한 주제 안에서 사례와 개념이 지니는 상호 관련성을 학습자가 이해할 수 있도록 사례를 제시해야 한다. 학습자는 사례와 개념이 너무 근접하게 되면 사례만으로 관련 개념을 지나치게 일반화시키게 되고, 사례와 개념 간 거리가 멀어지게 되면 사례와 개념 간 연관성을 발견하기가 어렵게 된다. 따라서 사례와 개념, 사례와 사례 간 상호 관련성을 지닐 수 있도록 사례를 부분적으로 중복되면서도 적절히 거리를 둘 수 있도록 제시해야 한다.

⑥ 보조 탐색 도구

컴퓨터 기반 하이퍼링크를 활용한 학습환경에서 학습자가 복잡하고 비구조화된 과제를 다양한 관점, 주제, 사례를 활용하여 학습할 때 인지적 부담감을 경험할 뿐 아니라 방향감을 상실할 위험성이 있다. 따라서 학습자의 현재 위치 또는 탐색 경로를 표시해 주거나, 학습하는 주제에 대한 전체 목록 또는 사이트 맵과 같은 학습자 지원 보조 탐색 도구를 제시해 줄 필요가 있다.

연습 및 탐구문제

1. 구성주의 교수설계 특징에 대해 설명해보시오.

2. 교생실습을 가게 된 A학생이 과외경험과 학생을 가르쳐본 경험이 없는 상태에서 당황해 하고 있다. A학생의 담당 교사는 학부 시절 배웠던 구성주의 교수설계 모형으로 A학생을 위한 교육 프로그램을 설계하게 되었다. 구성주의 교수설계 모형인 구성주의 학습환경(CLEs), 목표기반 시나리오(Goal Based Scenario), 인지적 유연성 이론(Cognitive Flexibility Theory) 중 한 가지를 선택해 교육 프로그램을 설계해보자.

참고자료 및 관련 사이트

강인애 (1996). 구성주의 모델들의 특징과 차이점: 인지적 도제 이론, 상황적 학습이론, 인지적 유연성 이론을 중심으로. **교육공학연구, 12**(1), 3-23.

김성완, 이명근 (2005). **영화와 교육공학: 50주년 기념 국제세미나 발표집**, 67-87, 연세대 교육연구소.

박성익, 임철일, 이재경, 최정임 (2007). **교육공학의 교육공학적 이해(제3판)**. 서울: 교육과학사.

유영만 (1994). 수업체제 설계의 연구동향과 발전방향: 패러다임 전환과 이론적 실천에서의 시사점 논의를 중심으로. **교육공학연구, 10**(1), 3-43.

전연홍, 정현미 (2014). 면대면 환경의 목표기반 시나리오(GBS) 수업설계 가이드라인 개발. **교육정보미디어연구, 20**(3), 373-397.

조규락, 김선연 (2006). **교육방법 및 교육공학: 교육공학의 3차원적 이해**. 서울: 학지사.

조규락, 조영환, 김미경, 성봉식 (2004). Goal Based Scenarios(GBS)모형을 적용한 웹기반 교육용 컨텐츠의 설계 및 개발 연구. **컴퓨터교육학회논문지, 7**(5), 9-21.

조일현, 임규연, 이현우 (2002). GBS+ 설계 모델을 적용한 e-learning 코스웨어 개발 연구. **기업교육연구, 4**(2), 95-117.

Bednar, A. K., Cunningham, D., Duffy, T. M., & Perry, J. D. (1991). Theory into practice: How do we link? In T. M. Duffy & D. H. Jonassen (Eds.), *Constructivism and the technology of instruction: a conversation*. Hillsdale, NJ: Lawrence Erlbaum Associates.

Campbell, R. & Monson, D. (1994). Building a Goal-Based Scenario learning environment. *Educational Technology, 34*(9), 9-14.

Collins, A. (1990). Reformulating testing to measure learning and thinking. In N. Frederiksen, R. Glaser, A. Lesgold, & M. G. Shafto (Eds.), *Diagnostic monitoring of skill and knowledge acquisition*. Hillsdale, NJ: Lawrence Erlbaum Associates.

Driscoll, M. P. (2000). *Psychology of learning for instruction* (2nd ed.). MA:Allyn & Bacon.

Driscoll, M. P. (2005). *Psychology of learning for instruction* (3th ed.). MA: Allyn & Bacon. 양용칠(역)(2006). 수업설계를 위한 학습심리학. 서울: 교육과학사.

Duffy, T. M. & Jonassen, D. H. (Eds.). *Constructivism and the technology of instruction: a conversation*. Hillsdale, NJ: Lawrence Erlbaum Associates.

Hannafin, M. J. & Hill, J. R. (2007). Epistemology and the design of learning environments. In R. A. Reiser, & J. V. Dempsey (Eds.), *Trends and issues in instructional design and technology*. NJ: Prentice-Hall.

Herman, J. L., Aschbache, P. R., & Winters, L. (1992). *A prctical guide to alternative assessment*. VA: Association for Supervision and Curriculum Development.

Jonassen D. H. & Land, S. M. (2000). *Theoretical foundations of learning environments*. Mahwah, NJ: Lawrence Erlbaum Associates.

Jonassen D. H. & Land, S. M. (2012). *Theoretical foundations of learning environments* (2nd edition). NY: Routledge.

Jonassen, D. H. (1991). Objectivism vs. constructivism: Do we need a new philosophical paradigm? *Eductional technology research and development, 39*(3), 5-14.

Jonassen, D. H. (1999). Designing constructivist learning environments. In C. M. Reigeluth (Ed.), *Instructional design theories and models: A new paradigm of instructional theory*. Mahwah, NJ: Lawrence Erlbaum Associates.

Jonassen, D. H. (2011). *Learning to solve problems: A handbook for designing problem-solving learning environments*. NY: Routledge.

Kolodner, J. L. (1993). *Case-based reasoning*. New York: Morgan Kaufman.

Kolodner, J., Dorn, B., Thomas, J. O., & Guzdial, M. (2014). In D. H. Jonassen & S. M. Land (eds.), *Theoretical foundations of learning environments* (2nd edition)(pp. 142-170). NY: Routledge.

Riesbeck, C. K. (1996). Case-based teaching and constructivism: carpenters and tools. In B. G. Wilson (Ed.), *Constructivist learning environments: case studies in instructional design*. Englewood Cliffs, NJ: Educational Technology.

Schank, R. C. & Cleary, C. (1995). *Engines for education*. Hillsdale, NJ: Lawrence Erlbaum Associates.

Schank, R. C. (1999). *Dynamic memory revisited*. Cambridge: Cambridge University Press.

Schank, R. C., Berman, T. R., & Macpherson, K. A. (1999). Learning by doing. In C. M. Reigeluth (Ed.), *Instructional design and theories and models: A new paradigm of instructional theory*. Mahwah, NJ: Lawrence Erlbaum Associates.

Spiro, R. J. & Jehng, J. (1990). Cognitive flexibility and hypertext: Theory and technology for the non-linear and multidimensional traversal of complex subject matter. D. Nix & R. Spiro (eds.), *Cognition, Education, and Multimedia*. Hillsdale, NJ: Erlbaum.

Spiro, R. J., Feltovich, P. J., Jacobson, M. J., & Coulson, R. L. (1992). Cognitive flexibility, constructivism and hypertext: Random access instruction for advanced knowledge acquisition in ill-structured domains. In T. M. Duffy & D. H. Jonassen (Eds.),

Constructivism and the Technology of Instruction. Hillsdale, NJ: Erlbaum.

Spiro, R. J., Vispoel, W. P., Schmitz, J. G., Samarapungavan, A., & Boerger A. E. (1987). Knowledge acquisition for application: Cognitive flexibility and transfer in complex content domains. In B. K. Britton & S. M. Glynn (Eds.), *Executive control processes in reading*(pp. 177-199). Hillsdale, NJ: Erlbaum.

Vygotsky, L. S. (1978). *Mind in society: The development of higher psychological processes*. NY: Harvard University Press.

Willis, J. (1995). A recursive, reflective instructional design model based on constructivist interpretivist theory. *Educaitonal technology, 35*(6), 5-23.

Wood, D. J., Bruner, J. S., & Ross, G. (1976). The role of tutoring in problem solving. Journal of child psychology and psychiatry, 17, 89-100.

V

교수설계 모형 및 적용

제10장

체제적 교수설계 모형

학|습|목|표

1. ADDIE 모형, Dick & Carey 모형, 그리고 ASSURE 모형을 설명할 수 있다.
2. ADDIE 모형, Dick & Carey 모형, 그리고 ASSURE 모형의 각 단계들을 이해하고, 단계별 활동을 설명할 수 있다.

주|요|용|어

- ADDIE 모형
- Dick & Carey 모형
- ASSURE 모형
- ABCD 룰
- 수행목표
- 체제

학습목표를 달성할 수 있는 방법은 여러 가지가 있지만, 효과성, 효율성 그리고 매력성을 모두 충족시킬 수 있는 가장 좋은 방법이 무엇인지 고민해보아야 한다. 이를 체계적으로 해결할 수 있도록 도와주는 분야가 바로 교수설계이다. 다음에서는 교수설계를 위한 모형들에 대해 살펴보고자 한다. 교수설계 모형은 수업설계에 대해 단계적 안내와 지침을 제공할 것이다.

교수설계는 교수학습과 관련된 여러 요소들을 구체화하고 최적화하는 일련의 활동이다. 즉, 교수설계는 처음에 계획한 학습목표를 달성하기 위하여 과학적으로 입증된 교수·학습 이론과 원리를 적용하여 효과적인 수업이나 단원을 개발하고 실행하는 체제적인 방법을 의미한다(교육공학용어사전 편찬위원회, 2005). 교수설계는 수업의 효과를 높일 수 있는 최적의 교수방법이 무엇인지 찾아가는 조직적 절차이므로 학교교육뿐 아니라 기업교육, 평생교육, 원격교육, 그리고 성인교육 등 다양한 교육 현장에서 효과적으로 적용될 수 있다(Reigeluth, 1983).

교수설계는 교수학습이론이 발전하면서 이를 실제 교육장면과 연계하고자 하는 노력에서 시작되었으며, 교수학습과정을 최적화하기 위해 체제이론에 기반을 둔 체제적 설계를 따르고 있다. 체제(system)는 교수설계를 이해하는 데 매우 중요한 개념으로, 체제는 상호 연관되어 있는 여러 요소들이 공동의 목적을 달성하기 위하여 한 단계의 산출물을 다음 단계의 투입자료로 활용하고 피드백을 주고받으며 부분과 전체의 기능을 극대화하고자 하는 결합체이다. 즉, 체제는 단순한 부분의 합이 아닌, 상호 유기적으로 관련되어 있으며 전체적으로 내적 일관성을 유지하는 전체로 볼 수 있다. 그리고 체제적 설계란 학습과정에 영향을 줄 수 있는 상황의 여러 측면들을 동시에 그리고 창의적으로 고려하는 것이다(Seels & Richey, 1994). 체제적 설계는 체제를 구성하는 여러 요소들이 일관성 또는 일체성을 유지하면서 각자의 기능을 최대한 발휘하도록 해야 하며 [그림 10-1]을 통해 도식화된 체제적 접근법을 통해 살펴볼 수 있다. 해당 그림으로 본 체제적 접근은 지속적 피드백을 통해 설계적 접근 방식이 보다 효과적임을 보여주고 있다.

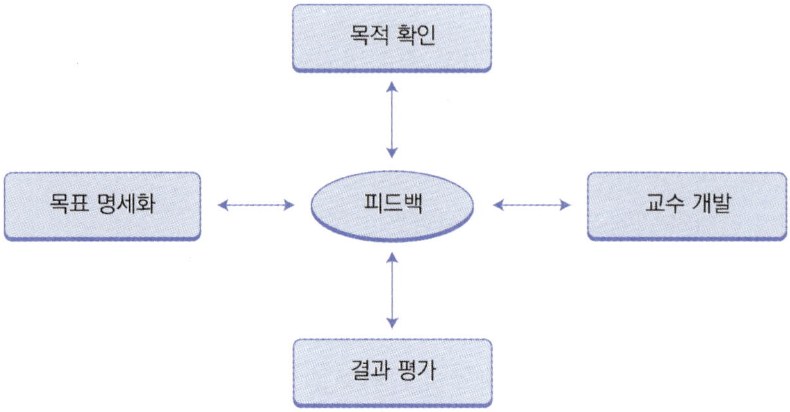

[그림 10-1] **체제적 접근(강이철, 2009: 197)**

1. ADDIE 모형

교수설계와 관련된 여러 모형들이 있으며, 모형이 적용되는 상황 및 설계 전략 등의 측면에서 다소 차이가 있다. 그러나 전반적으로 교수설계모형은 분석(Analysis), 설계(Design), 개발(Development), 실행(Implementation), 그리고 평가(Evaluation)의 다섯 요소를 공통분모로 가지고 있다. ADDIE 모형은 이러한 다섯 요소의 영어단어 첫 글자를 조합하여 명명한 모형으로, 교수설계를 위한 가장 일반적인 모형이다. 많은 교수설계모형들이 ADDIE 모형을 근간으로 하였다고 볼 수 있다.

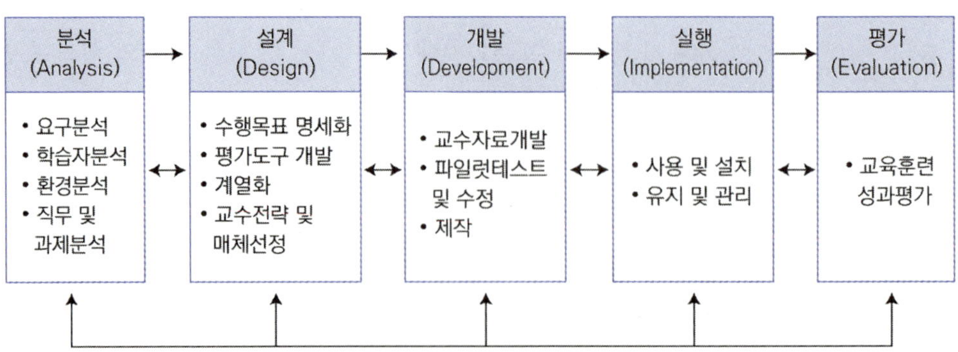

[그림 10-2] **ADDIE 모형**

1) 분석단계

분석단계(Analysis)는 교수설계의 첫 번째 단계로, 교수설계를 하기 위해 기초자료를 수집하여 분석하는 단계이다. 분석단계에서는 요구분석, 학습자분석, 환경분석, 직무 및 과제분석이 이루어진다. 요구분석에서는 바람직한 기대 상태와 현재 상태의 차이를 찾아내어 달성해야 할 수준이나 과제를 분석하며, 이 차이가 학습목표가 된다. 즉, 요구분석에서는 어떤 문제가 있는지 확인하고, 이 문제 또는 부족한 점이 교수학습활동을 통해 개선되어야 한다는 타당성에 대한 근거를 확보하며, 문제가 해결된 상태의 목표를 도출한다. 요구분석을 위해서는 대상자와의 면담, 관찰, 전화인터뷰, 그리고 설문 등을 실시하기도 한다.

학습자분석에서는 학습자의 배경, 경험, 적성, 동기, 그리고 선수학습 수준 등을 파악한다. 학습자가 갖는 다양하고 구체적인 특성이 정확히 파악되어야 학습자의 흥미와 눈높이에 맞는 교수학습방법, 교수매체, 시간계획, 그리고 예제 등에 이르기까지 수업 설계의 세세한 부분들이 효과적으로 설계될 수 있다.

환경분석은 학습환경과 수행환경 두 가지로 나눠지는데, 학습환경은 교수학습이 일어나는 환경이고 수행환경은 그것을 활용하는 환경을 의미한다. 직무 및 과제분석은 요구분석의 결과로 나타난 것을 직무와 과제에 따라 분석하는 것이다. 즉, 학습자가 학습목표에 도달하기 위해 어떠한 내용을 학습해야 하는지를 확인하고 더 나아가 이들의 순서나 절차를 정하는 것이다.

2) 설계단계

설계단계(Design)에서는 분석단계에서 밝혀진 바를 바탕으로 어떻게 교수학습활동을 계획할 것인가를 결정하는 단계로, 교육과 훈련의 구체적인 청사진을 제시하는 단계이다. 수행목표의 명세화, 평가도구 개발, 계열화, 그리고 교수 전략 및 매체 선정을 하게 된다.

설계단계에서는 우선 학습목표를 상세화하는 작업이 필요하며, 학습목표의 달성 여부를 판단하기 위한 평가도구를 계획하게 된다. 평가도구는 학습목표의 성격에 맞게 타당하고 신뢰할만한 유형으로 개발되어야 하며, 평가를 위한 적절한 시간도 고려하여야 한다. 또한 학습목표를 달성하기 위해 교수학습내용과 활동을 어떻게 구성할 것인지, 그리고 어떤 교수매체를 활용할 것인지를 선택하게 된다. 이러한 과정을 통해 효과적이고 효율적이며 또한 매력적이고 안정적인 수업을 계획할 수 있다.

3) 개발단계

개발단계(Development)는 설계과정에서 만들어진 청사진을 바탕으로 실제 교수학습과정에 필요한 자료들을 제작하는 단계를 의미한다. 그림, 도표, 사진, 동영상, 그리고 멀티미디어 자료 등 다양한 형태의 교수자료들이 개발될 수 있다. 그러나 최종 자료를 개발하기 위해서는 초안을 만들고, 몇 차례에 걸쳐 검토하고 수정 및 보완하는 작업이 이루어진다. 이때 전문가의 검토, 다양한 학습자의 검토, 그리고 현장에서의 검토과정을 거쳐 형성평가를 실시해야 한다. 형성평가 시에는 다음과 같은 질문을 기억하며 검토하도록 한다(서미옥, 2015).

- 개발된 교수학습 자료와 매체가 학습목표 달성에 적합한가?
- 개발된 평가도구는 학습목표와 일관성이 있는가?
- 개발된 자료는 학습자의 수준이나 특성에 적합한가?

최종적인 교수자료를 개발할 때는 학습목표와 학습 내용에 적합한지뿐 아니라 개발 비용, 사용 기간, 활용성, 그리고 형성평가 결과가 반영되어 수정되었는지 등을 확인하여야 한다.

4) 실행단계

실행단계(Implementation)는 지금까지 분석, 계획, 제작을 통해 만들어진 산출물을 실제 현장에서 활용 및 적용해 보는 단계이다. 그러나 이때의 실행단계는 교수설계의 산출물에 대한 형성평가적 성격을 띠고 있으므로 계획된 교수학습 과정을 실행하면서 수정 또는 개선할 사항을 찾는 것이 중요하다. 확인된 개선사항에 대해서는 반성적 고찰을 통해 수업계획을 수정 및 보완하도록 한다. 더 나아가 실행단계에서는 개발된 자료들이나 교수학습 프로그램이 현장에서 지속적으로 활용될 수 있도록 제도나 규정을 정비하고 분위기를 형성하는 활동도 이루어져야 한다.

5) 평가단계

마지막 단계는 최종 산출물로서의 교육훈련 프로그램이 의도한 목적을 달성하였는지를 평가하는 과정이다. 또한 실행된 교수자료나 교육훈련 프로그램의 효과성, 효율성, 매력성, 그리고 안정성을 평가한다. 이와 같은 평가단계(Evaluation)를 통해 교육이나 훈련 프로그램이 목표달성을 하였는지 다시 한 번 확인하게 되며, 평가단계의 결과에 따라 최종 산출물로서의 교수학습 프로그램을 계속 사용하거나 폐기할지 여부, 문제점, 그리고 수정 사항 등을 결정한다. 또한 평가 결과는 교수 체제를 수정하는 순환적 절차를 위해서도 활용된다.

각 단계별 기능, 활동, 그리고 각 단계의 산출물들을 표로 정리하면 다음과 같다(강이철, 2009).

〈표 10-1〉 ADDIE의 단계별 기능, 활동, 산출물

과정	기능	활동	산출물
분석(Analysis)	학습내용을 정의하는 과정	요구, 학습자, 환경, 직무 및 과제분석	요구, 교육목적, 제한점, 학습과제
설계(Design)	교수방법을 구체화하는 과정	성취수행목표 진술, 평가도구 개발, 계열화, 교수전략 및 매체선정	성취수행목표, 교수전략 등을 포함한 설계명세서
개발(Development)	교수자료를 제작하는 과정	교수자료 개발, 형성평가 및 수정, 제작	완성된 프로그램
실행(Implementation)	프로그램을 실제 상황에 적용하는 과정	프로그램의 사용, 설치, 유지 및 관리	실행된 프로그램
평가(Evaluation)	프로그램의 효과성과 효율성 및 적절성을 결정하는 과정	총괄평가	프로그램의 가치 및 평가 보고서

2. Dick과 Carey의 모형

딕과 캐리(Dick & Carey)는 1978년 이 모형을 처음 개발하였으며, 이후 약 40여 년간 학교, 기업, 그리고 군대 등 다양한 현장에서 활용되어 왔다. Dick과 Carey의 모형은 교육 및 훈련 프로그램을 개발하는 데 필요한 절차들을 제시하는 모형으로, 10개의 단계로 구성되어 있다.

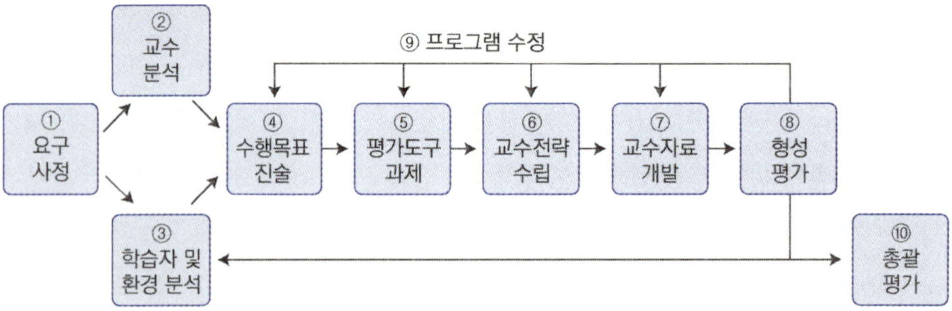

[그림 10-3] Dick, Carey & Carey(2009)의 교수설계모형

1) 교수목적 확인을 위한 요구사정

첫 번째 단계는 교육 및 훈련을 마친 후에 학습자가 도달해야 하는 목표가 무엇인지 결정하는 일이다. 즉, 학습자가 학습을 모두 완료한 후 무엇을 할 수 있기를 바라는지를 명확히 하는 단계이다. 이는 주로 바람직한 상태와 현재 상태의 차이 분석, 교육과정 분석, 그리고 학습자의 요구분석을 통해 이루어진다.

첫 번째 단계를 실시하기 위해서는 다음과 같은 세 가지 활동이 이루어져야 한다. 우선, 문제 상황이 무엇인지 상세히 파악되어야 한다. 다음으로는 문제가 해결된 상태는 어떠한지 그리고 해결할 수 있는 방안들은 무엇인지 모두 나열해야 한다. 이때의 방안은 교육적 해결 이외에도 환경 개선이나 제도 정립, 그리고 인센티브 지급 등 다양한 방안들이 고려될 수 있다. 마지막으로 이상의 분석들을 종합하여 확인된 교수 목적 및 목표를 확실히 하는 것이다.

2) 교수분석

교수분석 단계에서는 최종 학습목적을 성취하기 위해 학습자가 배워야 할 학습 유형을 파악하고, 학습목표와 관련된 하위기능 및 필요한 학습절차 등을 분석하는 활동이 이루어진다. 목표분석은 교육 및 훈련 프로그램에서 다룰 학습내용을 확인하는 활동으로, 학습목표를 달성했을 때 학습자들이 보여줄 수 있는 구체적인 성취 행동을 밝히는 것이다. 하위기능 분석은 목표의 각 단계별로 하위기능들은 무엇이며 선후 관계는 어떠한지 규명하는 것이다. 교수분석은 전문적인 역량을 요하는 단계이며 최종적으로 그림, 도표, 차트 등의 형태로 표현된다.

3) 학습자 및 환경 분석

이 단계에서는 교육 및 훈련을 실시하기 전에 학습자가 반드시 사전에 갖추고 있어야 하는 선수지식과 학습자의 특성을 분석한다. 선수지식은 학습자에게 요구되는 출발점 행동으로 볼 수 있다. 학습자의 일반적 특성으로는 읽기 수준, 주의집중력, 관련 경험, 학습동기 수준, 수업에 대한 태도, 인지유형, 학습유형 그리고 성격 등을 들 수 있다. 그 밖에도 학습자들이 학습목표를 배우게 될 학습환경 및 맥락과 이후 배운 내용을 사용하게 될 환경과 상황에 대한 분석 작업도 이루어져야 한다.

4) 수행목표 진술

교육 및 훈련을 마친 후에 학습자들이 성취해야 할 학습목표를 구체적인 수행 행동 용어로 진술하는 것을 의미한다. 수행목표는 반드시 행동동사를 사용하여 서술하도록 하며, 학습될 성취 행동, 성취 행동이 실행될 조건, 그리고 수행의 성공 여부를 판단하는 준거의 세 가지로 구성된다. 한 시간의 교육 및 훈련을 위해서는 약 2~3개의 하위 기능을 포함하고 또한 각 하위 기능별로 2~3개의 명세목표를 갖도록 한다. 즉, 한 시간의 교육 및 훈련 중에 다룰 수 있는 수행목표는 약 4~9개 정도의 범위이다.

5) 평가도구 개발

앞 단계에서 진술한 학습목표들의 달성 여부를 확인할 수 있는 평가문항을 개발하는 단계이다. 이를 위해 어떤 학습목표가 제시되었는지 확인한 후, 목표에 서술되어 있는 학습자의 수행행동유형과 평가문항이 요구하는 것이 일관성 있도록 개발해야 한다. 이렇게 개발된 평가도구를 통해 학습자의 성취수준 또는 학습결과를 측정할 수 있는 것이다.

6) 교수전략 개발

이전 단계들을 통해 분석된 수업목표, 학습자 특성, 가르칠 내용, 그리고 학습자의 선수지식 수준 등을 고려하여 실제 수업에서 효과적, 효율적, 그리고 매력적인 교수학습활동을 구체적으로 계획하는 것을 의미한다. 교수전략 개발 시 고려할 사항들은 〈표 10－2〉와 같다(강이철, 2009).

〈표 10-2〉 교수전략의 개발

수업 전 활동	• 동기유발 • 목표 제시 • 출발점 행동 확인
정보지식 제시	• 교수계열 • 교수단위의 크기 • 자료 제시
학습자 참여	• 실행 • 연습 • 피드백
시험 검사	• 사전검사 • 학습증진검사 • 출발점 행동 확인
추수 활동	• 교정활동 • 보충학습 • 심화학습

7) 교수자료 개발 및 선정

앞 단계에서 개발한 교수전략에 따라 실제로 교육 및 훈련 프로그램을 만드는 단계이다. 이 단계에서는 교수전략에 따라 수업활동에 활용될 모든 자료를 개발한다. 구체적으로는 학습자 매뉴얼, 수업에 필요한 자료, 교사안내서, 검사, 그리고 교수매체를 의미한다. 교수매체의 경우, 학습목표, 학습내용, 그리고 학습자의 특성을 고려하여 개발할 수도 있고 또는 기존 자료들 중에 선정할 수도 있다. 새로운 자료의 개발 여부는 학습의 유형, 기존 관련 자료의 유무 및 수준, 그리고 개발 예산 및 시간 등을 고려하여 결정하도록 한다.

8) 형성평가

형성평가는 개발된 교육 및 훈련 프로그램의 수정과 보완을 위해 실시된다. 형성평가는 대개 일대일평가, 소집단평가, 그리고 현장평가를 통해 이루어진다. 그리고 형성평가를 통해 수집된 자료에 근거하여 개발된 프로그램의 개선점을 찾은 후에는 프로그램을 수정 및 보완한다. 형성평가는 개발된 프로그램을 현장에서 활용하기 전에 실시되기 때문에 그 결과가 바로 반영되는 성격을 갖는다.

9) 교수 프로그램의 수정

형성평가의 결과를 토대로 앞선 단계에서 이루어졌던 여러 활동들이 타당하게 이루어졌는지를 다각도에서 확인한다. 학습목표를 달성하는 데 어려운 점이 있었는지, 학습과제 분석이 타당했는지, 학습자의 출발점 행동 및 학습자 특성이 적절하게 파악되었는지, 학습목표 달성 여부를 확인하는 평가문항이 타당하였는지, 그리고 교수학습전략이 효과적이었는지 등을 종합적으로 검토한다. 그리고 형성평가의 결과를 반영하여 개발된 교육 및 훈련 프로그램을 보다 효과적이고 효율적으로 수정한다.

10) 총괄평가

총괄평가는 개발된 교육 및 훈련 프로그램의 효과를 검증하는 데 그 목적이 있다. 이를 위해 교수설계자와 그 팀 구성원 이외에 개발 과정에 참여하지 않은 외부평가자가 함께 실시한다. 총괄평가는 개발된 교육 및 훈련 프로그램의 가치와 효능을 평가하는 것이기 때문에 엄격히 말하면 교수설계의 과정 밖에서 실시되는 것이다. 총괄평가의 결과에 따라 완성된 프로그램을 유지할 것인지 결정하게 된다.

3. ASSURE 모형

ASSURE 모형은 Heinich와 동료들(2002)이 교수학습 목표를 달성하기 위해 교수매체의 효과적 활용을 위해 제시한 모형이다. ASSURE 모형의 장점은 교육현장에서 활용하기 쉬운 실천적 모형이라는 것이다. ASSURE 모형은 학습자 분석(Analyze learners), 목표 진술(State objectives), 매체와 자료의 선정(Select media and materials), 매체와 자료의 활용(Utilize media and materials), 학습자 참여 유도(Require learner participation), 그리고 평가와 수정(Evaluation and review)이라는 여섯 단계를 나타내는 영어 철자들의 앞 글자를 따서 명명되었으며, 이는 매체를 효과적으로 활용하는 것을 보증(assure)하기 위한 과정을 보여준다.

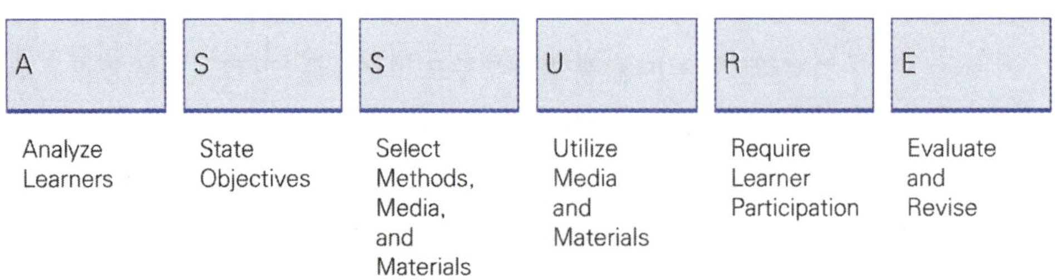

[그림 10-4] ASSURE 모형

1) 학습자 분석

학습자 특성은 교수매체의 선택에 큰 영향을 미치므로, 매체를 사용하게 될 학습자를 확인하기 위한 단계이다. 학습자 분석은 다음과 같은 세 가지 측면에서 이루어진다. 첫 번째는 일반적 특성이다. 학습자의 일반적 특성으로 성별, 나이, 학년, 학력, 문화, 사회경제적 요인 등을 들 수 있다. 일반적 특성을 감안하여 학습자에게 적절한 학습량, 교수학습방법, 사례 등을 결정할 수 있다. 두 번째는 출발점 능력이다. 학습자가 이미 가지고 있는 지식이나 기술의 수준, 학습하게 될 지식이나 기술에 대한 선수지식 정도, 그리고 주제에 대한 오개념이나 편견 등을 확인하는 것이다. 마지막으로 학습유형을 확인하도록 한다. 학습동기, 정보처리 및 인지 양식, 그리고 선호하는 학습유형 등을 조사한다.

2) 목표 진술

학습을 마친 후 학습자가 성취해야 하는 학습목표를 명확하게 설정하는 단계이다. 구체적으로 목표를 진술하는 여러 가지 방법이 있으며, 다음에서는 Mager(1975)의 목표진술을 위한 행동목표 명세화 원칙으로 ABCD 룰을 살펴보고자 한다.

- A(Audience): 학습자가 누구인지 대상을 명확히 한다.
- B(Behavior): 학습자가 성취해야 하는 것을 관찰 가능한 행동으로 진술한다.
- C(Conditions): 학습목표에 도달하는 데 사용되는 자원, 시간, 그리고 제약 등을 명시한다.
- D(Degree): 학습자의 목표 달성 여부를 확인할 수 있는 기준을 제시한다.

3) 매체와 자료의 선정

학습자 특성에 대한 분석과 교수학습 목표를 명료화한 후에는 적합한 교수방법, 매체, 그리고 교재를 선택한다. 특히 매체를 선택할 때에는 각 매체가 갖는 상징체계와 특징뿐 아니라 학습자들의 처리 능력, 학습자 집단의 크기, 그리고 상호작용 수준 등을 고려해야 한다. 교수매체의 경우, 기존의 자료를 선정할 것인지, 수정할 것인지, 또는 새로 개발할 것인지는 다음을 고려하여 결정하도록 한다(Heinich et al., 1996).

- 자료가 교육과정에 맞는가?
- 자료가 정확하고 현실적인가?
- 자료가 분명하고 간결한가?
- 자료가 학습자에게 참여 기회를 제공하는가?
- 자료의 기술적 지원은 적합한가?
- 자료의 효과를 확인할 근거가 있는가?
- 자료는 편견이나 광고 등의 영향을 미치지는 않는가?
- 사용자 안내서나 다른 설명이 포함되어 있는가?

4) 매체와 자료의 활용

교수학습 장면에서 교수매체를 효과적으로 활용하기 위해서는 사전에 매체와 자료를 점검하는 것이 필요하다. 그리고 매체와 자료를 교수학습 목표 달성을 위해 어떤 순서로 제시할 것인지 결정하고, 실제 매체와 자료를 사용할 교수학습 환경을 준비한다. 다음으로는 학습자들에게 매체와 자료에 대한 정보를 제공하고 학습 내용을 소개하며 학습자의 동기를 유발하는 등의 학습자 준비가 필요하다. 마지막으로 교수매체와 자료를 제시함으로써 교수학습 경험을 제공한다.

5) 학습자 참여 유도

교수매체와 자료를 활용할 때 학습자의 적극적 참여가 필수적이다. 학습자들이 교수매체를 활용한 수업 장면에서 반응할 수 있는 참여 기회, 연습 기회, 그리고 피드백도 제공해야 한다. 학습자의 반응을 유도하기 위해 연습활동, 토의, 그리고 퀴즈 등을 준비하여 학습자가 더욱 활발히 참여할 수 있도록 한다. Kemp(1985)는 학습자의 능동적 참여를 이끌 수 있는 방법을 다음과 같이 제시하였다.

- 즉각적 필기 또는 구두 반응을 요구하는 질문을 한다.
- 학습자들이 필기활동을 하도록 지시한다.
- 보거나 들은 것을 토대로 선택, 판단, 그리고 결정하도록 요구한다.
- 보거나 들은 활동이나 기술과 관련하여 학습자의 수행을 요구한다.

6) 평가와 수정

평가 단계는 ASSURE 모형의 마지막 단계이지만 더 효과적인 매체 활용을 위한 출발점이 되기도 한다. 교수매체를 활용한 교수학습 활동이 끝난 후에는 반드시 학습자의 학습목표 달성 수준, 그리고 활용한 교수방법 및 교수매체의 효과에 대한 평가가 이루어져야 한다. 학습자의 목표성취에 대한 평가는 사후검사뿐 아니라 수행과정의 평가를 위한 척도나 포트폴리오 같은 평가방법도 사용할 수 있다. 매체와 자료에 대한 평가는 학생들이 흥미로워하였는지, 의도했던 목적을 달성했는지, 잘 보이고 들렸는지 등을 토대로 평가하도록 한다. 또한 평가 결과를 반영하여 매체, 자료, 그리고 활용 방법 등을 개선하고자 하는 노력이 수반되어야 한다.

4. ASSURE 모형의 적용

다음에서는 ASSURE 모형을 적용한 교수설계 과정을 예시로 제시하고자 한다. 학습주제와 학습대상은 다음과 같다.

- 학습주제: 날씨의 영어 표현
- 대상: 중학교 2학년

1) 학습자 분석

A 학습자 분석		
A 학습자 분석	일반적 특성	• 학생은 총 30명이며, 남학생 17명과 여학생 13명으로 구성되어 있다. • 연령은 만 13~14세 정도이다. • 학생들이 사는 도시는 중소규모의 도시로 중류층 가정의 학생이 대부분이지만 형편이 어려운 학생도 일부 있다. • 해외 거주 경험을 가진 학생은 없다. • 부모의 학력 수준은 고르지 않다. • 영어 사교육을 받는 경우는 15명 내외이었다. • 다소 산만한 학생들이 일부 있으며 수업을 이해하는 데 큰 어려움을 주지는 않지만 집중력이 짧은 편이다.
	출발점 능력 분석	• 계절의 변화와 주요 기후 특징을 알고 있다. • be 동사를 이용하여 간단한 문장을 만들 수 있다. • be 동사의 현재형과 과거형을 알고 있다.
	학습양식	• 미디어 매체에 익숙하며, 사진, 음악, 비디오 등 시청각 매체를 선호한다. • 책읽기 활동에서는 집중력이 떨어진다. • 개별 학습 활동보다는 조별 활동을 선호한다. • 강의보다는 학습자 참여 활동을 선호한다.

2) 목표 진술

수업의 주제는 날씨의 영어 표현이며, 학생들이 각 계절의 날씨를 표현하는 문장을 만드는 것이 수업의 목표이다. 구체적으로 서술하면 다음과 같다.

중학교 2학년 학생들은 날씨를 표현하는 형용사를 활용하여 계절별 날씨에 관한 영어 표현을 평서문과 의문문의 형태로 두 문장 이상 쓰고 말할 수 있다.

S 목표 진술	ABCD 방식으로	• A(대상): 중학교 2학년 학생들은 • B(행동): 쓰고 말할 수 있다. • C(조건): 날씨를 표현하는 형용사를 활용하여 • D(정도): 평서문과 의문문을 계절별로 두 문장 이상

3) 방법, 매체, 자료 선정

학습자의 특성을 고려하여 집중력을 유지하기 위해 다양한 교수학습방법과 매체를 활용하고자 한다.

S 방법, 매체, 자료 선정	방법	• 기본적인 내용은 교사 중심으로 짧게 설명한다. • 4명씩 앉도록 자리를 배치하여 조별 활동을 한다. • 수업 내용을 연습하기 위해 기상캐스터 역할을 학생들이 번갈아 맡으며 역할극을 한다.
	매체	• 계절별 특징이 드러나는 사진자료가 담긴 파워포인트 자료를 준비한다. • 우리나라 기상캐스터의 동영상 자료를 준비한다. • 전 세계 날씨를 소개하는 영어 날씨예보 동영상 자료를 준비한다. • 판서를 위한 칠판과 부자재를 준비한다.
	자료	• 날씨에 대한 표현이 정리된 유인물을 준비한다. • 학생들이 문장을 완성할 수 있는 활동지를 준비한다.

4) 매체와 자료 활용

다양한 매체와 자료를 활용하기 위하여 다음과 같이 준비하도록 한다.

U 매체 및 자료 활용	환경준비	• 컴퓨터의 작동, 파워포인트 소프트웨어의 설치 상태, 영상과 소리의 제시 상태 등을 확인한다. • 파워포인트와 동영상 자료의 재생 상태를 확인한다. • 유인물과 활동지를 학생 수만큼 복사하여 준비한다. • 학생들의 자리를 팀 활동을 할 수 있도록 책상을 배치한다.
	학습자준비	• 수업할 내용을 재검토한다. • 학습목표를 제시하고 학생들이 학습목표를 분명히 인지하도록 강조한다. • be 동사를 활용한 기본 문장을 만들어 본다.

5) 학습자 참여 유도

수업 단계별로 학습자의 능동적 학습 참여를 위해 다음과 같은 계획을 수립한다.

	단계	학습경험	학습자 참여
R 학습자 참여	도입	세계의 날씨 예보와 관련된 동영상을 시청한다.	동영상을 보고 이번 시간에 배울 내용을 추론해 본다.
	전개 1	날씨에 관한 기본적 표현법을 파워포인트의 사진 자료를 이용하여 설명한다.	교사의 설명을 듣고 교사가 질문하면 대답하도록 한다.
	전개 2	우리나라의 날씨 예보에 관한 동영상을 보면서 영어로 어떻게 표현할 수 있는지 활동지에 작성하게 한다.	동영상을 보고 활동지에 각자 날씨 표현에 관한 영어 문장을 완성한다.
	전개 2	화이트보드에 강조할 부분을 판서하며 활동지 내용을 강조하며 재설명한다.	교사의 질문에 답하며 반복하여 말하는 연습을 한다.
	전개 3	학생들에게 세계 여러 나라의 날씨 사진을 보여주며 기상캐스터가 되어 표현하도록 한다.	조별로 학생들이 돌아가며 기상캐스터 역할을 한다. 교사가 제시하는 나라의 날씨 사진을 보고 영어로 표현하는 연습 기회를 갖는다.
	마무리	수업에서 배운 표현을 복습하고 정리한다.	활동을 통해 연습하면서 배운 내용을 복습한다.

6) 평가와 수정

학습자의 목표 달성 여부와 수업에서 사용한 매체의 적절성에 대해 평가를 계획한다.

E 평가 및 수정	학습자 평가	• 지필 평가를 실시하여 다음에 대해 확인한다. * 계절별 날씨 표현법을 알고 있는가? * 평서문과 의문문으로 표현할 수 있는가? • 수업 중 학습자의 역할극 활동을 관찰한다.
	방법 및 매체 평가	• 학생 관찰 및 질문을 통해 다음에 대해 확인한다. * 사진 자료가 날씨를 명확히 제시하였는가? * 동영상 자료가 학생들의 흥미를 높였는가? * 활동지를 통해 학생들의 내용 이해와 연습이 이루어졌는가? * 다양한 매체 활용과 조별 활동으로 수업 분위기가 산만하지 않았는가?
	수정	• 활동지 작성에 대해 교사의 확인이 이루어지지 않아 이후 수업에서는 수업 후 회수하여 학생들의 학습목표 달성 정도를 정확하게 확인하고자 한다. • 기상캐스터 역할극에 학생들이 흥미를 보였으며 이후 보다 실감 나게 하기 위하여 기상도나 소품 등을 준비하고자 한다.

연습 및 탐구문제

1. ADDIE 모형과 Dick & Carey 모형의 공통점과 차이점을 비교하여 설명해 보시오.

2. 본문의 ASSURE 모형 적용을 참고하여, ASSURE 모형에 따라서 교수매체를 활용하는 학습지도안을 설계해 보시오.

3. 교수설계모형을 적용하여 교수설계를 할 때 요구되는 역량은 무엇인지 제시하고, 이를 기를 수 있는 방안들은 무엇인지 자신의 생각을 제안해 보시오.

4. 우리의 교육 현실에서 교수설계가 필요한 이유는 무엇인지 설명하고, 구체적 적용 방안을 탐색해 보시오.

참고문헌

강이철 (2009). **교육방법 및 공학의 이론과 적용**. 서울: 학지사.

교육공학용어사전 편찬위원회 (2005). **교육공학 용어사전**. 서울: 교육과학사.

백영균, 한승록, 박주성, 김정겸, 최명숙, 변호승, 박정환, 강신천, 윤성철 (2015). **스마트 시대의 교육방법 및 교육공학**. 서울: 학지사.

서미옥 (2015). **잘 가르치기 위한 교육방법 및 교육공학**. 고양: 공동체.

Dick, Carey & Carey (2009). *The systematic design of instruction* (7th ed). Upper Saddle River, NJ: Pearson.

Heinich, R. et al. (1996). *Instructional media and technologies for learning.* NJ: Prentice Hall, inc.

Heinich, R., Molenda, M., Russell, J. & Smadino, S. (2002). *Instructional media and the new technologies for learning.* Upper Saddle River, NJ: Pearson.

Kemp, J. P. (1985). *The instructional design process.* New York: Harper & Row.

Mager, R. F. (1975). *Preparing instructional objectives*(2nd ed.), Belmont, CA: Fearon.

Reigeluth, C. M. (Ed.) (1983). *Instructional design theories and models: An overview of their current status.* Hillsdale, NJ: Lawrence Erlbaum Associates.

Seels, B. B. & Richey, R. C. (1994). *Instructional technology: The definition and domains of the field.* Washington, DC: AECT.

제11장

교수분석 및 설계

학|습|목|표

1. 요구분석의 개념을 이해하고 수업설계 시 적용할 수 있다.
2. 학습자분석을 실행하여 수업설계 시 적용할 수 있다.
3. 학습목표 영역에 맞는 과제분석 방법을 실시하여 수업내용을 분석할 수 있다.
4. 학습영역에 따라 학습목표를 적절하게 진술할 수 있다.

주|요|용|어

- 요구분석
- 학습자 분석
- 과제분석
- 학습목표분석

체제적 교수설계모형의 공통적인 과정 기본 절차인 분석, 설계, 개발, 실행, 평가 중 분석(analysis) 단계에서는 요구분석, 학습자 분석, 과제분석, 학습목표 분석 등이 이루어진다. 본 장에서는 이러한 분석에서 어떠한 활동들이 이루어지고 이러한 활동들이 설계과정과 어떻게 연계되고 활용되는지 보다 구체적으로 알아보고자 한다.

1. 요구분석

1) 요구분석의 개념

요구(Need)란 최적의 수행과 실제 수행 사이의 격차를 의미한다. 즉, 최적의 수행 상태인 바람직한 상태(What should be: desired states)와 실제의 수행 상태인 현재의 상태(What is: current states) 간의 차이(gap)를 요구라 한다. 요구는 현재의 문제(problem)로 규명될 수도 있지만, 앞으로 다가올 미래의 기회(opportunity)로 규명될 수도 있다.

요구분석이란 이 두 수행상의 차이가 무엇인지를 근본적인 원인을 찾아내고, 그 원인을 해결할 수 있는 방안을 찾는 것이다. 차이의 근본적인 원인을 규명하면 조직의 한정된 자원을 합리적으로 분배하기 위한 우선순위를 결정할 수 있다. 요구분석의 결과로 교육 프로그램의 목적(goal)을 도출할 수 있다.

요구분석을 실시하면 이상적인 수행수준(교육목적), 실제적인 수행수준(교육실태), 이상과 실제 수행수준 간의 차이, 이러한 차이의 원인과 해결방안 등을 구체적으로 규명할 수 있기 때문에, 모든 문제를 교육으로 해결하기보다는 근본적인 원인에 대한 다각적인 방안을 제시할 수 있다. 일반적으로 모든 문제를 교육으로 해결하려는 경향을 보이는 조직의 특성을 고려할 때 요구분석은 문제해결의 효과성과 효율성을 높이는 최선의 방법이다. 〈표 11-1〉은 조직에서 요구분석을 통해 규명할 수 있는 원인과 그에 따른 해결방안의 예시이다(Rossett, 1987).

〈표 11-1〉 요구분석을 통해 규명된 문제의 원인과 그에 따른 해결방안

원인	해결방안
기술 및 지식의 부족	교육, 작업명세서의 작성
열악한 환경	작업도구 개선, 작업환경 개축
부적절한 보상체계	정책 개선, 보상체계 개선
동기 저하	교육, 정보 제공, 코칭

2) 요구분석의 절차

교수·학습 차원에서의 요구분석은 [그림 11-1]과 같은 6단계를 통해 시행된다(최정임, 2002; 한국교육공학회, 2005).

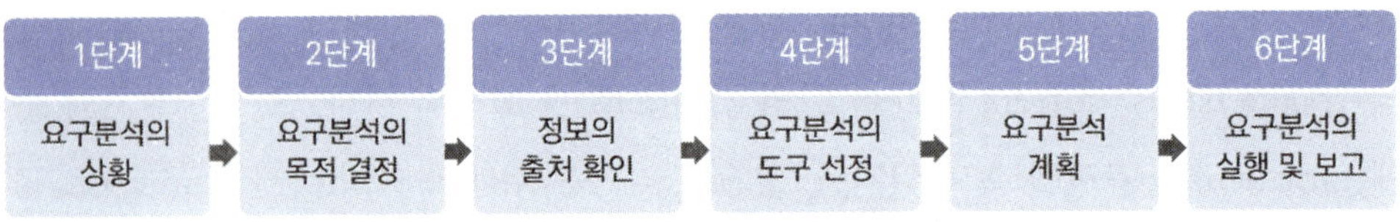

[그림 11-1] 요구분석의 절차

(1) 1단계: 요구분석의 상황

왜, 어떤 이유로 요구분석이 필요한지에 대한 배경적 정보와 요구분석을 통해서 궁극적으로 무엇을 달성하려고 하는지 개괄적인 정보를 파악하는 것이다. 흔히 교육이 요구되는 상황은 크게 3가지 유형이다. 첫째, 업무수행상의 문제 발생, 둘째, 새로운 체제나 기술의 도입, 셋째, 자동적 습관적 교육이다. 교수-학습 차원에서의 요구분석이 필요한 상황은 현재의 학습목적이 성취되지 않고 있을 경우, 현재의 수업이 비효과적이거나 비효율적인 경우, 현재의 수업이 학습자의 흥미를 끌지 못할 경우, 새로운 학습목적이 추가될 경우, 학습집단의 크기에 변화가 올 경우 등이다.

이와 같이 요구분석 상황이 구체적으로 파악되면 요구분석이 필요한 상황에 대해 이해하고, 분석의 대상과 목적을 확인할 수 있다.

(2) 2단계: 요구분석의 목적 결정

다음 5가지 중에서 하나 또는 두 가지 이상의 조합으로 요구분석의 목적을 선정할 수 있다. 첫째, 직무에서 요구하는 최적의 업무수행 또는 지식은 무엇인가? 둘째, 실제 또는 현재 수행되고 있는 업무 또는 지식은 무엇인가? 셋째, 학습자와 교육관련자의 문제와 관련된 느낌은 무엇인가? 넷째, 문제의 원인은 무엇인가? 다섯째, 문제에 대한 해결방안은 무엇인가?

〈표 11-2〉 요구분석의 목적

목적의 유형	주요 내용
최적 (Optimals)	분석 대상에 대한 가장 바람직한 최적의 상태가 무엇인지 설정할 수 있어야 한다. 요구분석 과정에서 직무수행의 바람직한 상태나 최적의 상태가 무엇인지를 설정해야 현재 상태와의 격차를 찾아낼 수 있기 때문이다.
실제 (Actuals)	분석 대상에 대한 현재의 직무수행상태나 지식의 상태가 무엇인지 파악할 수 있어야 한다. 분석 대상의 실제 상태를 파악해야 최적의 상태와의 격차를 찾아낼 수 있기 때문이다.
느낌 (Feelings)	분석 대상에 대하여 구성원이 갖고 있는 느낌을 파악해야 한다. 구성원이 갖고 있는 생각과 느낌은 문제를 해결하는 데 실질적인 도움을 주기 때문이다.
원인 (Causes)	문제에 대한 근본적인 원인이 무엇인지를 파악하는 것이다. 현재 상태와 최적의 상태 사이의 격차가 무엇이고, 그 격차의 원인이 무엇인가를 파악해야 문제에 대한 해결 대안을 설정하는 데 도움이 되기 때문이다. 원인에 대한 파악이 미흡하면 할수록 해결 대안에 대한 방향을 설정하는 것이 어려워질 수 있다.
해결안 (Solutions)	현재 상태와 바람직한 상태 사이의 차이가 무엇인지 도출되고, 그 차이에 대한 느낌이나 원인이 파악되면 이를 기반으로 해당 문제에 대한 해결방안 또는 해결대안이 제시되어야 한다. 해결대안은 교육적인 대안과 교육외적인 대안을 중심으로 제시하는 것이 문제의 체계적인 해결을 위해 바람직하다.

출처: Rossett(1987).

(3) 3단계: 정보의 출처 확인

요구분석의 목적을 달성하기 위해 가장 정확한 정보를 제공해 줄 수 있는 사람이나 장소 또는 대상과 원천을 확인하는 단계이다. 최적의 정보원을 보유하고 있는 출처를 확인하는 것이 중요하다.

(4) 4단계: 요구분석의 도구 선정

요구분석 도구는 요구분석의 목적에 따라 다르게 선정될 수 있는데, 요구를 찾아낼 때는 면담이나 그룹회의가 적절하며, 실태를 파악할 때는 현존자료 분석, 관찰, 무기명 설문이 적절하다. 문제의 원인을 파악할 때는 면담 대상자와의 밀접한 관계를 먼저 수립해야 하고, 무기명 설문조사가 적절하다. 느낌과 해결방법의 우선순위를 파악해야 하는 경우에는 면담이나 그룹회의, 무기명 설문조사가 적절하다.

(5) 5단계: 요구분석 계획

요구분석 절차를 결정하고, 요구분석 계획서를 작성한다. 요구분석 계획서에는 문제상황, 요구분석의 목적, 요구분석 절차, 사용된 요구분석 도구, 실행일정 등이 포함되어야 한다.

(6) 6단계: 요구분석의 실행 및 보고

요구분석 절차에 따라 실행하고 결과를 분석한 다음, 이를 보고한다.

2. 학습자 분석

교수설계에서 일반적으로 활용되어온 학습자 분석은 객관주의적 관점에 기반하여 개인적 학습의 최적화를 목적으로 분석되어 왔다. 이 단계를 흔히 출발점 행동의 진단이라 부르기도 한다(박숙희, 염명숙, 2007). 출발점 행동의 진단은 학습자 간의 개인차, 즉, 지적 특성, 선수학습 성취정도, 정의적 특성, 인지유형, 학습유형 등으로 나눌 수 있다. 개인의 지적 능력인 IQ가 학습에 영향을 주는 정도는 25%에 불과한 것에 비해 다른 사회적인 역량이 학습에 75%의 영향을 미치기 때문에 이러한 요소들의 특성을 수업에 반영하는 것이 필요하다(Borich, 2000).

1) 학습자의 일반적 특성

학습자의 일반적 특성으로 성, 연령, 학력, 직업, 지적인 특성, 문화사회적 요인 등을 분석하여 교수설계에 반영한다. 성의 차이에 대한 연구는 다양하게 교수설계에 반영할 수 있는 요소들을 시사한다. 여자들은 감정적이고 사회적 관계에 관심을 가지는 경향이 있으며, 남자들은 자신의 성공은 능력 때문이고 자신의 실패는 노력이 부족해서라고 생각하는 경향이 있다. 성과 관련된 테크놀로지의 특성은 보다 분명한 차이를 보이는데, 남학생들이 여학생에 비하여 보다 공격적이고 장비 사용이 뛰어나다(Swain & Harvey, 2002). 때문에 경쟁적 게임 등에서 보다 적극적으로 반응하는 경향을 보인다(Smaldino et al., 2005). 여학생들은 테크놀로지의 사회적 기능에 보다 초점을 두는 경향이 있으며(Bruner & Bennett, 1997), 테크놀로지 사용능력과 활용에 자신감이 부족하다.

2) 학습내용에 대한 기존 지식

학습내용에 대한 기존 지식은 학습자들이 학습 준비가 되었는지를 확인하는 것과 이미 목표를 성취하였는지를 확인하는 두 가지 종류의 점검이 요구된다. 선수조건은 학습자들이 수업을 시작할 때 가지고 있어야만 하는 지식을 사전에 정의하고 이를 분석하는 것이다(Newby et al., 2006). 출발점 능력이 다양한 집단을 대상으로 교수설계를 해야 할 경우, 학습자 자신의 수준과 속도에 따라 학습할 수 있는 개별 수업자료를 보완해 주어야 한다.

주제에 관하여 선수학습 정도가 미약한 학습자의 경우에는 현장 체험이나 역할놀

이 등을 체험할 수 있도록 구체적이고 직접적인 활동이 요구된다. 한편, 수준이 높은 학습자는 보통 시청각자료와 언어적 자료만으로 충분한 경향이 있다(Smaldino et al., 2005).

3) 학습동기

동기는 '목표지향적인 활동을 유발하고 유지하는 과정'(Pintrich & Schunk, 1996)과 관련하여 사람들이 무엇을 할 수 있는가보다는 무엇을 하고자 하는가와 관련된다. 동기는 학습자들이 원하는 특정 교수목표를 강조하고 이러한 목표에 도달하도록 학습자들의 노력을 증대시킴으로써 학습에 직접적으로 영향을 준다. 내재적 동기는 과제에 대한 도전 같은 경험이나 과제 그 자체에 의해 만들어지는 것이며, 외재적 동기는 성적이나 인정과 같은 경험과 과제와 직접 관련이 없는 것으로 만들어지는 요인이다. 내재적 동기와 외재적 동기는 서로 다른 차원으로 구분하여 학습자의 수준을 분석할 수 있다. 일반적으로 내재적 동기와 외재적 동기는 모두 유용하지만 내재적 동기가 학습에 더욱 효과적이다(Newby et al., 2006). 학습자들이 동기로 수업에 대한 외재적 요구나 내재적 요구를 결정할 수 있으며, 어떠한 강화의 종류를 사용할 것인지를 의사결정할 수 있다.

4) 학습유형

학습자들은 동일한 능력을 가지고 있지 않으며, 동일한 방식으로 학습하지 않는다(Gardner, 1999). 그러므로 교수설계자는 상이한 학습유형들을 알고 있어야 하며 가능한 다양한 수업 상황을 제공하는 것이 필요하다. 교수자, 교수설계자, 매체전문가는 학습자들의 상이한 측면의 지능을 개발할 수 있는 교육프로그램을 설계하기 위해 협력해야 한다. 각 학습자들은 학습유형에 있어서 강점과 약점이 서로 상이하기 때문에 그들에게 다양한 학습방법과 다양한 표상을 활용하는 테크놀로지들이 제공되도록 설계되어야 한다.

학습유형은 인지유형에 따라 장의존형과 장독립형으로 나눌 수 있다. 장의존형은 전체적인 지각의 장에 의해 영향을 받는 총체적인 인지유형이고, 장독립형은 이적 단서를 무시하고 분절적으로 인지하는 유형이다(강이철, 2001).

Kolb(1984)는 학습자가 정보를 지각하고 처리하는 선호방식에 따라 수렴자, 확산자, 동화자, 조절자의 네 가지 유형으로 분류하였다. 수렴자는 아이디어를 실제 적용하는 것에 관심을 가지며 개별학습을 선호한다. 확산자는 상상력과 아이디어를 만드는 것을 좋아하며, 동화자는 이론적 모형의 창안과 여러 가지 관찰을 통한 의미 이해에 능하다. 조절자는 새로운 경험 속에서 계획 및 과제를 수행하는 것을 선호한다.

학습유형을 외향성과 내향성으로 구분하기도 하는데 외향적인 학습자는 빠른 정보처리를 요하는 과제와 사회적 판단이나 행동판단 등의 상호작용과제에 효과적이고, 내향적 학습자는 시각적, 영상적, 공간적 조작과제의 처리와 문제해결을 위한 분석에 효과적이다.

정보를 처리하는 감각채널을 고려한 학습유형은 시각적, 청각적, 감각운동적 학습자로 구분한다. 시각적 학습자는 보는 것을 통해 가장 잘 학습하며 공간적 관계에 유능하고 정보를 기억하기 위해 이미지나 색상을 잘 활용한다. 이들에게는 그래픽, 그림, 애니메이션, 비디오나 다른 시각적 유형의 정보를 제시한다. 청각적 학습자는 듣는 것을 통해 가장 잘 학습하며 어학기능이 강하다. 이해의 방법으로 남의 생각을 묻거나 이야기한다. 이들에게는 아이디어를 설명하거나 말하기 위해 오디오를 사용하는 것이 좋다. 감각운동적 학습자는 자신이 수행할 때 가장 잘 학습하며 통합을 잘한다. 또한 자신의 환경을 직접 탐색하는 것을 선호한다. 이들에게는 직접적인 학습활동을 조작하도록 하는 것이 유용하다.

5) 테크놀로지 사용능력

전통적인 문해력(literacy)은 읽고 쓰는 능력을 의미하였지만 정보화시대에서는 문해력이 확장되어 디지털 정보의 사용능력, 정보통신기술의 사용능력 등을 포함하게 되었다. 테크놀로지 사용능력(technology literacy)은 '학습, 생산성, 수행을 향상시키기 위해 컴퓨터와 다른 매체 등을 사용할 수 있는 기술과 능력'(미국 교육부, 1996)을 의미한다. 학습자들의 테크놀로지 사용능력은 기본적인 설문을 구성하여 확인할 수 있다. 학생들이 교수매체에 대해 얼마나 잘 알고 있는지 확인하고 이에 적절한 하드웨어와 소프트웨어를 선택하여 학생들과 친숙한 활동을 설계하며 수업과 관련되어 학생들이 요구하는 방식으로 테크놀로지를 지원할 수 있다(Newby et al., 2006).

6) 과제에 대한 태도

학습자들은 배우게 될 내용이나 전달 방법에 대하여 선입견이 있을 수 있다. 교수설계자는 학습 표본 집단을 통하여 교수에 다루게 될 내용에 대한 사전 경험과 지식뿐만 아니라 태도를 파악해야 하며 특히 전달될 방법에 대한 학습자의 기대를 파악하는 것도 필요하다(Dick & Carey, 2001).

학습자가 교과에 대한 태도가 무관심하다면 학습자의 흥미를 높이기 위한 설계가 보완되어야 한다. 그러므로 극적인 비디오테이프나 시뮬레이션, 게임 등의 자극을 주는 수업을 고려할 수 있다(Smaldino et al., 2005).

3. 과제분석

1) 과제분석의 개념

과제분석이란 학습자가 학습의 결과로 획득하게 될 지식의 다양한 유형에 따라 학습내용의 요소와 단위를 결정하고 이를 계열화하는 것이다. 상이한 교수내용의 특성을 확인하여 가르쳐야 할 모든 종류의 지식이나 기능을 분석하는 것이다. 과제분석은 첫째, 과제를 목록화하고, 둘째, 과제를 진술하고, 셋째, 과제를 선정하며, 넷째, 과제 및 과제 요소들을 위계화하며, 다섯째, 과제와 내용 수준을 분석하는 것이다. 과제분석이 적절하게 이루어지지 않으면 교수자는 학습자에게 무엇을 가르쳐야 할지 정확하게 파악하기 어렵고, 최적의 교수전략도 수립할 수 없다(김신자, 이인숙, 양영선, 1999). 과제분석을 통하여 성취목표를 확인할 수 있으며, 계열화 및 조직화가 가능하며, 수업의 관련자들과 의사소통이 원활해지고, 교육비용을 절감할 수 있다.

2) 과제분석의 방법

과제분석을 위하여 최종의 교수목적 성취를 위해 요구되는 각 세부 단계를 분석하는 하위기능 분석을 실시한다. 하위기능을 분석하는 방법으로는 위계적 분석(hierarchical analysis), 절차적 분석(procedural analysis), 군집적 분석(cluster analysis), 통합적 분석(combining analysis)이 있다. 목표의 영역에 따른 분석 방법은 〈표 11-3〉과 같다(Dick & Carey, 2001).

〈표 11-3〉 목표유형에 따른 과제분석방법

목표유형	분석방법
지적 기능	위계적 분석
운동기능	절차적 분석
언어정보	군집적 분석
태도	절차적, 위계적, 군집적의 통합적 분석

(1) 위계적 분석

학습목표가 지적 기능의 영역일 때 사용하는 분석법이다. 즉, 하나의 학습과제나 학습요소가 독립적으로 존재하는 것이 아니라 다른 학습요소와 종적으로 연결되어 위계적 조직을 이루고 있을 때 이 방법을 쓰게 된다. 위계적 분석을 할 때, 수업설계자는 목적의 각 단계에 대한 하위기능을 분석한다. 하나의 학습과제는 몇 개의 하위 학습과제로 분석될 수 있으며, 이들 하위 과제는 또 그 아래로 하위의 보다 세부적인 학습과제로 분석될 수 있다(변영계, 1988). 이때 상위 학습과제의 학습은 하위 학습과제가 충분히 학습되었을 경우에만 이 학습이 용이하거나 가능하다.

위계적 분석은 Gagné의 지적 기능의 위계를 따라 분석할 수 있다. 학습자가 문제해결기능을 수행하기 위해서는 문제해결에 필요한 원리를 적용할 수 있어야 하며, 원리학습의 개념학습이 가능해야 한다. 개념학습은 변별학습을 바탕으로 한다. 최종 목표의 수준이나 성격에 따라 단위의 개수나 수준의 범위가 달라진다.

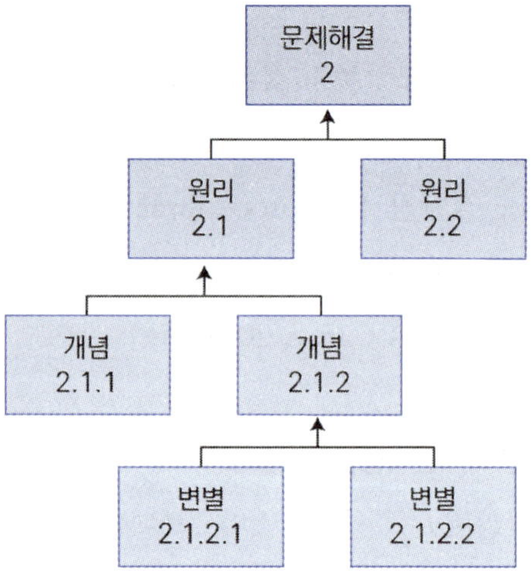

[그림 11-2] **위계적 분석**

(2) 절차적 분석

절차적 분석은 운동기능과 인지전략으로 분류된 학습과제의 하위기능을 분석하는 데 활용된다. 각 단계의 기능을 학습하기 전에 먼저 습득되어야 하는 기능을 확인한 다음 하위기능들 간의 시간상의 순서를 결정한다. 다시 각 하위기능을 습득하기 위해서 학습자가 먼저 습득해야 할 하위기능을 확인하고 그들 간의 순서를 결정한다.

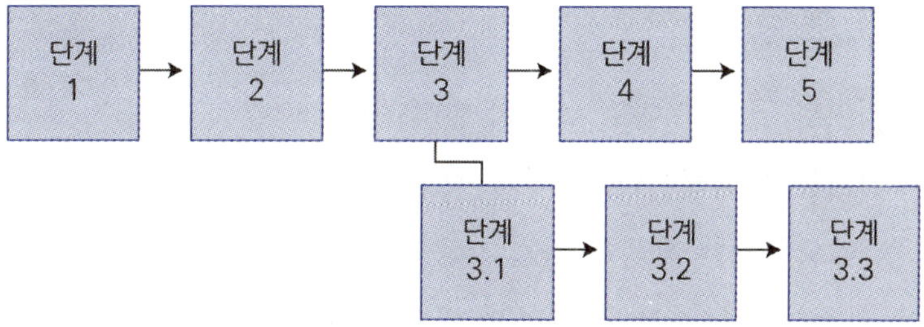

[그림 11-3] 절차적 분석

(3) 군집적 분석

언어정보를 학습자에게 습득시키는 것이 목표일 때, 그 목표의 하위기능을 분석하기 위해 군집적 분석을 이용한다. 교수목표를 달성하기 위한 하위 언어정보 범주를 확인하고, 각 범주에 해당하는 하위 언어 정보를 군집별로 열거한다. 각 범주에 포함된 하위기능들은 상호 간에 논리적 관계나 시간상의 전후 관계를 갖지 않는다. 따라서 각 하위기능에 표시된 번호는 전후관계나 상하관계를 표시하는 것이라기보다는 한 범주 내에 포함될 수 있는 요소를 나타낼 뿐이다.

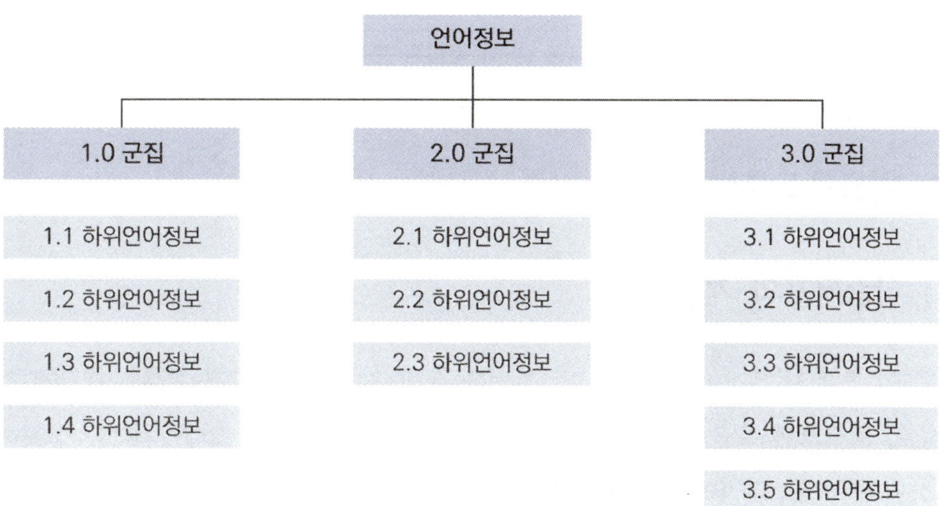

[그림 11-4] 군집적 분석

(4) 통합적 분석

통합적 분석이란 글자 그대로 위계적 분석, 절차적 분석, 군집적 분석을 동시에 활용하는 하위기능 분석법이다. 이러한 경우는 주로 태도학습목표를 분석하는 데 활용된다. 즉, 태도학습은 학생이 지적 기능이나 운동기능 또는 언어정보를 통해서 어떤 행동을 선택하는 능력이다. 따라서 태도를 보여주기 위해서는 그것에 선행하는 어떤 하위 기능을 알거나 수행할 수 있어야 한다. 통합적 분석을 수행하는 방법은 위계적 분석, 군집적 분석, 절차적 분석을 결합하여 이루어진다.

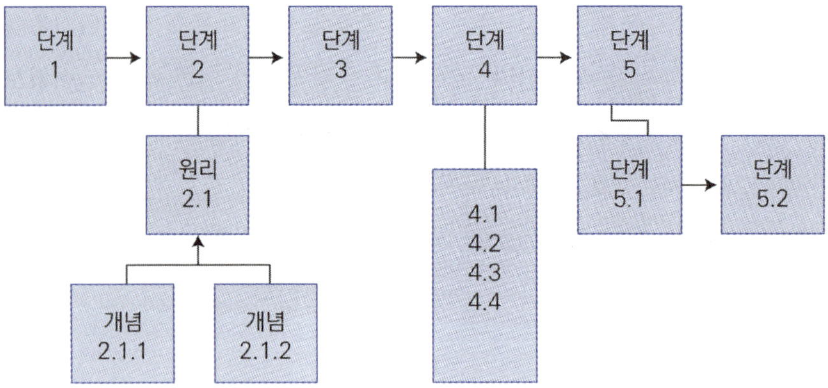

[그림 11-5] 통합적 분석

4. 학습목표분석

1) 학습목표의 개념

교수설계 시 목적(goal)이란 요구분석을 통해 규명되는 일반적 수준의 포괄적 진술로, 프로그램 목적, 교육목적 등으로 불린다. 목표(objectives)는 목적을 성취하기 위해 구체적인 수준으로 세분화되어 측정 가능하고 관찰 가능하도록 진술된다. 목표는 학습자분석, 환경분석, 과제분석의 결과를 종합하여 불필요한 부분을 제외한 학습과제(learning task)를 바탕으로 도출된다.

학습목표는 다음과 같은 역할을 한다(노혜란, 박선희, 최미나, 2012).

첫째, 설계과정과 교수체제개발의 방향을 제시한다.

둘째, 교수설계의 일련의 과정에 대한 의사소통을 촉진하여 효과성과 효율성을 높인다.

셋째, 교수자는 목표를 통해 전체 교수활동의 일관성을 유지시킨다.

넷째, 학습자는 목표 인식을 통해 학습동기를 높이며 방향을 설정할 수 있다.

다섯째, 교수평가(준거지향평가)의 내용, 방법, 절차의 준거를 제공해 준다.

여섯째, 교수내용, 교수전략, 매체 선정의 지침을 제공한다.

2) 학습목표의 영역

학습목표를 분석하기 위해서는 과제분석에서 도출된 세부 과제들의 유형을 구분하여야 한다. 과제란 지식, 교과, 내용, 주제, 모듈 등으로 설명되기도 한다. 과제의 유형이 학습의 유형을 규정하기 때문에 학습의 영역, 지식의 영역으로 구분되기도 한다. Bloom은 교육목표의 분류, Gagné는 학습된 능력의 종류, Reigeluth와 Merrill은 학습의 유형이라고 부르기도 하였다. Bloom은 교육의 목표를 인지적 영역(Cognitive domain), 정의적 영역(Affective domain), 심체적 영역(Psychomotor domain)의 세 가지로 구분하였다. Gagné는 학습된 능력이라고 표현했는데, 이 또한 교육목표를 분석하기 위한 과제의 유형으로 볼 수 있으며 언어정보, 지적 기능, 인지전략, 태도, 운동기능으로 구분하였다.

목표를 진술할 때는 학습의 내용과 행동으로 진술되는데, 위에서 살펴본 목표 영역에 따라 활용되는 행위동사에는 차이가 있다. 구체적인 영역별 행위동사를 활용할 경우 수업의 내용과 방법을 선정하기가 보다 용이하다. 〈표 11-4〉는 목표영역별 행위동사의 예시이다.

〈표 11-4〉 목표 영역별 행위동사

구분		행위동사
인지적 영역	지식	정의하다. 묘사하다. 확인하다. 명칭을 붙이다. 목록을 만들다. 이름을 대다. 진술하다.
	이해	비교하다. 토의하다. 식별하다. 그리다. 스스로 설명하다. 예를 들다. 해석하다.
	적용	풀다. 계산하다. 사용하다. 연습하다. 작성하다. 시범 보이다.
	분석	배열하다. 발견하다. 분류하다. 관련시키다. 추론하다. 변환시키다.
	종합	조정하다. 개발하다. 연구하다. 결합하다. 구성하다. 공식화하다. 설계하다. 일반화하다. 통합하다. 생산하다. 조직하다. 만들다. 모으다.
	평가	감정하다. 등급 매기다. 시험해보다. 판단하다. 권장하다. 비평하다. 결정하다.
정의적 영역		선택하다. 조직하다. 참가하다. 감상하다. 완성하다.
심체적 영역		조립하다. 분해하다. 고정하다.

3) 학습목표의 진술

학습목표의 진술은 Mager 스타일과 Tyler 스타일을 가장 많이 활용한다. Mager 스타일은 학습자의 도달점 행동과 그 행동이 일어나는 조건과 도달점 행동이 어느 정도 숙련되어야 하는지 나타내는 준거(조건)를 명시해야 한다(Mager, 1975). Mager 스타일은 적용한 목표진술의 ABCD rule로 잘 알려져 있다. ABCD rule은 목표진술을 위해 학습자(Audience)가 수업을 마치고 나면 할 수 있는 행동(Behavior), 행동이 나타날 수 있는 조건(Condition), 성공 여부를 판단할 수 있는 정도(Degree), 즉 준거(criterion)를 포함한다. 이 요소들의 첫 글자를 딴 ABCD rule을 살펴보면 다음과 같다(Heinich et al., 2002).

- Audience(학습자): 목표는 수업의 대상인 학습자 중심으로 진술되어야 한다.
- Behavior(행동): 목표는 학습 후 기대되는 행동을 관찰 가능한 행위동사를 사용해 진술되어야 한다.
- Condition(조건): 행동이 나타날 수 있는 조건, 과제가 수행될 작업환경을 진술

한다.

- Degree(정도): 목표 달성의 여부를 판단할 수 있는 질적 혹은 양적 준거를 명세화한다.

위의 목표진술 ABCD 규칙에 따라 제시된 목표진술은 다음과 같다(한정선 외, 2008).

- A(학습자): 학습자는
- B(행동): 계산할 수 있다.
- C(조건): 십단위수를 두 개씩 무작위로 뽑아 만든 20개의 덧셈 문제를 주면, 계산기를 사용하지 않고
- D(정도): 20개 문제 중에서 적어도 18개는 정확히

연습 및 탐구문제

1. 새로운 학습목적이 추가된 교수학습의 요구분석 상황을 가정하고 가상의 문제상황을 만들어, 요구분석 절차에 의거해 원인 및 그에 따른 해결방안을 팀별로 토의해 보시오.

2. 본인의 수업을 설계할 때, 학습자에게 맞춤형 수업을 설계하기 위해 분석해야 할 학습자의 특성을 토의해 보시오.

3. 과제분석 중 위계분석의 사례를 개발해 보시오.

4. 자신의 전공 분야 중 임의의 교과내용을 선정하여 Mager의 ABCD rule에 의거하여 학습목표를 기술해 보시오.

참고문헌 및 관련사이트

강이철 (2001). **코스웨어 설계를 위한 교육공학의 이론과 실제.** 서울: 학지사.

김신자, 이인숙, 양영선 (1999). **교육공학의 이론과 실제.** 서울: 학지사.

노혜란, 박선희, 최미나 (2012). **교육방법 및 교육공학 2판.** 파주: 교육과학사.

박숙희, 염명숙 (2007). **교수학습과 교육공학.** 서울: 학지사.

변영계 (1988). **수업설계.** 서울: 배영사.

최정임 (2002). **인적자원개발을 위한 요구분석 실천 가이드.** 서울: 학지사.

한국교육공학회 (2005). **교육공학 용어사전.** 서울: 교육과학사.

한정선, 김영수, 주영주, 강명희, 정재삼, 박성희 (2008). **미래사회를 위한 교육방법 및 교육공학.** 서울: 교육과학사.

Borich, G. D. (2000). *Effective teaching methods (4th ed.).* Merrill. Prentice Hall.

Brunner, C., & Bennett, D. (1997). Technology and gender: Differences in masculine and feminine views. *NASSP Bulletin, 81*, 46-51.

Dick, W., Carey, L., & Carey, J. O. (2001). *The systematic design of instruction (5th Ed.).* Allyn & Bacon. 최수영, 백영균, 설양환.(역) (2003).: **체제적 교수설계.** 서울: 아카데미프레스.

Gardner, H. (1999). *Intelligence reframed: Multiple intelligences for the 21st century.* New York: Basic Books.

Heinich, R., Molena, M., Russell, D., & Smaldino, S. E. (2002). *Instructional media and technologies for learning (6th Ed.).* Englood Cliff, NY: Prentice Hall.

Kolb, B. H. (1984). *Experiential Learning.* NJ: Prentice Hall.

Mager, R. (1975). *Preparing instructional objectives.* Palo Alto, CA: Fearon Publicshers.

Newby, T., Stepich, D., Lehman, J. & Russell, J. (2006). *Educational technology for teaching and learning (3rd ed.).* Upper Saddle River, NJ: Pearson.

Pintrich, P. R., & Schunk, D. H. (1996). *Motivation in education: Theory, research, and applications*. Englewood Cliffs: Prentice Hall.

Reigeluth, C. M. (1999)(Ed.). *Instructional design theories and models: A New Paradigm of instructional theory.* Hillsdale, NJ: Lawence Erlbaum Associates. 최욱, 박인수, 변호승, 양영선, 왕경수, 이상수, 이인숙, 임철일, 정현미(역) (2005). **교수설계 이론과 모형.** 서울: 아카데미프레스.

Rossett, A. (1987). *Training needs assessment*. Educational Technology.

Smaldino, S. E., Russell, J. D., Heinich, R., & Molenda, M. (2005). *Instructional technology and media for learning(8th ed.).* Upper Saddle River, NJ: Pearson. 설양환, 권혁일, 박인우, 손미, 송상호, 이미자, 최욱, 홍기칠(역) (2005). **교육공학과 교수매체.** 서울: 아카데미프레스.

Swain, S. L., & Harvey, D. M. (2002). Single-sex computer classes: An effective alternative. *Tech Trends, 46*(6), 17-20.

Tyler, R. (1949). *Basic principles of curriculum and instruction.* Chicago: The University of Chicago Press.

제12장

교수개발 및 실행

학|습|목|표

1. 교수개발의 필요성 및 절차를 설명할 수 있다.
2. 교수・학습과정안의 요소를 반영하여 자신의 교수・학습과정안을 작성할 수 있다.
3. 수업실행의 단계(도입, 전개, 정리)에 따른 교수학습 활동을 설명할 수 있다.

주|요|용|어

- 교수개발의 절차
- 교수・학습과정안
- 교수・학습자료

1. 교수개발

개발단계는 앞서 시행한 분석과 설계의 결과를 바탕으로 수업 장면에 직접 활용할 수 있는 구체적인 결과물, 즉 교수자료의 초안 또는 프로그램 시제품(prototype)을 개발하여 형성평가를 실시하고 프로그램을 수정한 후 마지막으로 최종 산출물을 제작하는 단계이다. 교수개발의 절차는 다음과 같다.

〈교수개발의 절차〉

- 각 수업의 목표달성을 위한 교수전략 검토하기
- 문헌을 조사하고 어떤 교수자료를 사용할 수 있는지 판단하기
- 이용 가능한 교수자료를 어떻게 채택하고 변경할지 고려하기
- 새 교수자료의 설계 및 개발이 필요한지 결정하기
- 학습자 분석을 검토하고 각 수업마다 교수를 촉진하는 전략을 고안하기
- 일차 개발된 교수자료 및 프로그램을 평가하고 개선하기

전통적인 교실 수업의 경우, 개발단계의 최종 결과물은 분석 및 설계 결과를 바탕으로 수업이 이루어지는 절차와 방법을 상세히 기술한 교수·학습과정안과 실제 수업에서 활용할 교수·학습 자료 및 교수매체로 구분된다(한정선, 2011).

1) 교수·학습과정안

교수·학습과정안(lesson plan)은 단원의 전개 계획에 따라 차시 수업을 어떻게 운영할 것인지 구체적이고 상세하게 작성한 지도계획으로 수업실행의 단계에 따라 수업 자료와 교수전략, 학습내용, 교육평가, 그리고 학생활동에 대한 피드백, 그리고 각 단계별로 예상되는 학생들의 활동을 체계화한 수업 설계도라 할 수 있다(김경희, 조연순, 2008; Merrill, 2002). 교수·학습과정안 작성과정을 통해 교사는 학생들의 수업 참여를 효과적으로 유도하고 증진시킬 수 있는 전략을 구상하고, 교실환

경, 학생 수준, 매체를 종합적으로 고려하여 수업을 보다 짜임새 있게 구조화할 수 있다. 따라서 잘 고안된 교수·학습과정안은 학습내용과 학생을 연결하는 틀로서, 교사가 여유롭게 수업을 진행할 수 있고, 학생이 수업에 몰입할 수 있는 가능성을 높여준다는 점에서 그 의미를 찾을 수 있다. 교수·학습과정안을 통해 교사가 얻을 수 있는 이점은 다음과 같다.

- 교사가 학습목표, 학습내용, 계열, 시간, 교수자료 및 매체, 평가 등 수업 전반에 대한 구체적이며 실천적인 계획을 할 수 있도록 한다.
- 실제 교수·학습과정에서 발생할 수 있는 문제점을 대비하는 데 도움이 된다.
- 학생이 무엇을 배웠는지에 대한 기록이 된다.
- 교사, 학생, 교육기관, 학부모 등 교육 구성원 간의 효율적인 의사소통 도구이다.

그간 교수·학습과정안 외에 수업지도안 혹은 학습지도안, 교수학습안 등의 용어가 함께 사용되었으나 최근에는 전체적인 수업의 과정에서 모든 구성원이 필요한 역할을 수행할 때 교육의 성과가 극대화된다는 관점을 반영하여 교수·학습과정안이라는 용어가 사용되고 있다(이성흠 외, 2008).

(1) 교수·학습과정안의 구성요소

일선 학교 현장에서 사용되는 교수·학습과정안의 형식과 내용은 과목의 특성, 학교급별, 학습목표 및 내용, 교수방법에 따라 다양하나 일반적으로 단원의 지도계획과 교수학습 전개과정으로 구성된다. 그러나 대체로 교재와 단원명, 단원설정의 이유, 학습목표, 차시별 교수·학습계획, 지도상의 유의점, 본시 교수·학습과정안 등의 요소를 포함하고 있다.

다음의 〈표 12-1〉은 교수·학습과정안 작성을 위한 양식의 예이다.

〈표 12-1〉 교수 · 학습과정안 양식의 예

Ⅰ. 단원명

Ⅱ. 단원의 개관

Ⅲ. 단원학습목표

Ⅳ. 차시별 교수 · 학습 계획(총 시간)

주제(단원명)	차시	주요학습내용	학습자료	비고

Ⅴ. 지도상의 유의점

Ⅵ. 본시 교수 · 학습과정안

<table>
<tr><td>교과명</td><td colspan="2"></td><td>대상</td><td></td><td>일시</td><td></td></tr>
<tr><td>교과서</td><td colspan="2"></td><td>장소</td><td></td><td>차시</td><td></td></tr>
<tr><td>학습 단원</td><td colspan="6"></td></tr>
<tr><td>학습 주제</td><td colspan="4"></td><td>학습
형태</td><td></td></tr>
<tr><td>학습 목표</td><td colspan="6"></td></tr>
<tr><td>성취 기준</td><td colspan="6"></td></tr>
<tr><td rowspan="2">수업 자료</td><td>교사</td><td colspan="5"></td></tr>
<tr><td>학생</td><td colspan="5"></td></tr>
</table>

<table>
<tr><td rowspan="2">단계
(분)</td><td rowspan="2">학습
내용</td><td colspan="2">교수 – 학습 활동</td><td rowspan="2">자료 및
유의점</td></tr>
<tr><td>교 사</td><td>학 생</td></tr>
<tr><td>도입</td><td></td><td></td><td></td><td></td></tr>
<tr><td>전개</td><td></td><td></td><td></td><td></td></tr>
<tr><td>정리</td><td></td><td></td><td></td><td></td></tr>
</table>

<table>
<tr><td>평가관점</td><td colspan="3"></td></tr>
<tr><td>평가방법</td><td></td><td>평가도구</td><td></td></tr>
<tr><td>평가내용</td><td colspan="3"></td></tr>
<tr><td>평가환류계획</td><td colspan="3"></td></tr>
</table>

(2) 교수 · 학습과정안 작성 방법 및 유의점

교수 · 학습과정안의 구성요소별 작성방법과 유의점은 다음과 같다.

① 단원의 지도계획

구성요소	작성방법
단원명	교육과정이나 교과서에 제시된 단원명을 작성하는 것이 일반적이나 경우에 따라 수업 및 학생의 특성에 따라 재구성하여 제시할 수 있다. • 제목식: 단원의 제목을 그대로 기재한다.(예: 민주주의) • 방법식: 능동적으로 무엇을 하자는 식으로 기재한다. (예: 민주주의 원리를 알아보자) • 문제식: 질문식으로 기재한다.(예: 민주적 의사결정은 가능한가?)
단원의 개관	단원의 개관은 교재관, 지도관, 단원의 계열로 나누어 기술한다. • 교재관: 해당 단원을 가르쳐야 하는 필요성을 학습자, 사회적 요구, 교과 측면에서 제시 • 지도관: 교재관에 따라 교사가 지도해야 하는 주안점이 무엇인지를 중심으로 기술 • 단원의 계열: 교육과정의 내용상의 범위와 계열에서 어떠한 위치에 있는지를 기술하는 것으로 선수학습과 본학습, 그리고 후속학습의 내용을 작성
단원 학습목표	해당 단원을 학습한 후 기대되는 학생들의 지식, 기능, 태도, 가치 등의 변화를 작성하는 것으로 교사용 지도서를 참고하여 명확하게 진술한다.
차시별 교수 · 학습 계획	해당 단원의 진도, 즉 세부 차시를 구분하고 각 차시별로 학습내용, 학습자료, 수업방법 등을 작성한다. 이를 통하여 단원 내 각 차시별 수업이 단원 전체의 학습목표 달성을 효과적, 효율적으로 성취할 수 있도록 고안하여 작성한다.
지도상의 유의점	해당 단원을 지도하기 위해서는 교사용 지도서에 기술된 유의점을 참고하되 지도할 학습자의 학력수준, 교과에 대한 흥미, 교과에 대한 태도 등 인지적, 정의적 특성과 교실환경, 예상되는 안전사고 등에 대한 대비 등이 포함될 수 있다.

② 교수 · 학습전개과정

구성요소	작성방법
본시 교수 · 학습 과정안	• 각 차시별로 구체적인 수업계획을 작성한다. • 차시별로 수업일시, 수업장소, 지도 대상 학년 및 학습, 수업목표가 기술되어야 하며 구체적인 수업모형이 설정되어 있을 경우 이를 기재할 수 있다. • 수업의 목표는 행동동사를 활용하여 수업 후 학생들에게 기대되는 행동변화를 구체적으로 기술한다. • 수업의 흐름에 따라 각 단계별로 교사의 활동과 학생의 활동, 수업자원 및 매체(하드웨어/ 소프트웨어), 단계별 수업시간을 구체적으로 기술한다. • 도입, 전개, 정리의 주요 단계 내에서 보다 세분화된 수업절차로 구분하여 짧게는 2~3분, 길게는 20분 내외의 교수 · 학습활동을 기술한다. • 수업의 구성 및 절차는 가네의 수업사태(9 events of instruction)가 유용한 지침이 될 수 있다. • 이상의 내용 외에 평가계획에 관한 사항이 포함될 수 있다. * 수업의 절차를 얼마나 세분화할지, 어떻게 조직해야 할 것인지는 수업의 목표, 수업 내용, 방법에 따라 교사 스스로 판단하여 결정해야 한다.

Tip! 효과적인 교수 · 학습과정안을 작성하려면...

- 교수 · 학습과정안을 작성하기 전에 수업 흐름도를 먼저 작성하고 지도계획, 학습자료, 학습활동, 평가계획 등을 시행하는 것이 좋습니다.
- 작성된 교수 · 학습과정안은 자기 평가 외에도 동료의 검토와 조언을 받는 것이 좋으며 이때 체크리스트(p. 326 참조)를 활용하면 도움이 됩니다.

• 교수 · 학습과정안 작성예시

[본시 수업의 흐름도]

단계	학습형태 및 활동	
도입	전시 학습 확인	• 모둠별 3분 스피치를 통해 사전학습 확인
	학습동기유발	• 본시 관련 영상 보고 자기 질문생성 및 질의답변
	학습활동 확인	• 학습활동 안내
	학습목표 확인	• 학습목표 읽기를 통해 학습목표 확인
전개	생각 열기	• 지구촌 문제인식과 세계시민 개념 찾기
	생각 확장	• 세계시민의식과 지속가능발전에 대한 이해
	생각 공유	• 지구촌 문제와 해결에 관한 사항 탐색 및 발표
	생각 적용	• 세계시민의식 실천사항
정리	학습목표 재확인	• 발문을 통한 학습목표 도달에 대한 확인
	학습목표 내면화	• 학습평가지 활용을 통한 주요 내용 이해정도 확인 • 본시 학습을 통해 배운 점, 느낀 점, 실천할 점 작성을 통한 내면화, 가치화 유도
	차시예고	• 질문을 통한 주제제시로 관심 유발

[교수 · 학습 과정안]

<table>
<tr><td>교과명</td><td>사회</td><td>대상</td><td>중 3</td><td>일시</td><td>○년 ○일
○○시~○○시</td></tr>
<tr><td>교과서</td><td>○○</td><td>장소</td><td>교실</td><td>차시</td><td>○/○</td></tr>
<tr><td>학습 단원</td><td colspan="5">미래사회와 세계시민의 자세</td></tr>
<tr><td>학습 주제</td><td colspan="3">세계시민으로 살아가기</td><td>학습
형태</td><td>토의 토론 수업
발표</td></tr>
<tr><td>학습 목표</td><td colspan="5">• 현재 세계에서 일어나는 다양한 현상과 문제에 대해 세계시민의 관점에서 이해하고 설명할 수 있다.(지식)
• 다양한 지구촌 문제와 국제기구의 활동을 태블릿 PC를 통해 탐색하고 포스터로 작성할 수 있다.(기능)
• 세계 시민이 갖추어야 하는 시민성을 제시하고 미래 시민이 되기 위한 준비 자세를 갖는다.(태도 가치)</td></tr>
<tr><td>성취기준</td><td colspan="5">• 지구촌의 의미를 공감하고 세계시민으로서 공동체 문제해결 방법을 탐구하고 실천방안을 수립할 수 있다.</td></tr>
<tr><td>교과 간 융합</td><td colspan="5">• 국어: 생각을 말과 글로 표현하기
• 미술: 생각을 포스터로 작성하기</td></tr>
<tr><td rowspan="2">수업 자료</td><td>교사</td><td colspan="4">• 교과서, 컴퓨터, 세계시민 및 지속가능미래발전 관련 동영상, PPT, 학생활동지, 타이머 등</td></tr>
<tr><td>학생</td><td colspan="4">• 교과서, 태블릿 PC, 도화지(전지), 컬러펜, 학습활동지, 학습지 등</td></tr>
</table>

<table>
<tr><th rowspan="2">단계
(분)</th><th rowspan="2">수업과정
및
방법</th><th colspan="2">교수 – 학습 활동</th><th rowspan="2">자료 및
유의점</th></tr>
<tr><th>교 사</th><th>학 생</th></tr>
<tr><td rowspan="5">도입
(7분)</td><td>학습준비</td><td>[T] 인사 및 출석확인을 한다.</td><td>[S] 인사를 한다.</td><td></td></tr>
<tr><td rowspan="2">전시학습
확인
(전체
학습)</td><td colspan="2">지구촌에서 발생하고 있는 문제에 대해 발표하기</td><td rowspan="4">• 다양한 답이 나오도록 유도
• 전시학습 및 사전지식과 연계</td></tr>
<tr><td>[T] 각 모둠별로 주제를 선정하여 모둠 내 3분 스피치를 하도록 한다.
[T] 발표 내용에 피드백을 제시하고 내용을 정리한다.</td><td>[S] 모둠원이 준비한 사항을 발표한다.
[S] 교사의 설명을 들으며 지구촌 공동체 문제를 정리한다.</td></tr>
<tr><td>동기유발
(전체
학습)</td><td>[T] 지구촌 위기 관련 영상을 제시하고 관련 발문한다.
– 지구촌의 문제는 왜 발생하는 것일까?
– 개별 국가에 해당하는 문제일까?
– 지구촌 문제에 왜 관심을 가져야 하나?
– 문제해결을 위해 무엇을 해야 하나?
[T] 동영상 내용과 학습주제를 연결하여 설명한다.</td><td>[S] 영상을 본다.
[S] 교사의 발문을 듣고 답을 생각해 보며, 본시 학습내용에 대해 관심을 갖는다.</td></tr>
<tr><td>학습
목표제시</td><td>[T] 학습목표를 제시하고 큰 소리로 읽게 한다.
[T] 학습활동의 목적과 방법을 안내한다.</td><td>[S] 학습목표를 큰 소리로 읽으면서 오늘 배울 내용을 인지한다.
[S] 학습활동 방법을 인지한다.</td></tr>
<tr><td>전개
(33분)</td><td>생각열기
(전체
학습)</td><td>[T] 일상생활과 관련된 질문을 통해 지구촌 문제와 세계시민의 의미를 이끌어 낸다.
– 친구에게 어려움이 있으면 어떻게 해야 하나?
– 우리 마을에 문제가 발생하면 어떻게 해야 하나?
– 세계를 하나의 마을이라고 생각한다면 우리는 어떻게 해야 할까?</td><td>[S] 교사의 질문에 자유롭게 대답한다.</td><td>PPT자료
(사진)</td></tr>
</table>

단계(분)	수업과정 및 방법	교수 – 학습 활동: 교 사	교수 – 학습 활동: 학 생	자료 및 유의점
	생각확장 (전체 학습)	T 인류의 발전과정에서 발생하는 갈등, 전쟁, 환경문제 등에 대해 설명한다. T 지구촌 시대에는 한 지역, 국가에 발생하는 문제가 전 지구적 차원으로 영향을 미칠 수 있다는 것을 사례를 통해서 설명한다. 예) 초콜릿의 생산과 이동경로 T 세계시민의 개념과 세계시민의식에 대한 내용을 설명한다. T 자신이 속한 사회의 주체로서 문제를 해결해 나가는 사람을 무엇이라 하는지 질문한다. T 세계시민의 개념과 세계시민의식에 대한 내용을 설명한다. T 지속발전발전의 개념 및 현재 수행되고 있는 국제사업에 대해 설명한다. T 학생의 질문에 대답한다.	S 교사의 설명을 듣고 이해한다. S 교사의 질문에 자유롭게 답변한다. S 교사의 설명을 듣고 이해한다. S 궁금한 사항을 질문한다.	• PPT 자료
	생각공유 (모둠 활동/ 포스터게시/발표 및 토론)	T 모둠별로 지구촌 문제를 한 가지 선정하여 태블릿 PC로 자세한 내용을 검색하고 국제기구 및 단체의 역할과 사례를 조사해 보도록 지도한다. T 검색한 내용을 중심으로 문제해결을 위해 세계시민으로서 역할을 포스터에 작성하도록 한다. 예) 난민을 위한 편지 쓰기, 아프리카 여학생에게 생리대 보내기, 미세먼지	S 세계문제 주제를 선정하고 태블릿 PC로 검색하여 포스터를 작성한다. S 작성된 내용을 발표한다. S 다른 모둠의 발표를 듣고 궁금한 사항은 질문한다.	학습 활동지1 (토의)

단계(분)	수업과정 및 방법	교수 - 학습 활동		자료 및 유의점
		교 사	학 생	
		감소에 대한 의견 T 모둠에서 작성한 포스터를 부착하게 하고 발표하게 한다. T 발표 내용에 피드백을 제시하고 내용을 정리한다.		
	생각적용 (전체 학습)	T 세계시민으로서 역할인식과 태도, 실천의 중요성에 대해 생각해 보도록 질문한다. T 지구촌 문제를 해결하는 데 당면하는 어려움에 대해 생각해 보도록 질문한다. T 지속가능한 발전을 위해 우리가 실천할 수 있는 것이 무엇이 있는지 구체적으로 생각해 보도록 질문한다.	S 교사의 질문에 답변을 생각하고 답변한다.	PPT자료
정리 (5분)	학습목표 도달확인 (전체 학습)	T 학습목표를 회상하도록 유도하며 내용을 정리하고 중요 내용을 확인한다.		
	학습내용 내면화 (자기 평가)	T 새롭게 배운 점, 느낀 점, 실천할 점을 작성하도록 하고 모둠 내에서 공유하도록 한다.	S 배운 점, 느낀 점, 실천할 점을 작성한다.	학습 활동지2 (성찰)
	과제부여 (개별 학습)	T 학습지를 배포하고 작성하도록 안내한다.	S 학습지를 확인한다. S 수업 후 질문사항은 교사 블로그에 올린다.	학습지
	차시예고 (전체 학습)	T 차시 수업에 호기심을 가질 사진을 보여주고 차시에 배울 주제를 소개한다.	S 사진을 보고 차시에 배울 내용에 호기심을 갖는다.	사진자료 교과서
		T 인사를 한다.	S 인사를 한다.	

출처: 중등 인성교육중심 수업연구발표대회(2016) 자료집

〈표 12-2〉 교수 · 학습과정안 체크리스트

수업요소	세부항목	평가			개선사항
		상	중	하	
목표	학생이 도달해야 할 학습목표의 설정이 타당하고 진술이 명확한가?				
	설정된 학습목표는 교과의 교육목표와 일관성을 유지하는가?				
동기유발	학습목표와 관련된 동기 유발활동을 제시하고 있는가?				
내용제시	학생의 선행학습 및 다음 단원과의 연계가 고려되고 있는가?				
	학습내용 요소를 체계적이고 효과적으로 제시하고 있는가?				
방법	학습목표와 내용에 적합한 교수 학습방법을 제시하고 있는가?				
	학생의 능동적인 참여를 유도하기 위한 적절한 방안이 제시되어 있는가?				
발문	학습목표 도달에 적합하고 사고력을 신장시키는 발문계획을 제시하고 있는가?				
매체/자료	학습활동에 적합한 자료 활용 계획을 제시하고 있는가?(예: 매체, 자료, 판서 등)				
학생특성 고려	학생의 능력, 개인차, 흥미 등의 특성을 고려하여 학습활동을 제시하고 있는가?				
시간	교수-학습 활동별 시간 배분은 적당한가?				
정리	학습내용 정리에 대한 계획을 제시하고 있는가?				
평가	학습목표 성취에 적합한 평가계획을 제시하고 있는가?				
과제	학습내용을 심화할 수 있는 적절한 과제가 부여되고 있는가?				
융통성	실제 수업에서 여건에 따라 학습과정을 수정 보완할 수 있도록 융통성을 고려하고 있는가?				

2) 교수 · 학습자료 개발

교수 · 학습과정안을 작성한 후, 계획에 따라 수업에서 활용할 적절한 교수 · 학습자료(instructional and learning material)를 준비해야 한다. 교수 · 학습자료는 학생들이 학습목표 달성을 위해 수업교사의 수업을 보조하거나 정보제공, 수업운영 및 학습활동 촉진 등을 목적으로 하며 실제 수업에서 활용할 학습도서, 활동지침, 문제 시나리오, 컴퓨터 시뮬레이션, 멀티미디어 자료 등 다양한 자료들이 포함된다. 이들 자료는 기존에 개발, 보급된 것을 선별하여 활용할 수 있지만 경우에 따라 교사가 직접 제작할 수도 있다. 수업매체의 개발 및 선정에서 반드시 수업목표 달성의 적합성 여부, 경제성, 현실성, 안정성, 수업자의 조작능력을 고려해야 하며 기존의 자료를 선택할 때는 교육공학 전문가, 교수매체 전문가, 다른 교사의 조언을 참고하거나 또는 교사자료 안내 정보를 참고하는 것이 바람직하다.

(1) 활용 가능한 기존 교수 · 학습자료 선택

기존의 교수 · 학습자료를 선택하는 경우는 교사가 교수학습 자료 제작에 익숙하지 않거나 개발 시간이 부족한 경우, 새로운 교재나 멀티미디어 등 자료의 개발비용을 고려하는 것에 비해 소모되는 노력, 비용 및 시간을 단축시킬 수 있다는 점에서 유용하다.

우선 학습목표에 부합하는 기존 자료가 있는지를 판단한다. 기존의 많은 자료들은 탐색해 보면 활용하고자 하는 내용에 충족되지 않더라도 적합한 자료를 발견할 수 있다. 한국교육학술정보원(KERIS)의 교사용 교육자료 센터나 한국교육방송(EBS)의 학습 콘텐츠 서비스, 시 · 도교육청의 교수 · 학습자료실 등 공공기관에서 학교 급별, 교과별로 다양한 교육자료를 제공하고 있다. 또한 교육용 콘텐츠 및 자료를 제공하는 업체나 교사 커뮤니티에서 제공하는 자료들을 활용할 수 있다. 기존의 자료를 선택할 때는 교육공학 전문가, 교수매체 전문가, 다른 교사의 조언을 참고하거나 또는 교사자료 안내 정보를 참고하는 것이 바람직하다.

Tip! **에듀넷 티-클리어에서 다양한 수업자료를 활용할 수 있습니다.**

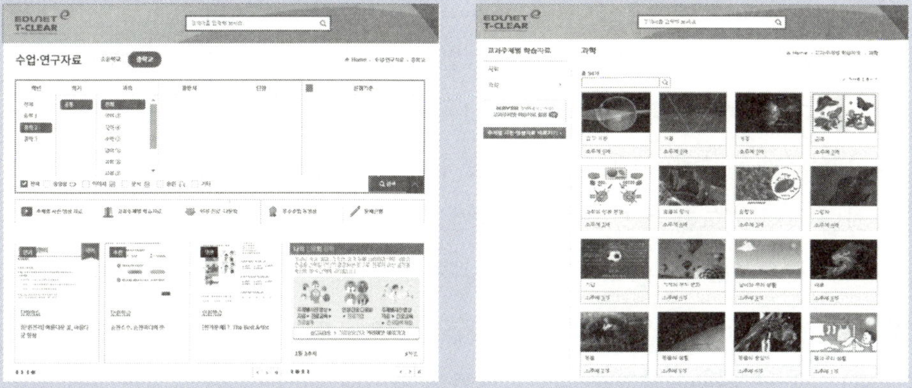

출처: http://www.edunet.net/nedu/contsvc/subjectForm.do?menu_id=3#

(2) 기존의 교수 · 학습자료 수정

수업에 적합한 자료를 구할 수 없다면 기존의 교수 · 학습자료를 수업목적에 맞도록 수정하여 활용할 수 있다. 한국교육학술정보원(KERIS) 또는 한국교육방송(EBS)의 학습콘텐츠, 시 · 도교육청 등 기관에서 제공하는 교육자료를 활용할 수 있는데 이때 제공된 자료가 수정 또는 변형 가능한 자료인지 반드시 저작권을 고려해야 한다.

(3) 새로운 자료 제작

수업목표에 부합하는 적절한 자료를 구할 수 없거나 수정하여 활용할 만한 자료가 없을 경우에는 교사가 직접 수업의 목적에 맞는 교수매체를 제작해야 한다. 프레젠테이션 자료, 그림자료, 직접 촬영한 사진자료나 동영상 자료 등이 이에 해당한다. 따라서 교사는 필요한 교수 · 학습자료를 제작할 수 있도록 매체 제작 및 활용 기술을 습득하는 것이 바람직하다.

3) 교수 · 학습자료 선정 기준

교사가 좋은 교수·학습자료를 선정하고 활용하는 데 있어서는 어떤 자료가 교재로서 적절한지 여부를 판단하고 감식, 식별할 수 있는 가이드라인이나 기준의 설정이 필요하다. 한국교육과정평가원(2002)에서는 선행연구 결과를 근거로 교수·학습 자료 선정과 관련하여 교육과정, 학습자, 교수·학습 환경, 매체, 교수자 등 5가지 요인별 영역을 도출하고, 교수·학습자료 선정기준은 다음과 같이 약안(10개 선정기준)과 상세안(25개 선정기준)의 두 가지 유형으로 제시함으로써 교사들의 이용 편의성을 제고하고자 하였다. 그리고 교수·학습 자료 선정기준으로, 총 10개의 항목(I~X)으로 구성된 선정기준(약안)과 25개의 선정기준(1~25)으로 구성된 선정기준(세안)을 제시하였다.

〈표 12-3〉 교수 · 학습자료 선정기준

요인	선정기준	상세 선정기준
A. 교육과정 요인	학습목표를 달성하는 데 도움이 되는가?	1. 해당 학년 학습목표를 달성하는 데 도움이 되는가?
	내용이 정확하고 저작권을 준수하고 있는가?	2. 내용에 오류가 없는가?
		3. 내용이 최신 정보 및 경향을 반영하고 있는가?
		4. 자료(문서, 사진, 삽화, 노래, 개인작품)의 저작자가 명시되어 있는가?
	사용하고자 하는 수업단계에 적합한가?	5. 학생의 흥미를 끌어내어 학습동기를 유발하는가?
		6. 학습목표 달성에 도움을 주는 핵심내용(지식, 개념. 사실)을 담고 있는가?
		7. 설명내용을 보충하거나 심화하는 데 도움이 되는가?
		8. 평가자료를 통해 학생의 교수-학습목표 달성 정도를 확인하는 데 도움이 되는가?
	사용하고자 하는 교수·학습방법을 효과적으로 지원할 수 있는가?	9. 교사가 효과적으로 교수·학습방법을 구현하는 데 적합한가?
		10. 학생의 적극적 참여 및 활동을 유도하는 데 도움이 되는가?

요인	선정기준	상세 선정기준
	교과 핵심역량을 신장시키는 데 도움이 되는가?	11. 학생의 고등사고능력(창의성, 비판적 사고능력, 의사결정능력, 문제해결력 등) 발달을 촉진하는 데 도움이 되는가?
		12. 의사소통 능력발달을 촉진하는 데 도움이 되는가?
		13. 학생의 자기주도 학습능력을 촉진하는 데 도움이 되는가?
		14. 학생이 학습내용을 실생활에서 실천하는 데 도움이 되는가?
B. 학생요인	내용이 교육과정과 학생 수준에 적합한가?	15. 해당 학년의 교육과정 수준에 적합한 내용인가?
		16. 난이도가 학생 수준에 적합한가?
		17. 내용이 학생의 경험이나 실생활과 적합하게 연결되는가?
C. 교수학습 환경	활용할 수 있는 물리적 환경이 갖추어져 있는가?	18. 효과적으로 활용할 수 있는 물리적 환경이 갖추어져 있는가?
D. 매체요인	자료의 분량과 유형이 해당 수업에 적절한가?	19. 자료의 분량이 학습목표를 도달하는 데 적절한가?
		20. 자료유형(실물, 신문, 사진, 지도, 동영상 등)이 수업의 흐름에 적합한가?
	디자인이 교육자료로서 적절한가?	21. 학생의 연령 및 발달특성에 맞게 디자인이 간결하고 적절한가?
		22. 글씨, 색상, 소리 등이 명료하여 수업에서 내용을 학생들에게 전달하는 데 적절한가?
		23. 자료를 쉽게 삭제, 수정, 추가할 수 있는가?
E. 교수자 요인	교사가 활용 가능한 수준의 자료인가?	24. 교사가 학습 목적에 맞게 조작, 활용할 수 있는가?
		25. 교사가 교과 특성에 맞게 자료를 활용할 수 있는가?

출처: 한국교육과정평가원(2002). KICE 교실 수업 개선 지원 시스템 개발 연구.

2. 실행

실행 단계는 학습자가 수업 목표를 성취하도록 하는 데 가장 적합한 수업 방법 및 절차를 선정하고 이를 활동으로 전개하며 학습단원에 대한 본격적인 지도 활동이 이루어지는 것을 의미한다. 앞서 이루어진 분석과 설계, 개발과정을 통해 완성된 프로그램 및 수업계획을 실현함으로써 학생들에게 유의미한 배움이 일어나도록 하는 최고의 과정으로 교사의 역량이 가장 두드러지게 드러나는 단계라 할 수 있다. 교실에서 교수활동을 어떻게 전개해야 하는가에 대한 정답은 없다. 교사의 교수철학이나 태도에 따라 교수활동은 다양하게 이루어질 수 있다. 그러나 효과적인 수업이 되기 위해서는 해당 수업에서 다루는 학습과제의 특성과 학습자의 특성, 해당 수업환경의 특성을 고려하여 적절하게 전개되어야 한다.

일반적으로 수업에서 수행해야 할 교수활동으로서 수업의 진행에 따라 다음과 같은 교수활동이 수행되어야 한다.

1) 수업의 단계별 주요 교수활동

교수활동은 일반적으로 도입, 전개, 정리단계로 구분할 수 있다. 각 단계별 교수활동은 다음과 같다.

지도단계	주요 교수활동	
도입단계	• 학습동기 유발활동 • 선수학습 확인활동	• 수업목표 제시활동
전개단계	• 학습과제 제시활동 • 학습행동 유도활동	• 학습안내 제시활동 • 피드백 제공단계
정리단계	• 학습내용 요약 및 정리활동 • 파지 및 전이 증진활동	• 학습성취 평가활동 • 차시 학습과제 제시활동

(1) 도입단계

도입단계는 본 수업이 시작되기 전 수업에 대해 주의집중과 흥미를 유발하는 단계로 학습분위기를 조성하며 수업의 전개 방향을 제시하는 단계이다. 이 단계에서는 주의집중과 동기부여, 학습개요 등으로 내용을 구성하며 학생들의 기존 지식과 본 수업의 내용을 연결시킬 수 있도록 퀴즈, 예화, 동영상 등을 활용할 수 있다. 도입단계는 총 수업시간의 15%가 적당하다.

(2) 전개단계

전개단계는 수업의 중심활동으로 앞서 도입에서 제시된 학습개요의 순서에 따라 학습문제를 구체적으로 설명하고 규명하는 단계이다. 이 단계에서는 학습과제 제시, 학습안내 제공, 학습행동 유도, 피드백 등의 활동이 이루어지는데 도입단계에서 유발된 학습동기가 지속할 수 있도록 다양한 교수전략을 적용하는 것이 필요하다. 수업목표에 따라 강의식, 토론식, 협동학습, 문제중심학습 등 다양한 수업방법을 사용하며, 학생의 수준과 집중시간(15~20분 내외)을 고려하여 학습내용을 적당한 크기로 묶어 제시하고 수업장면의 변화와 학생의 직접 활동을 통한 참여를 높이는 전략을 활용하는 것이 바람직하다. 또한 학습내용을 제시할 때는 단순한 것에서 복잡한 것으로, 쉬운 것에서 어려운 것으로 진행하는 것이 이해를 높이는 데 효과적이다. 전개단계는 총 수업시간의 75%가 적당하다.

(3) 정리단계

정리단계는 전개과정에서 이루어진 활동이 유의미한 학습결과로 내면화하도록 학습내용의 요약 및 정리, 학생이 획득한 지식과 기능, 태도가 학습목표에 부합하는지에 대한 평가, 파지 및 전이를 촉진하는 활동을 제공한다. 이 단계에서는 학생 스스로 학습의 핵심사항을 요약(예: 1 minite paper)하게 하거나 상호 가르치기 등을 통해 단순암기보다 학습내용을 전체적인 맥락에서 이해할 수 있도록 지원하고, 이번 수업에서의 경험이 다른 상황이나 환경에서 적용될 수 있도록 실제 상황에 적용해 보도록 하는 활동을 할 수 있다. 이때 학습과정을 통해 깨닫게 된 것을 기록하는 성찰저널을 작성하게 하는 것도 효과적이다. 또한 수업 내용과 관련한 보충자료나 참고도서를 소개함으로써 학생의 관심을 확장하고 심화학습의 기회를 제공하는 것이 바람직하다. 정리단계는 전체 수업의 10%가 적당하다.

2) 효과적인 교수행동과 수업전문성

교사가 갖추어야 하는 교육전문가로서의 역량은 효과적인 수업을 설계하고 수행할 수 있는 능력이라 할 수 있다. 교사는 학습자와 인지적, 사회적, 감성적 상호작용을 하며, 가치관을 형성하는 데 있어 중요한 역할을 수행하기 때문에 교사의 질이 수업의 질을 결정한다고 할 만큼 교사의 역량은 중요하게 고려되고 있다. 다음은 전국 초・중등 교사를 대상으로 조사한 효과적인 수업의 특성으로 실제 교육현장에서 제안되었다는 점에서 의미가 있다(임찬빈, 이화진, 2006).

- 수업준비와 계획이 철저한 수업
- 수업목표에 도달하는 수업
- 흥미 있고 재미있는 수업
- 학생들이 적극적으로 참여하는 수업
- 교사-학생, 학생-학생 간 상호 작용이 활발한 수업
- 학생을 이해하고 눈높이를 맞추는 수업
- 효과적인 수업모형, 교수방법이 적용된 수업
- 학습내용이 명료하게 전달되는 수업
- 수업자료, 교수매체 등이 잘 갖추어진 수업
- 평가를 통해 학생 이해와 흥미를 높이는 수업
- 교실환경이 잘 정비되고 효과적인 학급운영
- 교사가 지속적으로 수업과정을 성찰하고 연구하는 수업

이상의 내용을 〈표 12-4〉와 같이 영역에 따라 분류하여 정리하면 유능한 교사는 인지적 측면, 사회적 측면, 정의적 측면이 통합된 교수기술을 보유해야 함을 알 수 있다.

교육현장에서 요구되는 교사의 수업전문성은 수업운영자로서 적절한 교수기술(teaching skill), 교수전략(teaching strategies)을 보유하고 있어야 한다. 즉, 교사는 수업을 효과적으로 이끌기 위해 수업을 조직화하는 능력, 학습자와 상호작용하는 능력, 언어, 비언어, 준언어 등을 효과적으로 활용한 의사소통 능력 및 수업 효능감(teaching efficacy)을 지니고 있어야 한다. 또한 교육자원 평가자 및 관리자로서 교수학습과정에서 활용할 교수매체나 자원을 선정한 뒤 미리 시사해 보고 학습자의 연령, 활용 목적 등에 따라 기술과 능력을 충분히 보유하고 있어야 한다.

뿐만 아니라 4차 산업혁명으로 대변되는 사회구조의 변화와 테크놀로지의 발전에 따른 교수학습 환경의 급속한 변화에 따라 교사들은 새로운 교수학습 기법과 도구의 활용, 이전과 다른 인지적, 사회적 경험을 가진 학생과의 관계형성에 전문성을 요구받고 있다.

〈표 12-4〉 효과적 수업을 위한 일반적 교수기술

영역	교수기술	내용
인지적	수업의 조직화	도입-전개-정리의 체계화된 수업구조, 수업목표와 일치되는 내용제시, 동기유발 및 지속, 정리부의 전이 및 일반화 유도전략
	질문하기	학습내용에 대한 이해, 확산적 사고의 유도, 학습자 참여를 위한 전략과 기법들
사회적	의사소통능력	정확한 발음, 적절한 용어의 사용, 주제와 연결된 적절한 예시의 사용, 적절한 억양과 어조, 비언어적 표현법 등
정의적	교사의 성품	교사의 열정, 수업 효능감, 학습자에 대한 교사의 기대감 등

(1) 효과적인 수업을 촉진하는 교수행동

"무엇이 학생들을 더 잘 배우게 하나?" 효과적인 수업과 관련한 교수행동의 연구는 지난 30년간 지속적으로 이루어져 왔다. Borich(2011)는 그간의 연구를 종합하여 효과적인 수업에 영향을 미치는 핵심행동으로 수업의 명료성, 수업방법의 다양성, 교사의 순수 수업활동에 전념하는 정도, 학생의 적극적인 참여, 학생의 학습 성공률을 제안한 바 있다. 이에 더하여 수업 중 교사의 몇 가지의 행동만으로도 적극적이고 역동적인 분위기를 만들 수 있다는 점에 주목할 바 있다.

① 학생의 생각과 기여를 활용하기

교사는 수업 중 학생이 보여주는 다양한 반응에 대해 인정, 수정, 적용, 비교, 요약 등을 통해 학습내용에 대한 이해와 참여도를 높일 수 있다.

- 인정: 학생이 말한 의견 중에서 핵심단어나 논리를 반복해서 말한다.
- 수정: 학생의 견해를 고쳐서 말하거나 교사의 의미로 또는 다른 학생이 말한 것과 연결 지어 개념화해서 설명한다.
- 적용: 학생의 견해를 추론이나 문제분석에 활용한다.
- 비교: 학생의 의견을 이전에 내놓았던 의견과 비교하거나 다른 학생의 의견과 비교한다.
- 요약: 개별학생 또는 모둠에서 제기한 의견을 이미 배운 개념을 복습하거나 강조하는 데 활용한다.

② 설명하기보다 질문하기

수업 중에 활용되는 질문은 학생들의 호기심을 자극하고 집중하도록 하며, 교사로 하여금 학생의 이해정도를 점검하게 하는 한편 전달 내용을 명확하게 하는 효과를 갖는다(Richard & Lockhart, 1996). 이와 같이 교수학습 장면에서 질문기법은 중요한 학습촉진 활동이라 할 수 있다.

• 수업 내용에 대한 질문

교사는 방금 가르친 내용을 학생이 스스로 반복하고 자신의 생각으로 정리할 수 있도록 수업내용에 대한 질문을 제시한다.

– 직접적인 질문: 별도의 해석이나 추가 설명이 필요 없는 질문

예) 방금 설명한 것 중 ○○는 무엇을 의미하죠?

– 하위차원 질문: 일반화나 추론 없이 기존의 사실에 대한 기억을 요구하는 질문

– 수렴적 질문: 다른 여러 자료에 근거해도 동일한 대답이 나오는 질문

– 사실적 질문: 단편적인 지식에 대한 기억을 요구하는 질문

• 학습과정에 대한 질문

문제해결, 안내, 호기심유발, 종합, 판단, 성찰 등 다양한 사고과정을 촉진하는 질문을 제시한다.

– 간접적 질문: 정답에 대한 다양한 해석과 의미가 존재하는 질문

– 상위차원의 질문: 단순지식의 암기가 아닌 좀 더 복잡한 사고과정을 요구하는 질문

– 확산적 질문: 자료원의 다름에 따라 정답도 달라질 수 있는 질문

– 개방형 질문: 단 하나의 정답을 요구하지 않는 질문

– 개념 질문: 요약, 일반화, 추론 등의 사고과정을 요하는 질문

이와 같이 교수·학습과정에서 교사의 질문은 유용한 수업방법의 하나이며, 학생들이 제기하는 질문도 성공적인 학습에 영향을 주는 요소이다. 학생들은 질문을 통하여 학습내용을 보다 명확하게 이해할 수 있을 뿐만 아니라 개인 혹은 다른 학생들과 함께 질문을 만드는 과정을 통하여 이해 및 사고의 폭이 확장되는 학습경험을 하게 된다(박홍문, 김원경, 2008).

③ 깊게 생각하도록 격려하기

탁월한 교사는 해당 교과에 대한 지식을 갖추고 있을 뿐만 아니라 학생들이 수업

내용을 쉽게 이해하고 체득할 수 있도록 하는 교수활동을 수행하는 능력을 갖추고 있어야 한다. 일정한 방식으로 수업내용을 전달하고 그 내용을 암기하도록 요구하기보다는 학생들 스스로 학습내용을 이해하고 자신의 지식으로 체득하도록 도와줄 수 있어야 한다. 따라서 교사는 간단한 사실을 묻는 질문에서부터 학생이 응답을 명확하게 표현하도록 이끌어 낼 수 있어야 하며 또한 새로운 정보를 요구하거나 의미있는 메시징(messaging)을 통해 고차원적인 사고를 유도할 수 있어야 한다.

④ 교사가 수업에서 보여주는 열정

가르치는 내용과 교수행위에 열성적이며 그러한 열정을 얼굴 표정, 목소리의 변화, 제스처, 전체적인 움직임을 통해 보여주는 교사는 그렇지 않은 교사보다 학생의 주의 집중도를 더 높일 수 있으며 보다 신뢰를 높일 수 있다. 열정은 수업시간에 보여주는 활력, 힘, 관심, 흥미 등을 의미하며 목소리의 변화, 제스처, 눈맞춤, 동작 등을 통해 학생들에게 전달되어 학생들의 정서에 영향을 미치게 된다. 연구에 따르면 교사의 열의는 학생의 수업만족도 및 성취도와 깊은 관련이 있다.

(2) 수업전문성의 기준

교사의 수업전문성은 수업과 관련된 교사의 전문적인 능력이라 할 수 있다. 교육현장에서 수업전문성을 무엇보다 중요하게 논의하는 이유는 좋은 수업의 실천과 더불어 교육의 질 향상을 위한 기본 전제이기 때문이다.

"수업전문성의 일반적인 기준은 무엇일까?" 한국교육과정평가원에서는 수업전문성의 일반적인 기준(teaching standards)을 다음과 같이 제시하고 있다(임찬빈, 이화진, 2006).

〈표 12-5〉 수업전문성의 기준

대영역	중영역	기준요소
A. 지식	1. 내용지식 및 교수법	1-1. 내용지식: 내용이해, 선수관계, 타 교과 혹은 실생활과의 관련성
		1-2. 내용교수법 및 오개념: 내용 교수법, 학생이 범하는 오류와 오개념 인지
	2. 학생이해	2-1. 발달-인지학습: 지적, 사회적, 정의적, 신체적 발달특성, 인지학습과정 및 유의미 학습 촉진방법 알기
		2-2. 개인차: 관심, 능력, 선행지식, 학습양식 등의 개인차 이해, 개인차에 따른 학습촉진 방법 알기
B. 계획	3. 수업설계	3-1. 학습목표의 설정과 진술: 학습목표의 가치성, 명료성, 다양한 요구, 적절한 진술방식
		3-2. 일관성 있는 수업설계: 학습목표 달성에 적합한 수업전략과 학습활동, 자료와 매체, 집단구성, 평가방식 및 단원계획과 차시계획의 연계
	4. 학습환경 조성 및 학급운영	4-1. 안전하고 효율적인 물리적 환경: 물리적 환경의 안전성, 접근성, 좌석 및 가구배열, 기자재 활용
		4-2. 민주적 학급분위기와 학습문화: 온화하고 민주적인 학급분위기, 교사-학생 또는 학생-학생 간 활발한 상호작용과 존중, 학습문화 조성
		4-3. 효율적인 학급운영과 학생지도: 학습운영절차와 규칙의 적용, 일관성 있는 행동기준 적용
C. 실천	5. 수업실행	5-1. 사전지식 활성화와 동기유발: 배경경험, 사전지식 활성화, 선행조직자 제공, 학습목표와 부합하는 동기유발, 학습목표, 내용중요성 및 유용성 부각
		5-2. 이해와 사고를 촉진하는 수업전략: 학생의 이해를 돕는 내용제시, 학습목표 달성에 적합한 수업전략, 깊은 이해와 사고강조
		5-3. 유의미한 학습활동 및 과제수행: 학습목표에 부합하는 활동과 과제, 학습자의 지적 참여, 적절히 도전적인 활동과 과제
		5-4. 효과적인 자료와 매체 활동: 학습목표 달성 및 학습참여 지원
		5-5. 효과적인 질문전략: 질문의 질과 빈도, 대기시간, 탐색질문, 학생질문장려

대영역	중영역	기준요소
		5-6. 이해점검 및 피드백 제공: 학생이해도 및 학습참여 점검, 정확하고 건설적이며 구체적인 피드백 제공
		5-7. 유연한 상황대처: 예기치 못한 상황에 적절히 대처, 특별한 요구와 학생지도
		5-8. 구조화된 수업 조직과 효율적인 시간관리: 수업조직, 수업의 흐름 및 속도, 효율적인 시간관리
D. 전문성	6. 수업반성 및 전문성 계발	6-1. 수업 반성과 개선: 교사의 수업반성, 수업개선 노력
		6-2. 동료교사와의 협력: 수업개선을 위한 동료교사와의 협력, 지식-정보 공유
		6-3. 학부모와의 협조: 학부모에게 수업 및 학생정보 제공, 학부모 지원협력 유도
		6-4. 전문성 계발 노력: 지속적인 교과지식 및 수업기술 향상, 연구자/장학자로서 역할수행

출처: 임찬빈, 이화진(2006). 수업전문성 일반 기준과 활용방안. 한국교육과정평가원.

수업전문성을 향상하기 위해서는 무엇보다 수업에 대해 고민하고, 다양한 수업을 디자인하고, 그것을 공유하는 과정을 통해 수업전문가로 성장하는 기회를 갖는 것이 필요하다. 티칭능력을 향상하기 위해서는 동료교사의 수업을 관찰하고 자신과 타인의 수업을 전문가 입장에서 객관적으로 평가하는 안목을 갖추는 것 또한 중요하다. 수업기술을 향상하는 데 가장 좋은 방법은 수업시연 또는 마이크로티칭(micro teaching)을 통해 실제 수업준비 과정을 체계적으로 점검하고 수업행동을 객관적으로 평가하는 것이다. 자신의 수업의 강점과 개선사항을 탐색하고자 한다면 다음의 〈표 12-6〉에서 제시하는 교수활동을 참고하고, 수업시연 체크리스트를 활용하는 것이 효과적이다.

〈표 12-6〉 수업과정과 교수활동

단계		교수활동
준비	계획하기	• 학습자의 요구, 배경, 지식수준, 오개념 등을 분석 • 수업시간을 고려하고 수업 중 학생들이 해야 할 일의 명확화 • 학생들에게 전달할 내용이 왜 중요한가와 근거의 구체화 • 가르칠 핵심 포인트를 정리 • 설명할 전체 내용을 논리적, 계열적 순서로 조직
	연습하기	• 키워드를 중심으로 설명하는 연습을 하고 문장을 읽듯이 하지 않기 • 머릿속으로 설명할 전체의 내용을 순서적으로 그려보기 • 실제 수업할 장소와 같거나 비슷한 곳에서 연습 • 예상되는 질문에 대한 대답을 준비하여 연습
	수업매체 및 환경 마련하기	• 수업 시 사용할 각종 수업매체를 준비 • 설명할 때 사용하기 좋은 위치에 필요한 매체를 배치
설명하기	전달	• 학습자와 대면해서 눈을 마주치기 • 교수자의 표정을 볼 수 있게 함 • 칠판에 판서하며 등을 보인 채 설명하지 않기 • 한곳에 계속 서 있기보다는 위치를 바꾸어 줌(단 지나치게 움직이는 것은 피한다.)
	목소리	• 자연스러운 어조와 표현을 사용한다. • 준비한 자료를 그대로 읽는 것은 절대 피해야 한다. • 목소리에 변화를 주고 편안한 속도로 말한다. • 핵심을 제시한 후 잠시 멈추는 것은 강조하는 좋은 방법이다.
	시선처리	• 학생들과 시선을 완전히 마주친 후 말한다. • 학생들과 골고루 눈을 마주칠 수 있도록 노력한다. • 수업 시간 동안 계속적으로 학습자와의 시선접촉이 유지되도록 노력한다.
	몸동작	• 자연스러운 몸동작을 한다. • 호주머니에 손을 넣거나 팔짱을 끼는 것은 부정적인 느낌을 줄 수 있으므로 주의한다.
	시각자료	• 대부분의 사람들은 문자나 숫자보다 시각자료의 내용을 더 오래 기억한다. • 시각자료로 언어개념을 강조하고 명료화하며 학습자들이 요점을 기억할 수 있도록 자료를 구성한다. • 시각자료를 과도하게 사용하는 것은 학습효과를 감소시킨다.

참고〉 수업시연 체크리스트

수업단원		수업차시	
대상학년		시연자	
수업주제			

평가항목		평가내용	수행수준		
			상	중	하
도입	선수학습 확인	선수학습을 회상하고 본시와 연결하도록 적절하게 제시하였는가?			
	동기유발	학습자의 흥미에 부합하고 주의집중에 충분하였는가?			
		동기유발 전략이 학습목표 및 학습내용과 부합하였는가?			
	학습목표 제시	학습목표는 적절하게 설정되었는가?			
		학습목표의 제시 방법이 적절하였는가?			
	학습안내	학습활동이 구체적으로 명확히 제시되었는가?			
전개	수업내용	교육과정에 따라 수업내용을 선정하여 수업을 계획하였는가?			
		학습목표에 따라 수업내용을 구성하여 수업을 계획하였는가?			
		학습자의 흥미를 고려하여 수업 내용을 선정하였는가?			
		학습자의 배경 지식과 경험을 고려하여 수업 내용을 선정하였는가?			
	학습활동	학습활동이 학습목표 달성에 적합하였는가?			
		학습내용에 적합한 활동이 이루어졌는가?			
		학습활동 간의 연계성이 적절하였는가?			
		학습자의 참여기회가 보장되었는가?			
		학습자의 수준을 고려하며 수업을 진행하였는가?			
		학습자의 이해도를 고려하며 수업을 진행하였는가?			
		효과적인 자료, 매체를 사용하였는가?			

평가항목		평가내용	수행수준		
			상	중	하
	발문	발문의 유형은 다양한가?			
		학습자의 사고를 촉진하는 발문이었는가?			
		피드백은 적절하게 제공되었는가?			
정리	학습확인	학습자가 학습내용을 명확히 이해했는지 확인하였는가?			
	형성평가	형성평가가 적절히 시행되었는가?			
	차시예고	다음 차시에 대한 안내가 적절히 제공되었는가?			
비언어	목소리	목소리의 크기, 톤, 속도가 적절하였는가?			
		전달내용에 따라 적절한 변화가 있었는가?			
	시선	학습자를 고르게 바라보고 안정감이 있었는가?			
	동선	교실 내 동선은 적절하였는가?			
	제스처	몸동작은 적절하였는가?			
	태도	열정적이고 적극적으로 수업을 진행하였는가?			
기타	시간분배	수업시간의 분배 및 활용이 적절하였는가?			
	수업운영	수업의 흐름을 유기적으로 연결하고 유지하였는가?			
		시작과 끝이 명료하였는가?			

연습 및 탐구문제

1. 다음은 〈교수개발의 절차〉에 대해 나열하였다. (　　)에 알맞은 정답을 작성해보시오.
   - 각 수업의 (　　　　)를 위한 교수전략 검토하기
   - 문헌을 조사하고 어떤 (　　　　)를 사용할 수 있는지 판단하기 위한 교과전문가의 자문 얻기
   - 이용 가능한 교수자료를 어떻게 채택하고 변경할지 고려하기
   - 새 교수자료의 설계가 필요한지 결정하기
   - (　　　　)을 검토하고 각 수업마다 (　　　　　　)을 고안하기
   - 일차 개발된 교수자료 및 프로그램을 (　　　　)하고 개선하기

2. 자신의 교과목의 1차시를 선정하여 교수 · 학습과정안을 작성하고 같은 교과목끼리 모여 〈교수 · 학습과정안 체크리스트〉로 각각의 교수 · 학습과정안을 피드백해주세요.

3. 도입, 전개, 정리 단계별로 주요 교수활동에 대해 작성해보세요.

참고문헌

김경희, 조연순 (2008). 문제중심학습(PBL)의 수업 단계별 학습활동의 특성과 교육적 의미 탐색 -초등 과학 수업을 중심으로-. **한국초등교육학회**, 21(2), 269-296.

박홍문, 김원경 (2008). 학생 질문 강화 수업의 효과 분석. **교원교육**, 24(2), 252-271.

이성흠, 이준, 구양미, 이경순 (2017). **교육방법 및 교육공학**. 파주: 교육과학사.

이화진, 김경훈, 강대현, 강신천, 곽영순, 손민호, 오은순, 윤천탁, 이윤, 이주섭, 정미경, 조영미 (2002). **KICE 교실 수업 개선 지원 시스템 개발 연구**. 한국교육과정평가원.

이화진, 최승현, 오은순, 이경언, 이수정, 노은희, 권순달 (2006). **수업평가 기준 개발 연구(III)**. 한국교육과정평가원.

임찬빈, 이화진 (2006). **수업전문성 일반 기준과 활용방안**. 한국교육과정평가원.

한정선, 김영수, 주영주, 강명희, 정재삼, 박성희 (2011). **미래사회를 위한 교육방법 및 교육공학**. 서울: 교육과학사.

Borich (2011). *Effective teaching methods: research-based practice (7th ed.)*. Pearson Education Inc, Allyn & Bacon.

Merrill (2002). First principles of instruction. *Educational Technology Research and Development, 50*(3), 43-59.

Richard, J. C., & Lockhart, C. (1996). *Reflective Teaching in Second Language Classrooms*. Cambridge: Cambridge University Press.

교육과정평가원 교수학습센터 http://www.classroom.re.kr/main.do?s=classroom#

에듀넷 티클리어 http://www.edunet.net/nedu/contsvc/subjectForm.do?menu_id=3#

제13장

교수평가

학|습|목|표

1. 교수체제설계에서의 평가단계의 중요성을 설명할 수 있다.
2. 객관주의 평가의 특징을 설명할 수 있다.
3. 구성주의 평가의 특징을 설명할 수 있다.
4. 다양한 교수설계모형에 제시된 평가의 특징을 설명할 수 있다.
5. 실제적인 평가활동을 수행하고, 그 결과를 차후 교수학습 프로그램 개선에 활용할 수 있다.

주|요|용|어

- 교수체제설계 평가
- 교수프로그램 평가
- 형성평가
- 총괄평가
- 평가도구

1. 평가의 정의와 이해

20세기 초 시작된 진보주의 교육운동과 함께 기존의 교사와 교과 중심적인 교육을 비판하고, 학생과 생활 중심의 교육이 이루어져야 한다는 움직임이 일어나기 시작하였다. 이와 더불어 Tyler가 "교육평가(educational evaluation)"라는 용어를 언급하기 시작하면서, 학교에 기초한 교육평가의 개념화가 이루어지기 시작하였다. 좁은 의미에서의 교육평가는 일련의 교수학습활동들을 통해 교육목표에 제대로 도달하였는지 판단하는 단계라고 볼 수도 있으나, 보다 넓은 의미로는 교수학습이 행해지는 과정을 관찰하고 판단하는 것도 이에 포함된다. 즉, 학습자들에게 '무엇을' 가르쳤고, '얼마나' 효과적인 학습이 이루어졌는가를 측정하는 것도 중요하지만, '왜' 평가를 하는가, 그리고 '어떻게' 평가할 것인가에 대한 구체적인 설계와 활동이 이루어져야 한다. 평가방법의 다양성 측면에서 본다면, 전통적인 평가 방법에서는 얼마나 목표를 달성하였는지 측정하기 위한 활동으로 일반적인 지필평가 방법에 의존하였으나, 현재는 결과뿐 아니라 그 일련의 과정을 평가하기 위한 다양한 평가 방법들이 개발되고 있다.

1) 평가의 개념과 기능

교육평가가 내포하는 첫 번째 개념은 목표달성이다. 이는 교육평가의 가장 기본적인 의미이며, 평가를 교육목표가 실현된 정도를 밝히는 과정으로 정의한다. 미리 설정해놓은 목표를 평가의 기준으로 하여 교육과정 및 수업을 통해 획득된 성과의 측정을 중점으로 한다. 그러나 목표달성을 위한 평가에 치우치게 되면 교육 성과에만 주로 관심을 가지고, 학습자 개개인의 경험이나 태도, 감정변화의 측정이나 부수적인 교육 효과를 평가하기는 어렵다.

두 번째는 의사결정이다. Cronbach(1954)와 Stufflebeam(1971)은 교육평가를 교육프로그램의 개선을 위해 필요한 정보를 수집하거나 이용하는 과정, 의사결정을 돕는 방법 중의 하나로 정의한다.

세 번째는 가치판단이다. 교육의 전체적인 실상의 평가에 초점을 맞추며, 평가 대상의 장점, 질, 가치 등을 종합적으로 완벽하게 관찰하여 충실하게 기술하고 판단할 것을 강조한다(Scriven, 1967). 이러한 과정을 거쳐 나오는 산물을 교육평가로 보고, 이를 위한 평가자의 전문적인 정보와 자료 수집 활동, 판단에 중점을 두며, 최종적인 판단 행위를 강조한다. 가치판단의 개념은 교육평가 현상을 설명하는 가장 포괄적인 개념으로 인식된다.

이러한 교육평가는 다음과 같은 기능을 지닌다(노영희, 홍현진, 2011).

첫째, **학업 성취도를 확인할 수 있는 기능**이다. 교육이 인간 행동의 계획적인 변화를 유도하는 일종의 목표 지향적 활동이라고 보면, 교육활동에 의해 학습자가 목표에 어느 정도 도달했는지 판단하는 것은 학업 성취도를 확인함으로써 가능하기 때문이다.

둘째, **분류 및 선발의 기능**이다. 교육활동에 일정한 점수를 부과하고 석차나 등급을 매기고(분류 기능), 이러한 결과를 상급학교 진학이나 취업 시 인재를 선발하는 데 근거가 되는 평가 자료로 활용한다(선발 기능).

셋째, **학습 곤란점 진단의 기능**이다. 학생 개인이 학습에 곤란을 느끼는 과제의 내용을 구체적으로 확인하도록 하고, 더불어 학습 곤란의 원인을 진단한다(박도순, 홍후조, 2006).

넷째, **교육 프로그램의 교육적 효과에 대한 평가 기능**이다. 학업 성취도 결과로 교육 프로그램의 질을 평가하고, 평가 결과를 확인하여 프로그램의 질적 개선을 위한 시사를 받는다. 초중등학교 평가, 대학평가, 시·도교육청 평가 등이 이에 해당한다.

다섯째, **교육정책 수립에 대한 지침 제공의 기능**을 한다. 평가는 교육의 제반 문제를 이해하고 올바른 교육정책의 방향 및 일반 정책의 수립에 도움을 주는 기능을 한다(김대현, 김석우, 2005). 예를 들어, 전국적 평가 연구나 국제 학력비교 연구 등을 통해 전체 학습자 또는 국민이 꼭 습득해야 할 기본 능력이 어느 정도인가를 확인할 수 있다.

2) 교수체제설계에서의 평가

우리는 8장과 9장(객관주의 수업설계이론, 구성주의 수업설계이론)에서 교수·학습설계이론에 관하여 살펴보았다. 교수평가에서의 '교수'란 가르치는 행위(teaching)를 의미한다. 교수평가는 좁은 의미에서는 교사가 진행하는 수업을 평가하는 수업평가를 지칭하며, 넓은 의미로는 교사가 행하는 모든 교육적인 활동에 대한 가치판단을 의미한다. 교수학습설계에서의 평가 혹은 교수 프로그램 평가(evaluation of instruction)는 교수 활동과 체제의 가치에 대한 정보를 제공하고, 필요한 경우 그에 관한 의사결정을 도와주는 활동을 가리킨다. 이는 사정(assessment), 측정(measurement), 검사(test)와는 차별화되는 용어로서, 가치판단, 가치 규명, 의사결정을 강조한다(박성익 외, 2015).

교수설계이론은 명시적 원리와 방법으로 구성되어 수업을 준비하는 방법과 학습 환경의 설정을 안내한다. 이러한 이론의 실제적이고 실천적인 접근을 위해 교수설계 모형이 제시된다.

교수체제설계를 위한 기본적인 모형으로는 ADDIE 모형을 언급할 수 있다. 분석(Analysis), 설계(Design), 개발(Development), 실행(Implementation), 평가(Evaluation)의 5단계로 구성되며, ADDIE는 각 단계 첫 글자들의 조합이다. 각 단계별 해당 활동은 [그림 13-1]과 같다.

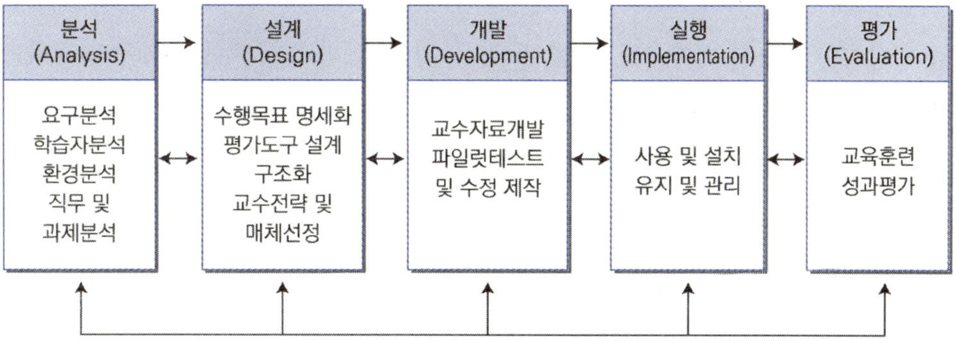

[그림 13-1] ADDIE 모형의 각 단계별 활동

ADDIE 모형의 최종 단계에서 행해지는 교육훈련평가와 성과평가는 실행과정에서의 모든 결과를 평가하는 것을 의미한다. 교육 요소들의 분석을 통해 설계하고 개발한 교수자료와 프로그램, 교수매체의 적합성과 효율성, 그 과정의 지속성 여부, 문제 발생 시 수정방법과 수정사항 등을 평가한다.

이를 바탕으로 볼 때, 교수・학습설계에서의 평가 활동은 교수자로 하여금 자신이 설계한 교수학습 프로그램에 대한 책임을 다하게 하는 동시에 프로그램의 질을 높일 수 있도록 하며, 개선을 추구한다(Henry & Mark, 2003). 최근 과정평가의 중요성이 부각되면서 평가는 학생이 교육목표에 도달하였는지 결과적인 수치나 정도만을 측정하는 것뿐 아니라, 목표에 도달할 수 있도록 도와주는 역할도 담당한다. 즉, 전형적인 평가 방법을 적용하는 결과 평가에 그치는 것이 아니라, 평가 또한 교수학습 과정의 일부분으로 간주한다. 교수학습활동에서 평가는 학생의 지적인 능력뿐 아니라 정의적인 태도도 중요하게 여기며, 학생 개개인의 능력 차를 긍정적으로 인정하고 개인의 성장과 자아실현을 독려하는 데에 중점을 둔다.

2. 평가도구의 유형과 예시

1) 평가도구의 의미

평가도구란 평가하고자 하는 사건이나 현상을 관찰・조사하거나 측정하기 위하여 사용되는 도구를 의미하며, 질문지, 검사, 관찰, 면접 등이 이에 포함된다(교육평가용어사전, 2004). 이러한 평가도구는 타당도, 신뢰도, 객관도, 실용도를 지녀야 올바른 평가도구로서의 가치를 발휘한다(김선양, 2011). 교수설계에서의 평가는 교수-학습목표의 달성도를 해석하기 위하여 이루어진다. 어떠한 대상을 기준으로 평가하는가(참조준거), 교수・학습의 과정에서 어느 시기에 어떠한 목적으로 평가가 이루어지는가(교수・학습 진행 시기와 목적), 문제의 출제 방식이나 평가 과정에서 평가자의 주관성이 개입될 수 있는가(객관적 평가와 주관성 개입에 따른 분류), 어떠한 가치를 기준으로 평가하는가(가치기준)에 따라서 평가 유형을 분류할 수 있다.

〈표 13-1〉 평가도구의 유형

분류 기준	내용
참조준거	• 상대기준평가(규준지향평가) • 절대기준평가(준거지향평가)
평가 시기와 목적	• 진단평가 • 형성평가 • 총괄평가
주관성 개입	• 객관식 평가 • 주관식 평가
가치기준	• 양적 평가 • 질적 평가
인식론 관점	• 객관주의 • 구성주의

2) 평가도구의 유형

(1) 참조준거에 따른 분류: 상대기준평가 vs 절대기준평가

① 상대기준평가(규준지향평가)

학습자가 얻은 평가의 결과를 해당 집단 내 다른 학습자들이 얻은 점수와 비교하여 우열을 판단하고 서열을 정해 해석하는 방식의 평가이다. 학습자 자신이 얻은 점수 자체는 별 의미가 없으며, 자신의 점수가 가치를 지니기 위해서는 해당 집단 내 다른 학습자들의 점수와 비교해서 자신의 위치를 파악해야 한다. 그러므로 개인의 점수를 해석하기 위해서는 집단의 평균치와 표준편차를 정확히 산출한 후, 개인의 위치를 측정하는 것이 중요하다. 이러한 상대기준평가의 장점은 해당 학습 집단 내에서 상대적인 위치를 파악하여 우열을 가리기가 쉽고 경쟁심을 유발하여 학습동기 유발이 가능하다는 것이다. 단점으로는 배운 내용을 얼마나 이해하느냐에 중점을 두는 것이 아니기 때문에 목표 달성도에 대한 시사와 기준이 모호하다. 또한 같은 내용을 학습하더라도 집단의 수준에 따라 평가결과가 달라질 수 있기 때문에 학습행동을 체계적으로 강화해 주지 못한다. 이는 교수학습 프로그램 개선에도 별로 도움이 되지 않는다. 뿐만 아니라 경쟁심을 조장함으로써 협동학습이나 모둠 활동 시 협동심을 상실하고 긍정적인 학습 분위기 조성에 역효과를 가져올 수 있으며, 학습자들의 정의적 행동특성에 부정적인 영향을 미친다.

② 절대기준평가(준거지향평가)

절대기준평가는 학습자가 배운 내용을 얼마나 알고 있는가에 관심을 둔다. 즉, 학습자가 성취해야 할 과제의 영역 혹은 분야에 대하여 제대로 학습이 이루어졌는지를 준거에 비추어 재는 평가이다. 절대기준평가의 장점은 학생들의 학습목표 달성도와 교수학습 프로그램의 효과를 확인할 수 있다는 점이다. 그리고 상대적 우열을 가리는 것이 아니기 때문에 학생들 사이의 경쟁심을 배제하여 지적 성취감을 자극할 수 있다. 이것은 학생들 사이의 협동심을 증대시킬 수 있는 원동력이 되며, 개인의 학습에 대한 성취감을 갖게 한다. 교수자는 평가 결과를 통하여 제공된 정보를 기초로 교수방법 및 목표를 개선할 수 있다. 그러나 준거 설정의 어려움, 적당한 경쟁을 통한 학습 외적 동기유발의 부족, 개인차 변별 문제, 객관성의 확보 문제 등은 단점으로 지적되고 있다.

(2) 평가 시기와 목적에 따른 분류: 진단평가, 형성평가, 총괄평가

① 진단평가

진단평가는 교수-학습이 시작되기 전에 학습자가 올바르게 학습이 이루어지게 하기 위하여 그가 소유하고 있는 기본적인 학습능력, 학습동기, 선수학습 수준, 지능 등을 관찰하고 측정하여 학습자의 특성을 진단하는 평가이다. 또한 학습 실패에 대한 교육 외적 원인을 알아보기 위한 목적으로도 수행된다(박도순, 홍후조, 2006). 이는 수업과 관련이 없으면서도 신체적, 심리적, 환경적 학습장애의 제 요인을 밝히기 위해서이다.

② 형성평가

오늘날 교육현장에서는 학생의 학습 정도를 판단하기 위하여 학습과정으로서의 형성평가가 강조되고 있다. 형성평가는 교사가 학습목표 달성도에 대한 평가가 필요하다고 판단할 때, 매 수업시간마다 수시로 시행될 수 있으므로 다양한 방법을 사용하여 학생의 학습 상태를 파악할 수 있다. 평가 결과로 학생들의 학습 진행 속도를 조절하고, 과정평가를 통해 학습에 대한 피드백을 수시로 제공할 수 있다. 또한 학습 진행에서의 문제점을 파악하여 앞으로 진행될 학습지도 방법의 개선에 도움을 줄 수 있다. 즉 형성평가는 학생의 학습을 도울 수 있고, 교수법의 개선이 뒤따라야 하며, 학습과정으로서의 평가가 이루어질 수 있는 방향으로 진행되는 것이 바람직하다. 교수설계평가에서의 형성평가는 교육 프로그램을 더 나은 방향으로 형성하고 발전시키기 위하여 행하는 교육 과정의 진전 상황에 대한 평가 또한 의미한다.

③ 총괄평가

총괄평가는 학습이 종료된 후 교육목표의 달성 여부, 즉 학생들의 학업 성취도를 총괄적으로 확인하고 판정하는 평가를 말한다. 총괄평가를 통해 지금까지 배운 교수·학습 내용에 대한 학생들의 학업성취도를 확인할 수 있으며, 이러한 결과는 차후에 이어질 교수·학습을 위한 진단평가의 정보로 이용할 수 있다. 서열에 의한 판단을 지닌 평가를 중요시한다면 상대기준평가를 지향하고, 최저기준의 통과 여부를 중요시한다면 절대기준평가를 지향한다(성태제, 2014).

(3) 주관성 개입에 따른 분류: 객관식 평가와 주관식 평가

검사문항의 출제 방식과 문제를 채점하는 교수자나 채점자의 주관성이 개입하는지의 여부에 따라 객관식 평가와 주관식 평가로 분류할 수 있다.

① 객관식 평가

객관식 평가는 채점자의 주관성이 배제된 평가를 의미한다. 검사문항에는 진술문장에 대한 진위를 가려내는 진위형, 4-5개의 답 중 하나를 가려내는 선다형, 전제와 답지를 서로 관련되는 것끼리 짝지어 주는 배합형, 간단한 낱말로 답할 수 있는 단답형, 미완결문의 빈 곳에 들어갈 답을 기입하는 완결형이 있다. 객관식 평가는 채점의 객관성을 유지하고 광범위한 학습내용을 평가할 수 있는 장점이 있지만, 학습이 단편적이고 학습자의 표현력과 논리력이 저하될 위험성이 있다.

② **주관식 평가**

주관식 평가는 채점자의 주관성이 개입된 평가로 학생들의 학습을 더 깊이 있게 평가할 수 있다. 대표적인 평가방식으로는 논술형이 있으며, 객관식 평가에 비하여 학생들의 학습을 장기적인 측면에서 바라본다. 그러나 평가 기준의 객관성이 모호할 수 있다는 단점을 가지고 있다.

(4) 가치기준에 따른 분류: 양적 평가와 질적 평가

평가유형은 가치기준에 따라 양적 평가와 질적 평가로도 분류할 수 있다.

① **양적 평가**

양적 평가는 학생을 서열화하여 선발하거나 분류하기 위한 목적으로 수량적 정보를 수집하여 평가하는 전형적인 평가체제를 의미한다. 양적 평가에서는 신뢰도와 결과를 중요시하며, 객관성과 중립성의 확보를 위해 평가대상과 적정거리를 유지하는 태도가 요구된다.

② **질적 평가**

질적 평가는 평가와 관련된 교사와 학생의 상호주관적 이해에 바탕을 두고 질적 가치를 지닌 정보를 수집하기 위하여 학습 수행 과정에의 참여와 관찰을 중요시 여긴다. 학생 개개인의 특성과 개인차에 대한 심층적인 이해를 위해 전체적인 파악에 중점을 둔다. 학생이 학습과제를 수행하는 과정이나 결과를 토대로 하여 평가하는 수행평가가 이에 포함된다.

(5) 인식론적 관점에 따른 분류: 객관주의와 구성주의

① 객관주의

객관주의적 입장에서 볼 때 교수설계는 교수 활동에 중심을 두어 학습자의 객관적인 이해를 이끌어내는 역할을 한다. 평가는 모든 학습자가 동일한 지식을 획득하였다고 전제하여, 교수-학습이 이루어지고 난 마지막 단계에 실시되며 객관적 측정이 이루어진다. 학교에서 보편적으로 실시되는 지필검사 등 지식의 객관성을 측정할 수 있는 표준화 검사 유형들이 이에 해당한다.

② 구성주의

구성주의에서는 학습자를 중심으로 하여 지식을 구성하는 방법에 관심을 둔다. 학습자 개개인이 학습 경험에 의해 지식의 내적 표상을 구축하는 과정을 학습이라 보고, 학습을 위한 경험 설계에 중점을 둔다. 구성주의에서의 교수-학습평가는 수업을 정리하고 총괄하는 단계에서 이루어지는 개념이 아니라 학생이 실제 과제를 수행하는 상황과 경험 속에서 자연발생적이고 지속적으로 이루어져야 한다. 이는 형성평가와 과정평가의 의미와 일맥상통한다.

3. 교수체제 설계모형에서의 평가

교수체제 설계모형에서의 평가를 보는 관점은 매우 다양하다. 이 중에서도 교수-학습의 이론적 측면과 실질적인 활동을 연관하여 실제적인 지침을 제시하는 Tyler의 목표성취모형, Dick & Carey의 형성평가와 총괄평가, Glaser의 수업평가모형, Kirkpatrick의 4수준 평가모형, ASSURE 모형에서 나타나는 평가의 단계를 살펴본다.

1) Tyler의 학습 성과 평가와 목표성취모형

(1) 교육과정 개발모형에서의 학습 성과 평가

Tyler의 교수설계모형은 교육과정 개발모형으로도 불린다([그림 13-2]). Tyler는 이 모형에서 효과적인 교육과정과 수업의 설계를 위하여 학교에서 추구해야만 하는 교육목표는 무엇인지, 이들 교육목표를 달성하기 위하여 어떠한 교육적 경험을 제공할 수 있는지, 어떻게 효과적으로 조직할 수 있는지, 그리고 이러한 교육목표가 달성되고 있는지에 대하여 어떻게 알 수 있는지에 대한 물음을 던진다. 그중 네 번째에 해당하는 질문은 바로 교육목표의 달성 정도에 대한 평가를 의미한다.

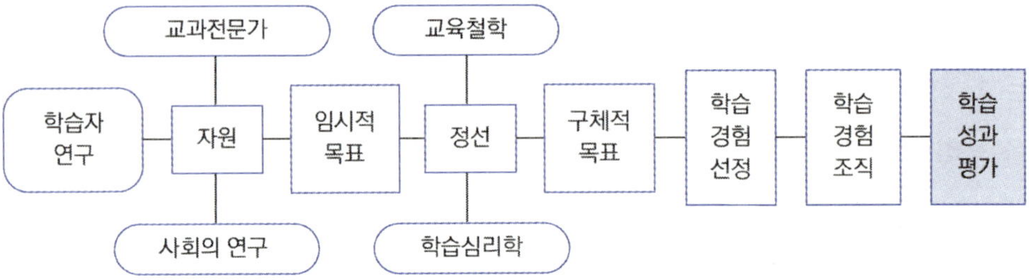

[그림 13-2] Tyler의 합리적 교육과정 개발모형 (Tyler, 1949)

이 모형에서 평가의 과정은 교육과정과 수업 프로그램에 의해 앞서 제시된 교육목표가 실제로 어느 정도 실현되었는지를 결정하는 과정이다. 학습성과 평가로 불리며, 학생의 행동을 평가하여 학습목표 달성도와 교육목표의 달성 정도를 확인하고, 교수 프로그램의 효과성을 평가한다. 이를 위해 프로그램의 초기와 진행 후 최소 두 번 이상 평가를 실시하여, 두 평가 결과 간의 차이로 효과를 평가하는 방식이다.

(2) 목표성취모형

Tyler의 목표성취모형은 제시된 교육프로그램의 관점에서 어느 정도 달성되었나를 평가하는 것으로 가장 고전적이고 보편적으로 알려진 평가모형이다. 앞에서 살펴보았듯이, Tyler는 교육의 전체적인 과정에서 평가의 기능과 역할을 규정하였다. [그림 13-3]에서 보는 바와 같이 목표성취모형은 교수학습설계의 각 단계에서 교육평가가 기여할 수 있는 것들을 나열하고 있다.

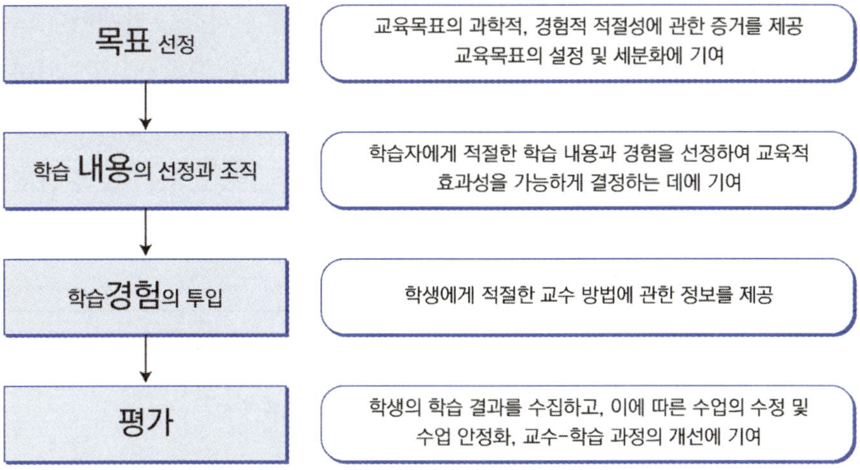

[그림 13-3] Tyler의 목표성취모형 (Tyler, 1949)

Tyler의 목표성취모형은 교육목표의 행동적 정의와 진술을 통해 측정 및 평가가 용이하며 평가의 효율성을 증대시킨다. 그러나 의도하지 않은 부수적 교육효과를 평가하기에는 어렵고, 학습 결과에 따른 성과 중심의 평가가 이루어지기 때문에 교육 실행 과정에서 발생하는 변인이나 선행조건에 관해서는 전체적인 평가가 어렵다는 단점이 있다. 이는 본질적인 교육과정의 개선에도 한계가 있다.

2) Dick & Carey: 형성평가, 총괄평가

앞에서 우리는 형성평가와 총괄평가의 특징에 관하여 언급하였다.

[그림 13-4]에서 볼 수 있듯이, Dick & Carey의 교수체제설계모형에서 형성평가는 교수 프로그램의 초안이 완성되고 개발을 마친 후 교육 현장에 투입하기 전에

이루어진다. 시범적으로 프로그램을 적용해 보고 프로그램을 효과적으로 만들기 위해 필요한 자료를 수집하여 교수설계에서 드러난 프로그램상의 문제점 검토 및 수정과 학습자 파악을 위해 활용하는 평가 단계이다. 이를 바탕으로 교수 프로그램의 결점을 수정 보완하며, 교수분석의 타당성, 학습자의 출발점 행동 및 특성분석의 정확성, 준거지향 검사 문항의 타당성 등을 검토하여 수정에 들어간다.

총괄평가는 수업을 실행한 후, 그 결과에 대한 평가를 실시하는 단계이다. 그러나 일반적인 교육평가에서의 학습자를 대상으로 하는 평가를 의미하는 것이 아니라, 설계가 완성된 교수 프로그램의 절대적 혹은 상대적 가치를 평가를 실시하는 데에 그 목적을 둔다. 형성평가 단계에서 교수설계자가 교수 프로그램 수정과 검토를 수행하는 것이 가능하다면, 총괄평가에서는 프로그램의 총체적인 가치를 평가하기 위하여 별도의 평가자에 의해 평가가 이루어져야 한다.

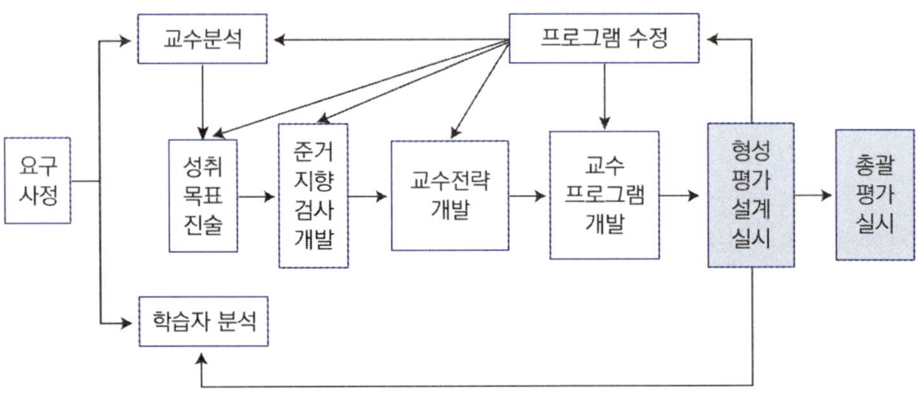

[그림 13-4] Dick & Carey의 교수설계모형 (Dick & Carey, 1978)

ADDIE 모형에서 언급하는 평가와 Dick, Carey & Carey의 평가를 비교하면 〈표 13-2〉와 같이 나타낼 수 있다(Dick & Carey, 2008; 박성익 외, 2015).

〈표 13-2〉 Dick, Carey & Carey의 평가를 비교

	형성평가	총괄평가
목적	수업개선을 목적으로 단점 확인	수업의 유지 혹은 채택 여부를 결정하기 위하여 장점과 단점 확인
단계	일대일 평가, 소집단 평가, 현장 평가	전문가 판단, 현장 적용
개발 시기	조직 요구에 따라 내부에서 체계적으로 설계	내부 혹은 외부에서 융통성 있게 개발
자료	교수자료 한 세트	교수자료 한 세트 혹은 여러 개의 경쟁적인 자료 세트
평가자	설계 및 개발팀 구성원(내부자)	외부 평가자
산출물	수업개선을 위한 처방	설계, 절차, 결과, 제언, 근거에 관한 보고

3) Glaser의 수업평가모형

Glaser의 모형은 교수설계보다는 '수업과정설계' 모형에 가깝다([그림 13-5]). 다시 말하면 모든 교과에 적용 가능한 다양한 수업설계의 기초가 되는 모형으로, 이 모형의 학습 성과의 평가 단계에서는 지금까지의 학습 성과를 총괄적으로 평가하여 수업의 효과성과 효율성을 최종적으로 확인한다.

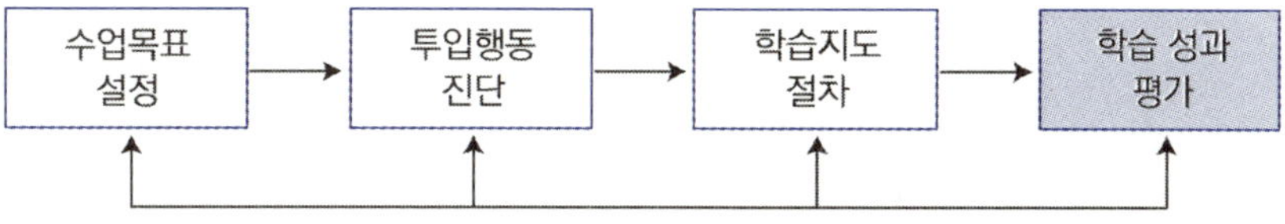

[그림 13-5] Glaser의 수업모형 (Glaser, 1971)

Glaser의 수업평가모형은 크게 6단계로 나눌 수 있다. 첫째, 기대하는 학습 성과를 행동과 그것이 나타날 수 있는 조건으로 교육목표를 세분화한다. 둘째, 특정한 수업 상황에 놓인 학습자 초기 상태를 자세히 진단한다. 셋째, 최초 수업 단계에서 위에서 내린 진단을 바탕으로 학습자의 초기 상태의 교육적 상황에 적합하다고 판

단되는 방법을 투입한다. 넷째, 학습 진행 상태에 따라 장기 혹은 단기간 적절한 시기에 학생 성취도 평가를 실시한다. 다섯째, 수업 중 학생 행동의 재평가를 여러 단계에서 실시한다. 마지막으로, 교수-학습에 관한 정보를 누적하여 교수방법과 수업체제를 개선하고 교육목표를 달성한다. 즉, 체제 개혁을 의미한다.

4) ASSURE 모형에서의 평가와 수정

ASSURE 모형은 교육프로그램을 효과적으로 설계하기 위한 모형으로 교사들이 교실수업에서 활용하기 위한 목적으로 개발되었다. 이 모형은 교육 매체와 공학을 결합하여 수업을 계획하고 수행하는 절차적 지침을 제공하는 [그림 13-6]과 같이 6단계로 구성된 교수설계모형이다. 그렇기 때문에 ASSURE 모형은 실제적 교수설계의 대표적인 모형이며, 다양한 교수매체를 교실 수업에서 실제로 활용하려 할 때 적용하기에 적절하다. 그중 평가와 수정 단계는 학습자의 학습목표달성 정도를 평가하고 교육방법과 교육프로그램을 수정함으로써 개선을 도모하기 위한 단계이다.

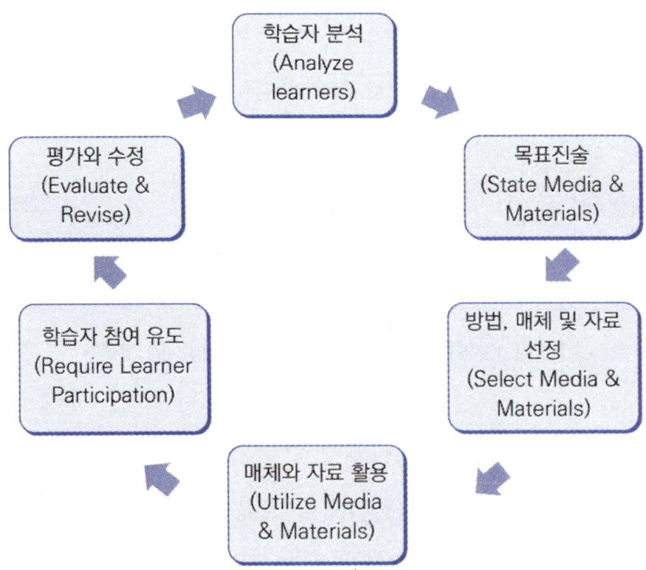

[그림 13-6] ASSURE 모형 (Heinich et al., 2002)

평가는 학습자 성취 평가, 방법 및 매체 평가, 교수 평가로 이루어진다. 먼저 학습자 성취 평가에서는 설정한 학습목표를 학습자들이 수업을 통해 제대로 달성했는지의 여부를 확인한다. 지필시험이나 문답법 등을 통해 인지적 영역의 평가가 가능하며, 수행평가나 포트폴리오 평가를 통해 태도와 구성주의적 요소를 평가할 수 있다. 방법 및 매체 평가에서는 설문지나 관찰, 면담을 통해 수업방법 및 수업에 사용된 매체와 자료의 적절성에 대해 피드백을 받을 수 있다. 마지막으로 교수 평가는 교사의 수업 활동에 대한 평가를 의미하며, 교사 자신의 자기평가, 학생, 동료교사, 관리자로부터 평가를 받을 수 있다. 수업과정을 녹화하여 전문가에게 수업 컨설팅을 의뢰하는 방법이 이에 해당한다. 이러한 평가를 마친 후, 수정 과정을 거치게 되는데 이 단계에서는 수집된 평가자료의 결과를 살펴보고 이를 참고로 하여 다음 수업에 반영하게 된다. ASSURE 모형에서의 평가는 일반적인 교수설계모형에서의 평가가 아닌 실제적인 수업 종료 후에 이루어지는 평가이며, 수업의 효과성과 효율성을 평가한 후, 그 결과를 다음 수업 계획에 반영한다는 점에서 다른 교수설계모형들의 평가와 구분된다고 할 수 있다.

5) Kirkpatrick의 4수준 평가모형

Kirkpatrick은 평가를 네 단계로 나누어 교육 훈련의 성과를 평가한다. 학교 기관에서 진행되는 실질적인 수업설계 평가라기보다는 현업적용도 평가 등 기업교육을 평가하기 위한 방법으로 다루어지고 있다. 대다수의 기업들이 Kirkpatrick의 모형을 자사의 특성에 맞추어 변형하여 사용하고 있다. 평가 단계는 반응, 학습, 행동, 결과로 나뉘며, 이는 교육 프로그램이 진행된 후 교수자들에게 발생한 효과를 절차에 따라 평가한다.

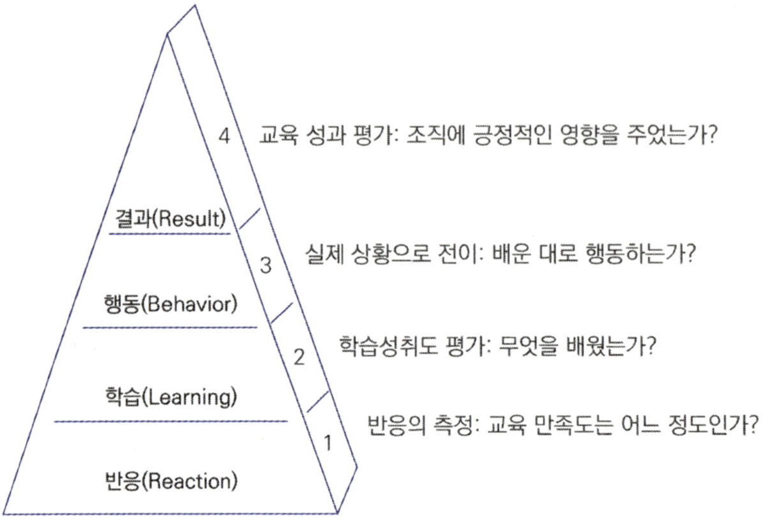

[그림 13-7] Kirkpatrick의 4수준 평가모형(Kirkpatrick, 1998)

제1수준은 반응평가이다. 일반적으로 교육 종료 후 학습자들의 교육 프로그램 전반에 대한 만족도를 측정한다. 설문지를 통한 설문조사나 인터뷰 기법 등을 활용하여 교수자, 프로그램 자료, 교수기법, 교수·학습 내용 등을 평가한다.

제2수준은 학습평가이다. 사전에 설계된 학습목표에 얼마나 도달하였으며, 학습자들에게 어느 정도 인지되었는지를 측정한다. 지식과 기술의 숙련도, 태도 변화가 이루어졌는지를 측정하며, 지필검사, 시뮬레이션, 관찰 기법 등이 포함된다.

제3수준은 행동평가이다. 현업적용도 평가라고도 불리며, 학습 종료 후 교육훈련에서 학습했던 지식과 기술을 현장에서 직무에 전이하고 적용하여 행동으로 실천하고 있는가를 평가하는 것이다. 일반적으로 교육훈련에서 배운 지식과 기술을 일정 시점(교육 후 3~6개월)이 지난 현업에서의 그것과 비교하며, 설문조사, 관찰, 인터뷰, 자기 보고서 등을 통해 평가한다.

제4수준은 결과평가이다. 교육성과 평가이며, 교육 훈련의 결과가 투자 효과에 비한 생산성 증대, 기업에의 기여도 등 성과 지표를 통한 양적 측정에 근거하여 조직 및 기업에 어떠한 그리고 얼마의 성과를 가져왔는지(수익성과)를 측정한다. 평가모형의 특징을 각 단계별로 정리하면 다음과 같다(〈표 13-3〉).

〈표 13-3〉 4수준 평가모형의 단계별 특징

단계	측정수준	측정영역	측정방법	특징	시기
제1수준	반응 (Reaction)	프로그램, 강사, 교수-학습 방법 및 내용, 교육의 전반적 구성 요소	설문조사, 인터뷰	학습자 개인 차원의 평가	교육 종료 시
제2수준	학습 (Learning)	지식 습득, 기술의 숙련도, 태도 변화	지필검사, 시뮬레이션, 관찰 기법	학습자 개인 차원의 평가	학습 직후 혹은 교육 후 일정 기간이 지난 후
제3수준	행동 (Behavior)	현장 직무에의 전이	설문조사, 관찰기법, 인터뷰, 자기보고서	학습자 개인 차원의 평가	교육 후 3~6개월
제4수준	결과 (Result)	조직에의 성과 기여도 평가	투자대비효과 (Return on investment: ROI) 산출, 설문지, 인터뷰	교육성과평가	교육 후 6~12개월 후

4. 구성주의 학습환경 평가의 예: 포트폴리오 평가

1) 포트폴리오의 개념

포트폴리오(portfolio)의 어원은 라틴어 '나르다'의 'portare'와 '문서'의 'folio'가 결합되어 유래된 합성어이다. 일반적으로 자신의 경력과 실력을 보여줄 수 있는 작품이나 관련 업적을 집약한 자료수집철 또는 작품집을 일컫는다. 1980년대 초 Elbow와 Belanoff는 포트폴리오를 교육에 적용하기 시작하였으며, 학력평가시험(Standarized Test)의 대안으로도 사용되었다(Bräuer, 1999). 이후 포트폴리오는 풍부한 잠재성을 지닌 다방면에 활용 가능한 학습도구로 지지를 받으며 발전해왔다. 학자들은 교육용 포트폴리오에 대하여 다양한 정의를 내리는데, 그중 Arter(1990), McMillan(1997)과 조한무(1997)가 언급한 내용을 살펴보면 다음과 같다.

"포트폴리오란 학생들의 활동을 의도적으로 수집하여, 학생의 노력, 발전, 성취 등을 보여주는 것이다. 따라서 내용을 선정하거나 기준을 설정할 때, 학생들이 참여해야 하고, 자아성찰의 증거가 포함되어야 한다."(Arter, 1990).

"학습목표의 성취를 향한 학생들의 발전을 기록하기 위해 학생들의 결과물을 의도적이면서도 체계적으로 모으고 평가하는 과정이다."(McMillan, 1997)

"장시간에 걸쳐 학생들의 발달 과정을 지속적 종합적으로 평가할 수 있도록 모아 놓은 모음이며, 이 모음집에는 학생의 목표, 반성적 진술, 교사, 학생의 의견이 포함되어야 한다."(조한무, 1997)

교육용 포트폴리오와 제출용 포트폴리오는 〈표 13-4〉와 같은 차이점을 가진다.

〈표 13-4〉 제출용 포트폴리오와 교육 포트폴리오의 차이점

	교육용 포트폴리오	제출용 포트폴리오
제작목적	• 학업능력의 신장	• 개인의 전문적 능력 증명
일반적 성격	• 학생 개인의 학습 과정을 기록 • 개인의 학습을 살펴볼 수 있는 개인적인 용도	• 전문 경험을 바탕으로 제작 • 전시 기능
평가	• 학습의 일련 과정 평가 • 학생 개인의 특성을 고려한 주관적 평가 • 교사가 제시한 학습 방향에 따른 객관적 평가	• 관련 전문가들에 의한 전문성의 객관적 평가

그러므로 학생의 입장에서 봤을 때, 포트폴리오는 개인의 학습 수행과정을 구체적으로 증명하기에 적합한 교육도구라 할 수 있다. 또한 교사의 측면에서 본다면 학생들의 학습과 관련된 여러 사항 및 평가 등 다방면에서의 교육적 활용이 가능하다.

2) 포트폴리오 평가

포트폴리오의 내용은 개인이 점진적으로 구성해 나아가는 요소들로 이루어져 있기 때문에 이에 대한 평가는 지속적이며 역동적이고 개인차에 따라 이루어진다. Bloom과 Bacon(1995)은 포트폴리오가 교사와 학생이 공유할 수 있는 교수-학습 상황의 맥락에 맞추어 모두에게 실제적이고 통합적인 비전을 제공함으로써 공정한 평가가 가능하다는 이점을 가지고 있다고 강조한다. 또한 Jorro(2006)에 따르면 포트폴리오는 내용이 공개되고 타 학생이나 교사와 공유할 수 있다는 점에서 자기평가를 수행하기 위한 확실한 수단이라 할 수 있다. 즉, 포트폴리오는 일정 기간 동안 목적을 가지고 체계적으로 모아놓은 학생들의 작품선집으로, 내용 선정에 있어서 학생들의 참여를 필요로 하고, 학생들의 자기반성과 성찰의 증거가 있어야 한다. 또한 작품 선정 기준과 장점을 판단하는 기준이 있어야 한다(조한무, 1998). 김상수와 김영학(2008)은 포트폴리오의 실제운영에서는 학습과 평가가 상호보완적이고 의존적인 관계이기 때문에 엄밀한 구분이 어려울 수 있다는 점을 환기시킨다. 게다가 포트폴리오는 매우 주관적인 개인의 학습결과물로 구성되어 있기 때문에, 교사는 학생들과의 면담을 통해 신중하고 구체적인 방식으로 차후 학습 단계와 연관 지어 학습의 방향을 제시하고 이에 따른 평가를 실행하는 것이 바람직하다.

포트폴리오를 활용한 평가를 위해서는 교사가 학생의 전반적인 학습활동 과정을 평가할 것인지, 다음 단계의 학습을 위해 필요한 사항들을 갖추었는지 증거 자료 평가에 따라 학습활동 포트폴리오와 수행평가를 위한 포트폴리오로 나눌 수 있다.

(1) 학습활동 포트폴리오 평가

학습활동 포트폴리오는 일반적인 포트폴리오 제작의 개념과 원리에 따라 학습목표를 정하고 그에 대한 주제를 중심으로 학습경험들을 수집, 정리하는 것으로 학생의 장단점 파악, 학습목표 성취여부에 대한 판단, 다음 단계의 학습목표 수립 등을 위한 참고자료의 획득에 목적이 있다(김석우 외, 2000).

김은영(2013)은 여러 연구자들이 제시한 학습포트폴리오의 구성요소인 관리, 성장, 성찰, 교류를 바탕으로 하여, 학습활동 포트폴리오의 개발원리를 다음과 같이 네 가지로 나눈다.

첫째, '관리'의 원리는 학습자의 학습활동과 결과를 체계적으로 수집, 저장, 관리, 발표하는 것이다.

둘째, '성장'의 원리는 학습자의 학습능력을 독려하는 것으로 체계적인 경력관리와 학력관리를 통해 자신의 능력을 정확히 파악하고 적극적인 학습자가 되는 것이다.

셋째, '성찰'의 원리는 자신의 학습활동을 지속적으로 점검할 수 있도록 학습철학과 성향 등을 확인하고 적절한 학습방법을 개발하는 것이다.

넷째, '교류'의 원리는 학습자들끼리 개인의 노하우를 공개하고 피드백을 주고받음으로써 가르침과 배움의 소통을 원활히 하는 것이다.

학습활동 포트폴리오의 재검토를 통해 학생은 반성적이고 자기주도적인 학습자로 거듭날 수 있다. 학습활동 포트폴리오는 특정 학습 단원과 내용을 중심으로 구조화하여 구성할 필요가 있기 때문에, 각 단원에서 제시하는 학습 목표에 대한 이해가 제대로 이루어지고 이를 증명할 수 있는 자료를 수집하였는지, 수집한 자료들이 성취 목표에 부합할 것인지에 대한 평가를 진행하는 것이 바람직하다. 뿐만 아니라 수집한 자료의 양적 결과물에 평가의 가치를 부여하는 것이 아닌 과정을 볼 수 있는 형성평가 활동이 이루어져야 한다. 그리고 학생은 이미 수집한 자료와 학습경험을 바탕으로 하여 앞으로 수집해야 할 자료 및 습득해 나아가야 할 능력이 무엇인지에 대한 자기반성과 성찰을 할 수 있는 성찰일지를 기록하는 과정이 필수적으로 진행되어야 한다.

(2) 수행평가 포트폴리오 평가

일반적으로 평가 포트폴리오는 학생이 교과의 내용적인 측면에서 충분한 기술을 습득했는지를 확인하고 다음 단계의 학습을 진행할 수 있을지에 대한 증거자료 수집에 목적이 있다. 학습자에게는 반성과 자기 평가의 근거를 마련하는 데 활용된다.

김석우 외(2000)는 평가 포트폴리오에 있어야 할 세 가지 핵심 요소를 다음과 같이 언급한다.

첫째, 작품 표본이 들어 있어야 한다. 이 표본에는 학생과 교사가 선정한 것이 모두 포함될 수 있으며, 선정된 각 표본은 학생이 학습목표를 얼마나 잘 성취했는지 보여주는 증거가 되므로 목표에 맞는 학생작품을 신중하게 선택하는 것이 중요하다.

둘째, 학생들이 성취해야 할 목표 진술의 목록이 포함되어야 한다. 이 목록은 학생들이 성취해야 할 내용과, 포트폴리오 활동을 통해 드러내 보여야 하는 기능과 수준을 명확하게 보여줄 수 있어야 하므로, 평가 포트폴리오의 첫 장에 명확하게 제시한다.

셋째, 작품 표본에 대한 평가논평이 포함되어야 한다. 이 논평에는 교사와 학생, 급우들의 평가기록이 들어갈 수 있으며, 포트폴리오를 재검토할 때 학생들이 참고해야 하는 자료로 활용된다. 또한 학생의 자기평가 보고서, 급우들의 평가, 가능하면 부모님의 조언도 포함시킨다.

3) 전자포트폴리오

전자포트폴리오는 지면포트폴리오의 다양한 기능들의 효율적인 적용 가능성을 염두에 두고 있다. 인터넷을 통하여 쉽게 배포될 수 있게 하고, 학생들이 포트폴리오를 구성하며 자유롭게 인터넷의 자료를 검색하고 무한대로 깊은 사고를 할 수 있게 한다. 웹 2.0을 기반으로 하여 배포와 공유를 손쉽게 할 수 있어 그 중대성이 배가된다. 또한 교사와 학생, 혹은 학생들끼리 서로 관계망을 형성해가며 새로운 학습공동체를 만들 수 있다. [그림 13-8]은 전자포트폴리오의 사용으로 학습자가 네트워크 공동체 안에서 형성할 수 있는 관계들을 나열하였다.

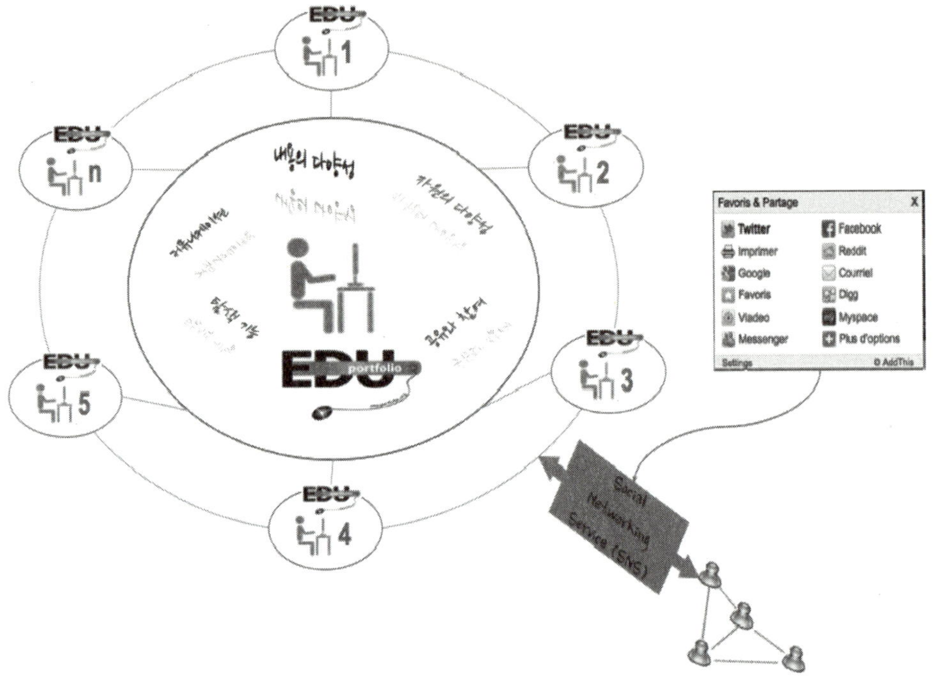

[그림 13-8] **전자포트폴리오를 통한 학습공동체 형성** (Yun, 2011)

학습자는 학급의 같은 학습공동체 집단에서 상호연결성을 가질 뿐 아니라, 자신이 사용하고 있는 전자포트폴리오에 연결된 Facebook이나 Twitter와 같은 사회관계망 서비스를 통해 소통하고 공유할 수 있다(Yun, 2011).

전자포트폴리오는 지면 포트폴리오와 비교했을 때 다음과 같은 특성을 지닌다.

첫째, 자료의 구성이 비교적 유연하다. 학습자들은 자신의 포트폴리오에 쉽게 새로운 학습 분야를 만들고 삭제와 수정을 통해 점진적으로 학습 발달 단계를 맞추어 나아가 자신만의 독창적인 창작물로 만들 수 있다.

둘째, 내용이 유연하다. 자료 구성의 유연성과 더불어 전자포트폴리오는 내용 그 자체에도 유연성이 있다. 즉 컴퓨터를 이용한 글쓰기는 읽기 쉽고, 삭제, 수정, 복사, 붙여넣기 등이 용이하다. 한 텍스트를 재탐색하거나 다양한 형태로 게시할 수 있기 때문에 학생들의 성찰적 사고에 영향을 끼친다.

셋째, 전자포트폴리오는 여러 포맷(텍스트, 음성, 이미지)의 자료를 보관할 수 있는 실용적인 가상 저장 공간을 갖추고 있다.

넷째, 접근성이 좋다. 전자포트폴리오는 인터넷 사용이 가능하면 어디에서나 접속할 수 있다. 그러나 이러한 양상은 지면 포트폴리오에 비하여 기술에 의존해야 하기 때문에 취약점이 될 수도 있다.

다섯째, 미적 효과가 있다. 전자포트폴리오는 기본 인터페이스에서 제공되는 색상과 이미지가 다양하여 여러 가지 모양으로 사용할 수 있다. 또한 서체는 항상 일정하고 정돈되어 있으며, 이를 활용해 포트폴리오 전체를 깔끔하게 구성할 수 있어 가독성을 높여준다.

연습 및 탐구문제

1. 교수체제설계에서 평가가 가지는 의미와 역할에 대해 이야기해 봅시다.

2. 최근 구성주의 학습 환경에서의 평가가 강조되는 이유를 설명하고, 장점과 단점에 대해 이야기해 봅시다.

3. 자신이 가르칠 과목을 중심으로 구성주의 학습 환경에서의 평가가 이루어지기 위한 평가 도구를 직접 제작해 봅시다.

참고문헌

교육평가용어사전 (2004). 서울: 학지사.

김대현, 김석우 (2005). **교육과정 및 교육평가**. 서울: 학지사.

김상수, 김영학 (2008). 학습과 평가를 통합한 e-포트폴리오 설계 및 활용 교육. **한국콘텐츠학회논문지, 8**(5), 260-267.

김석우, 김명선, 강태용, 정혜영 (2000). **포트폴리오 평가의 이론과 실제**. 서울: 학지사.

김선양 (2011). **교육학개론**. 파주: 한국학술정보.

김은영 (2013). 참여자 관점에서 본 학습포트폴리오 활동과 그 의미. **교육종합연구, 11**(2), 93-118.

노영희, 홍현진 (2011). **교육관련 국제기구 지식정보원**. 파주: 한국학술정보.

박도순, 홍후조 (2006). **교육과정과 교육평가**. 서울: 문음사.

박성익, 임철일, 이재경, 최정임 (2015). **교육방법의 교육공학적 이해**. 파주: 교육과학사.

성태제 (2014). **교육평가의 기초**. 서울: 학지사.

조한무 (1997). **열린 교육의 이론과 교수방법**. 방송통신대학교 평생교육원, 275-297.

조한무 (1998). **수행평가를 위한 포트폴리오 평가**. 서울: 교육과학사.

Arter, J. A. (1990). *Understanding the meaning and importance of Quality classroom assessment*. Portland, Oregon: Northwest Regional Educational Laboratory.

Belanoff, P. & Dickinson, M. (1991). *Portfolios : Process and Product*. N.H.: Heinemann.

Bloom, L. & Bacon E. (1995). Using Portfolios for Individual Learning and Assessment. *Teacher Education and Special Education, 18*, 1-9.

Bräuer, G. (1999). Le Portfolio, moyen d'apprentissage et d'enseignement personnalisés. *Tracer, 15*, 31-46.

Cronbach, L. J., (1954). *Educational Psychology,* N.Y. Harcourt: Brace & Co.

Dick, W. & Carey, L. (1978). *The systematic Design of Instruction*, III. Scott, Foresman&Co.

Dick, W., Carey, L, & Carey, J. O. (2008). *The systematic design of instruction.* New York: Longman.

Glaser, R. & Nitko, A. (1971). Measurement in learning and instruction, *In* R. L. Thorndike (Ed.), *Educational Mesaurement* (2nd ed.), pp. 625-670. Washington, D.C.: American Council Education.

Heinich, R., Molenda, M., Russell, J. D. & Smaldino, S. E. (2002). *Instructional media and technologies for learning* (7th ed.). Upper Saddle River, NJ: Prentice-Hall.

Henry, G. T. & Mark. M. M. (2003). Beyond use: Unerstandling evaluation's influence on attitudes and actions. *The American Journal of Evaluation, 24*(3), 293-314.

Jorro, A. (2006). Les formes de la reconnaissance professionnelle dans la démarche du portfolio. *In* Figari, G., Rodrigues, P., Alves, M.P. & Valois, P. (Ed.). *Évaluation et compétences et apprentissage expérientiels : savoirs, modèles et méthode. Lisbonne*, Éditions Educa, 143-151.

Kirkpatrick, D. (1998). *Evaluating training programs: The four levels.* San Francisco: Berrett-Koehler Publishers, Inc.

McMillan, J. H. (1997). *Classroom assessment: Principles and practice for effective instruction.* Boston, MA: Allyn and Bacon.

Scriven, M. (1967). The methodology of evaluation. *In* Tyler, R., Gagné, R. & Scriven, M. (Eds.). *Perspectives on Curricular Evaluation.* AERA Monograph Series on Curriculum Evaluation, 1.

Stufflebeam, D. L. (1971). *Educational evaluation and decision making*. Ithaca, Illinois: Peacock.

Tyler, R. W. (1949). *Basic principles of curriculum and instruction.* Chicago: University of Chicago Press.

Yun, H. (2011). "Réseautage social dans le ePortfolio. Quel potentiel pour le développement professionnel des chercheurs en sciences de l'éducation?". Communication par affiche au colloque TIC, *Technologies émergentes et Web 2.0. Quels impacts en éducation?* 79e Congrès de l'ACFAS (Association francophone pour le savoir), Sherbrooke (Canada). 11/05/2011.

에듀포트폴리오(Eduportfolio, http://eduportfolio.org)

찾아보기

〈인명〉

〈내용〉

『ㄱ』

『 ㅈ 』

『 ㅊ 』

〈기타〉

저자약력

◆ 권성연

연세대학교 교육과학대학 교육학과(문학사)
이화여자대학교 교육대학원 교육공학전공(교육학 석사)
이화여자대학교 대학원 교육공학과(교육공학 전공 박사)
경력: 한국직업능력개발원 전문연구원
현재: 중부대학교 교직과 부교수

◆ 김혜정

가톨릭대학교 인문학부 국사학과(문학사)
이화여자대학교 교육대학원 교육공학전공(교육학 석사)
이화여자대학교 대학원 교육공학과(교육공학 박사)
경력: 성균관대학교 대학교육개발센터 선임연구원
현재: 가천대학교 유아교육학과 조교수

◆ 노혜란

한양대학교 사범대학 교육공학과(문학사)
한양대학교 대학원 교육공학과(교육학 석사)
한양대학교 대학원 교육공학과(교육공학 전공 박사)
경력: 한양대학교 교수학습센터 책임연구원
현재: 서원대학교 사범대학 교육학과 교수

◆ 박선희

연세대학교 교육과학대학 교육학과(문학사)
한양대학교 대학원 교육공학과(교육학 석사)
한양대학교 대학원 교육공학과(교육공학 전공 박사)
경력: 단국대학교 공학교육혁신센터 연구교수
현재: 한남대학교 사범대학 교직부 부교수

◆ 박양주

서울대학교 사범대학 교육학과(문학사)
서울대학교 대학원 교육학과(교육학 석사)
미국 텍사스주립대학 대학원(교육공학 전공 박사)
경력: 한국방송통신대학교 원격교육연구소 연구원
현재: 한남대학교 사범대학 교육학과 조교수

저자약력

◆ **서희전**

연세대학교 교육과학대학 교육학과(문학사)
이화여자대학교 대학원 교육공학과(문학 석사)
이화여자대학교 대학원 교육공학과(교육공학 박사)
경력: 한국교육개발원 멀티미디어교육연구센터 연구원
현재: 동명대학교 보건복지교육대학 유아교육과 부교수

◆ **양유정**

연세대학교 교육과학대학 교육학과(문학사)
연세대학교 대학원 교육학과(교육학 석사)
연세대학교 대학원 교육학과(교육공학 전공 박사)
경력: 연세대학교 교육개발센터 전문연구원
현재: 한국방송통신대학교 원격교육연구소 전임연구원

◆ **오상철**

연세대학교 교육과학대학 교육학과(문학사)
연세대학교 대학원 교육학과(교육학 석사)
미국 미주리대학교(Univ. of Missouri-Columbia) 대학원(교육공학 전공 박사)
현재: 한국교육과정평가원 선임연구원

◆ **오정숙**

이화여자대학교 사범대학 교육공학과(문학사)
이화여자대학교 대학원 교육공학과(문학 석사)
이화여자대학교 대학원 교육공학과(교육공학 박사)
경력: 서강대학교 교수학습센터 연구교수
현재: 대구대학교 사범대학 교직부 부교수

◆ **윤 현**

한남대학교 문과대학 불어불문학과(학사)
프랑스 파리3대학-소르본누벨(Université Paris 3 - Sorbonne Nouvelle) 언어학과(언어학 석사)
프랑스 파리3대학-소르본누벨(Université Paris 3 - Sorbonne Nouvelle) 언어학과(언어교수법 & 교육공학, 언어공학 박사)
경력: 프랑스 클레르몽페랑 블레즈파스칼대학(Clermont-Ferrand, Université Blaise Pascal) 언어학과 연구교수
현재: 한남대학교 외국어문학부 프랑스어문학과 초빙교수

저자약력

◆ 이동엽

연세대학교 교육과학대학 교육학과(문학사)
연세대학교 대학원 교육학과(교육학 석사)
미국 컬럼비아대학교 대학원 교육공학과(교육공학 전공 박사)
경력: 한국교육과정평가원 부연구위원
현재: 경상대학교 사범대학 교육학과 조교수

◆ 정효정

홍익대학교 사범대학 역사교육학과(문학사)
한양대학교 대학원 교육공학과(교육학 석사)
한양대학교 대학원 교육공학과(교육공학 전공 박사)
경력: 한국방송통신대학교 원격교육연구소 일반연구원
현재: 단국대학교 교양교육대학 강의전담 조교수

◆ 최미나

한양대학교 사범대학 교육공학과(이학사)
한양대학교 대학원 교육공학과(교육학 석사)
한양대학교 대학원 교육공학과(교육공학 전공 박사)
경력: 한양대학교 교수학습개발센터 책임연구원
현재: 청주대학교 사범대학 교직과 부교수

교육방법 및 교육공학

2018년 8월 25일 1판 1쇄 발행
2025년 2월 28일 1판 8쇄 발행

공저자 : 권성연 김혜정 노혜란 박선희 박양주
서희전 양유정 오상철 오정숙 윤 현
이동엽 정효정 최미나

발행자 : 한 정 주
발행처 : 교 육 과 학 사

경기도 파주시 광인사길 71
전화 (031)955-6956~8/팩스 (031)955-6037
Home-page : www.kyoyookbook.co.kr
E-mail : kyoyookbook@daum.net
등록 : 1970년 5월 18일 제2-73호

낙장 · 파본은 교환해 드립니다.
Printed in Korea.

정가 16,000 원
ISBN 978-89-254-1292-4